2016年亮点回放

1. 发布了《山西省深化考试招生制度综合改革实施方案（试行）》，我省新一轮考试招生制度改革全面启动。

2. 从2016年春季学期开始统一城乡义务教育经费保障机制，普通小学每生每年600元、普通初中每生每年800元。

3. 出台了《关于开展普惠性民办幼儿园认定和奖补工作的指导意见》，积极鼓励扶持普惠性民办幼儿园，全省公办和普惠性民办幼儿园占比达到近60%。

4. 印发了《山西省幼儿园办园基本标准（试行）》，对全省幼儿园建设与管理的科学化、规范化提出了明确的标准。

5. 芮城县、太原市小店区入选为“国家学前教育改革发展实验区”，实验周期为2016～2018年。

6. 本年度，全省33个县通过了国家规定的义务教育发展基本均衡县评估认定标准，截至2016年，我省70%的县区达到均衡目标。

7. 2016年，全省义务教育阶段基本消除超大班额达标的县（市、区）有74个，其中45个县（市、区）实现基本消除大班额。

8. 招聘特岗教师1 582名，省级财政拨付资金1.1亿元，对21个集中连片特困县的乡村教师给予生活补助，标准为每人每月300元，2016年享受此项补助的有2.6万余人。

9. 特殊教育落实“一人一案”，今年全省视力、听力、智力残疾儿童少年义务教育入学率在90%以上。

10. 继续推进普通高中办学条件标准化建设，截至2016年年底，全省累计验收308所学校，完成66%以上的建设任务。

全面贯彻党的教育方针，

努力把基础教育越办越好

山西基教

2016

山西教育蓝皮书系列

2016

山西省基础教育年度报告

SHANXI BASIC EDUCATION
ANNUAL REPORT
（2016）

山西省教育科学研究院
山西省基础教育教学研究室

主　　编　马玉玺
执行主编　汪华英

山西出版传媒集团
山西教育出版社

图书在版编目（CIP）数据

2016山西省基础教育年度报告／马玉玺主编．—太原：山西教育出版社，2019.1
ISBN 978-7-5703-0287-1

Ⅰ．①2… Ⅱ．①马… Ⅲ．①基础教育-研究报告-山西-2016 Ⅳ．①G639.2

中国版本图书馆CIP数据核字（2018）第296673号

2016山西省基础教育年度报告
2016 SHANXISHENG JICHU JIAOYU NIANDU BAOGAO

责任编辑　冯　汀
复　　审　李梦燕
终　　审　康　健
装帧设计　王耀斌
印装监制　蔡　洁

出版发行　山西出版传媒集团·山西教育出版社
（太原市水西门街馒头巷7号　电话：0351-4729801　邮编：030002）
印　　装　运城日报社印刷厂
开　　本　720×1020　1/16
印　　张　25
字　　数　330千字
版　　次　2018年12月第1版　2018年12月第1次印刷
书　　号　ISBN 978-7-5703-0287-1
定　　价　75.00元

《2016山西省基础教育年度报告》

2016，我们在路上……

“因为爱，所以爱……”路过车里播放的音乐，欢快的乐曲，朴实的歌词，让人不觉深陷其中，感同身受着每一个有爱的细节，折射到教育的每一个角落，承载着浓浓的大爱，在党和国家大教育方针指引下，我们砥砺前行，享受一路的风景，领略细微处的点滴变化，体验润物细无声的感觉……

2016年，我省基础教育公平发展和教育质量得到显著提升，夯实了“十三五”教育发展格局和办学基础，为“十三五”期间教育优质发展打下了稳固的基础。无论是城市还是乡村，清晨足迹所至，到处是学龄段孩子匆忙的上学身影，基本保障了学龄段儿童有学上、上得起学。是啊，教育事关国计民生的大计，是良心工程。在该上学的年龄有学上、上好学，我们的明天充满无限希望……

2016年，作为“十三五”的开局之年，山西基础教育工作围绕“立德树人、改革创新、优化布局、依法治教、教育公平、提高质量”，在“十二五”成就基础上进行了全面的推进和落实。我省先后出台了一系列政策，发布了《山西省深化考试招生制度综合改革实施方案（试行）》，新一轮考试招生制度改革全面启动。从2016年春季学期开始，统一城乡义务教育经费保障机制，普通小学每生每年600元、普通初中每生每年800元等等。省教育厅在太原市举办了2016年推进义务教育均衡发展部署培训。部署培训期间，省教育厅相关处室就落实国家和我省关于全面改善贫困地区义务教育薄弱学校基本办学条件系列要求、落实中小学后勤装备基本标准、切实办好农村教学点、加强中小学校校容校貌建设、完成义务教育均衡发展年度规划目标等工作内容进行了部署培训等等。一系列政策和试行办法的出台，夯实了教育的政府保障基础，为全省的教育均衡发展、公平发展、优质发展创设了外围环境和条件。

2016年，学前教育普惠性得到突破性发展。我省先后出台了《关于开展普惠性民办幼儿园认定和奖补工作的指导意见》，积极鼓励扶持普惠性民办幼儿园，全省公办和普惠性民办幼儿园占比达到近60%；印发了《山西省幼儿园办园基本标准（试行）》，对全省幼儿园建设与管理的科学化、规范化提出了明确的标准。这些政策的出台，基本解决了学龄段幼儿入园难的问题，凸显了教育的普惠性功能。

2016年，公共教育事业基础格局初步形成，基本实现了指标到校。我省出台了《加强农村留守儿童关爱保护工作的实施意见》，召开了省示范高中精准扶贫对口帮扶工作推进会，安排部署省示范高中对口帮扶贫困县普通高中学校工作等等，控辍保学工作常抓不懈，扎实推进公共教育事业发展迈上新台阶。

2016年，特殊教育“一人一案”逐步落实，90%以上三类残疾儿童实现入学。我省出台了《残疾儿童少年随班就读工作的指导意见》，为学龄段残疾儿童上学提供了制度支撑和保障，让他们充分享受党的阳光教育工程，树立正确的人生观、价值观和世界观。

回首2016，我们收获满满，展望2017，我们豪情万丈!!!

山西省教育科学研究院院长：马玉玺

目　录

第三部分

专题研究

附　录

第一部分　总报告

- 2016年山西省基础教育改革与发展报告
- 国家教育督导检查组对山西省申报的33个全国义务教育发展基本均衡县（市、区）督导检查反馈意见
- 山西省关于开展2016年度义务教育阶段学生语文和艺术学习质量监测工作总结

2016年山西省基础教育改革与发展报告

□山西省教育科学研究院教育发展战略研究中心

2016年作为“十三五”开局之年，山西省基础教育工作围绕“立德树人、改革创新、优化布局、依法治教、教育公平、提高质量”，在“十二五”成就基础上进行了全面的推进和落实。学前教育普惠性得到突破性发展，入园难、入园贵问题得到有力解决，公共教育事业基础格局初步形成。义务教育在全省县区实现了“九成标准化”“七成均衡”，对城乡义务教育经费保障机制进行了统一，着力扩大城区学位供给能力，为城镇化发展微调和城乡一体化发展做了充分的准备。近70%的普通高中完成了办学条件标准化建设，为“深化考试招生制度改革”迈出了坚实有力的第一步。特殊教育“一人一案”逐步落实，90%以上三类残疾儿童实现入学。基础教育公平发展和教育质量得到明显提升，夯实了“十三五”教育发展格局和办学条件基础，为“十三五”期间教育优质发展打下了稳固的地基。

一、基础教育2016年规模发展情况

2016年，全省基础教育学校、在校生、专任教师规模总量较上一年均有所减少，其中学前教育和特殊教育规模明显增长，初、高中教育规模有所缩小，体现了我省基础教育在按需分配方面做出了卓有成效的改变。

2016年，全省共有基础教育学校15 173所，其中幼儿园6 708所、小学6 043所、普通初中1 850所、特殊教育学校69所、普通高中503所。全省基础教育在校生共计约5 119 000人，其中学前教育约990 000人、小学约2 270 000人、初中约1 090 000人、普通高中约750 000人、特殊教育月10 000人。全省

基础教育专任教师共计约397 700人，其中学前教育约51 100人、小学约171 500人、初中约110 200人、普通高中约63 300万人、特殊教育1 516人。

全省民办教育规模增加，整体占比提升了1%左右，其中非义务教育学段的学前教育和普通高中教育民办学校的大发展起到了重要作用，与公办学校分别形成了“四六分成”和“三七分成”的比例，在义务教育和特殊教育方面逐步形成了以公办学校为主、民办学校为辅的格局。

从城乡布局情况来看，本年度镇区和乡村的义务教育学校数量大量减少，幼儿园数量迅猛增加，学前教育和小学阶段的生源呈现出明显的城镇化趋势。全省专任教师配置数量优于国家平均水平，配置质量及办学条件也逐步优化，义务教育学校办学条件在2016年有了显著的提高。

2016年，我省基础教育规模及结构更加顺应百姓需求，学前教育和特殊教育资源供给量逐步增加。民办教育方面得到进一步发展，形成了满足多样化需要的公办、民办教育服务体系。

（一）基础教育规模总量下降，结构与需求对接

1.各级各类学校总数“两增三减”，民办学校占比增加，镇区乡村教育资源分布调整明显。

2016/2017学年，我省共有各级各类基础教育学校（园）数15 173所，较上一年减少了144所，其中民办学校3 322所，较上一年增加了172所，民办学校占总量的比例为21.89%，较上一年增加了1.33%。（详见图1）

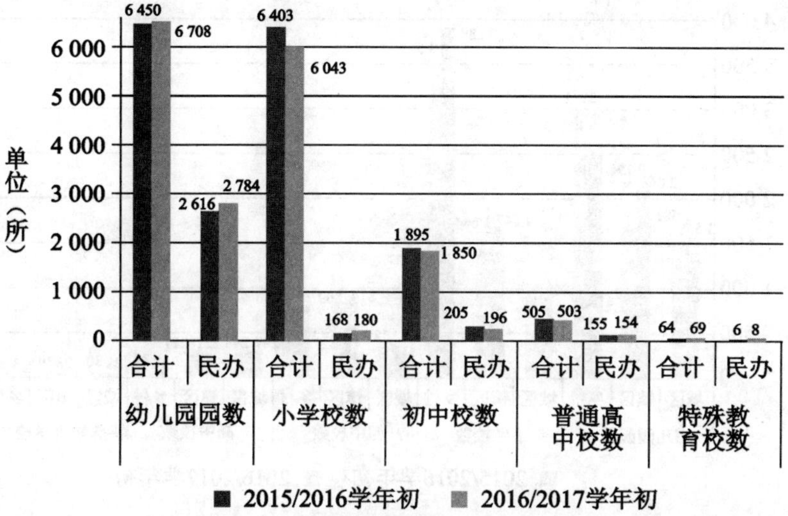

图1．各类基础教育学校数变化情况

（数据来源：山西省教育统计年鉴）

各类学校数较上一学年呈现“两增三减”的规律，其中幼儿园和特殊教育学校数增加，小学、初中、高中学校数减少，值得注意的是，除小学学校数在总量减少的情况下民办学校数有12所增加外，其他类民办学校数与总数的增减规律均一致。

从2016/2017学年各类学校公办、民办分布情况来看，我省非义务教育阶段的幼儿园和普通高中民办学校发展快，与公办学校分别形成了“四六分成”和“三七分成”的格局，发挥着不可忽视的作用。我省小学、初中和特殊教育仍然呈现公办学校为主、民办学校为辅的格局，特殊教育学校也吸引着更多的民办教育资源的加入。民办幼儿园占幼儿园总数的41.50%，较上一年提高了1%；民办小学占小学校总数的2.98%，较上一年提高了近0.4%；民办初中占初中学校总数的10.59%，较上一年减少了0.2%；民办高中占高中学校总数的30.62%，与上一年比较占比基本稳定；民办特殊教育学校占特殊学校总数的11.59%，较上一年提高了2%。（详见图1）

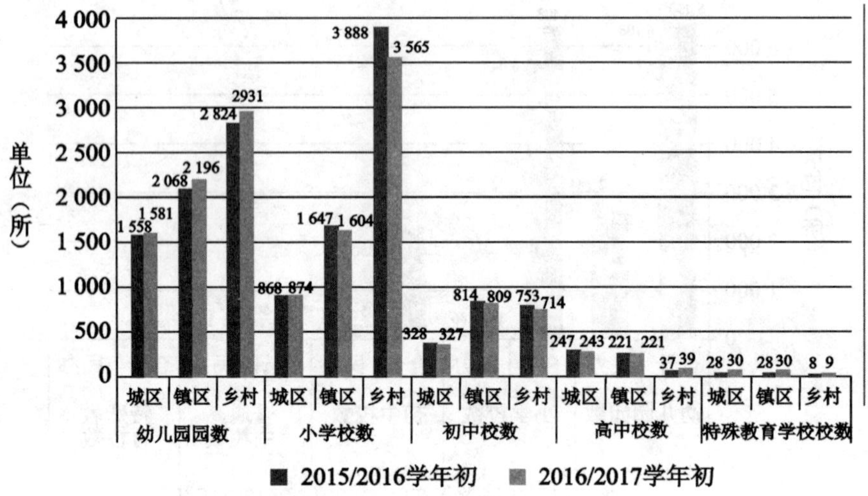

图2．各类基础教育学校数城乡分布变化情况

（数据来源：山西省教育统计年鉴）

分城乡情况来看，镇区和乡村义务教育学校大量减少，特别是乡村小学减少了300余所，而幼儿园数量大量增加，镇区和乡村幼儿园各增加了100所，充分体现了2016年义务教育结构及资源随人口需求的优化布局调整。与上一年相比，幼儿园和特殊教育学校数无论城区、镇区还是乡村均有所增加。幼儿园增加的数量主要集中在镇区和乡村，增加的数量分别为128所和107所，城区增加的数量较少，为23所。特殊教育学校城、镇、乡均增加了1~2所。义务教育阶段学校数在镇区和乡村均呈明显的下降趋势，小学镇区、乡村较上一年分别减少了43所、323所，初中镇区、乡村较上一年分别减少了5所、39所；城区小学较上一年增加了6所，初中减少了1所。普通高中学校数量基本稳定，仅有城区减少了4所、乡村增加了2所的变化。（详见图2）

2.各学段在校生数“三增两减”，民办学校承载学位增加，低学段存在生源城镇化现象，随迁子女和留守儿童占比均有所减少，镇区及乡村特殊教育质

量提升明显。

2016/2017学年，全省共有基础教育阶段学生数5 119 200人，较上一年减少了63 100人。其中民办学校985 000人，较上一年增加了26 400人，占全省比例为19.24%，较上一年增加了0.74%。（详见图3）

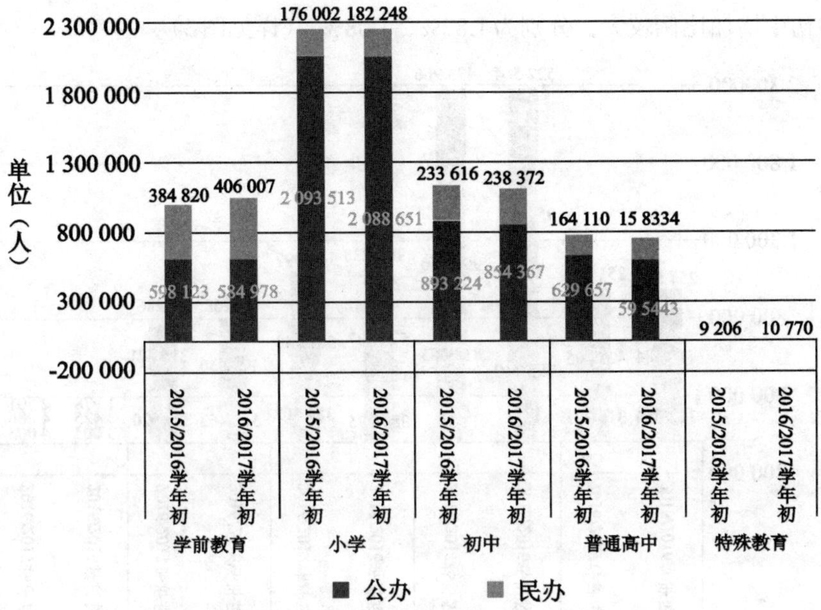

图3．各类基础教育学生数公办、民办变化情况

（数据来源：山西省教育统计年鉴）

2016年是第二期“学前三年教育行动计划”和“特殊教育提升计划”的收官之年，学前教育和特殊教育普及程度明显提高。2016/2017学年，我省各级各类基础教育在校生数呈现“三增两减”，即学前、小学、特殊教育在校生增加，初中和普通高中在校生减少。其中学前教育在园幼儿增加量最大，较上一年增加了8 042人，增加了0.82%；特殊教育增加比例最大，增加了1 564人，较上一年增加了近17%；小学较上一年增加1 384人，增加比例仅有0.06%。初、高中在校生均减少了3~4万人，初中较上一年减少了3%，普通高中较上一年减少了5%。（详见图3）

民办学校在校生比例呈现增长趋势。民办学校在校生除普通高中减少了5 776人，学前、小学和初中民办学校在校生均较上一年有所增加，分别增加了21 187人、6 246人、4 756人。各学段民办学校在校生占总在校生的比例均有1%左右的增加，小学、高中增加比例较小，分别为0.27%、0.33%，学前教育和初中增加比例较大，分别为1.82%、1.08%。（详见图3）

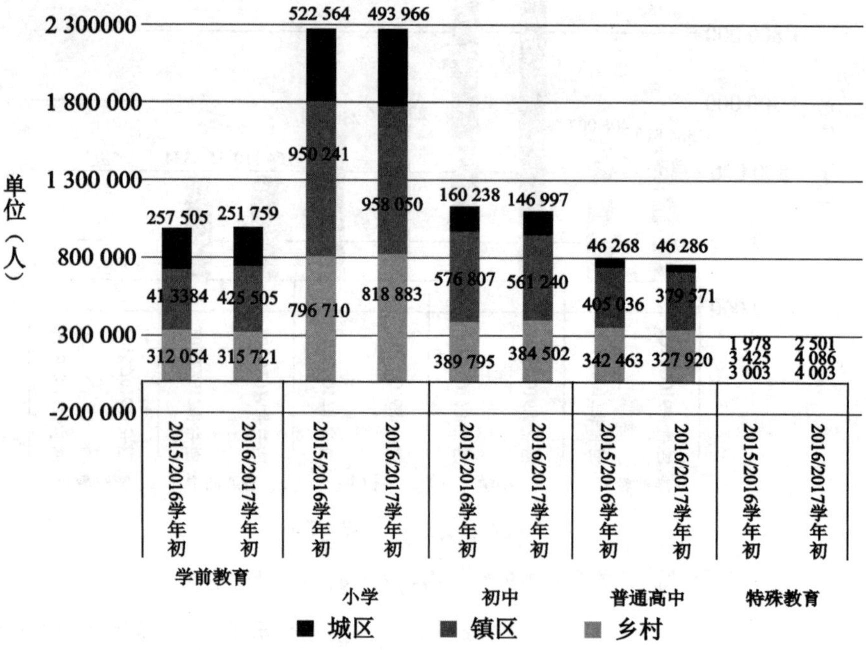

图4．各类基础教育学生数城乡变化情况

（数据来源：山西省教育统计年鉴）

义务教育阶段乡村地区在校生减势明显，学前教育和小学城镇化趋势凸显；镇区和乡村对特殊教育扶持力度明显加大，对薄弱环节的针对性补强效果突出。

城镇地区的学前教育和小学在校生数均较上一年有所增加，增加最多的是镇区学前教育在园幼儿，增加了12 000人，增长率为2.93%；城区小学在校生增加了22 000万人，增长率为2.78%。乡村地区的学前教育和小学在校生数均较上一年有所减少，分别减少了5 764人（减少率为2.23%）、28 600人（减少率为5.47%）。

我省初中阶段在校生数较上一年均有所减少，镇区、乡村分别减少了15 600人（减少率为2.70%）、13 200万人（减少率为8.26%），城区减少量较少，为5 293人（减少率为1.36%）。

特殊教育城区较上一年增加了280人（增长率为7.36%），镇区和乡村较上一年均增加了600余人，增长率分别为19.30%、31.50%。

普通高中城镇地区在校生数均有所减少，分别减少了14 500人、25 500万人，乡村普通高中在校生数增加了18人。（详见图4）

表1. 随迁子女数

年度	小学		初中	
	城区	镇区	城区	镇区
2015/2016学年初	200 347	43 786	62 008	22 434
2016/2017学年初	182 631	35 680	54 807	12 961

（数据来源：山西省教育统计年鉴）

在2016/2017学年，我省的随迁子女共有286 000人，较上一年减少了42 500人，其中小学218 300人、初中67 800人，分别较上一年减少了25 800万人、16 700万人。从地区上看，城区、镇区随迁子女数量均有所减少。从随迁子女占在校生的比例来看，较上一年下降了1~2个百分点。（详见表1）

表2. 留守儿童数

年度	小学			初中		
	城区	镇区	乡村	城区	镇区	乡村
2015/2016学年初	986	45 202	56 688	642	37 115	16 580
2016/2017学年初	1 068	39 515	50 876	480	29 459	14 215

（数据来源：山西省教育统计年鉴）

2016/2017学年，我省共有留守儿童135 600人，较上一年减少了21 600人，其中小学91 460人、初中44 150人，分别较上一年减少了11 400人、10 200人。

从留守儿童占在校生的比例来看与上一年基本相当，略有减少，小学、初中分别下降了0.5%和0.8%。其中值得注意的是，在不同地区、不同学段留守儿童数量均有所减少的情况下，城区小学的留守儿童较上一年增加了82人。（详见表2）

3. 各学段专任教师数量“两减三增”，学前、特殊师资补充比例大，高中生师比例调整明显；学历结构优化，年龄结构基本合理，整体生师比情况优于国家平均水平。

2016/2017学年，全省共有基础教育阶段专任教师397 700万人，较上一年减少了76人。其中学前教育51 100人、小学171 500人、初中110 200人、普通高中63 300人、特殊教育1 516人。除小学、初中教师较上一年分别减少了1 422人（减少率为0.82%）、2 943人（减少率为2.60%）外，其他学段教师均有所增加，学前教育、普通高中、特殊教育分别增加了2 825人（增长率为5.85%）、1 393人（增长率为2.25%）和71人（增长率为4.91%）。（详见图5）

各学段专任教师数量的变化与学校学生数量的变化基本一致，仅普通高中学校数量和在校生数减少而专任教师数量增加了千余人。

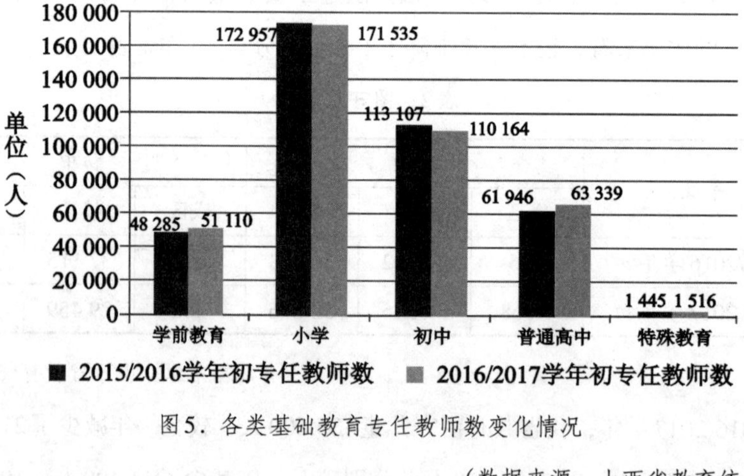

图5. 各类基础教育专任教师数变化情况

（数据来源：山西省教育统计年鉴）

（1）学历结构

我省基础教育阶段专任教师学历结构较上一年度进一步优化，呈现出学前教育教师以专科为主，小学教师以专科、本科为主，初中教师以本科为主，普通高中教师“本科研究生化”，特殊教育教师“本科化”的现象。

学前教育阶段教师以专科为主，占到55.38%，与上一年度相比，专科、本科以上学历教师数量有所增加，专科以下学历教师减少了近千人。

小学教师也是以专科、本科学历为主，占到92.59%，与上一年比较，从“以专科教师最多”优化为“本科教师最多”，专科以下学历的教师比例从7.13%减少到5.87%，学历合格率达到99.95%，与上年持平。

初中教师以本科学历为主，占到77.36%，与上一年比较，初中教师学历逐渐“本科研究生化”，本科、研究生占比增加了3%，学历合格率达到99.58%，比上年提高了0.06%。

特殊教育专任教师呈现“本科化”趋势，专科及以下学历教师较上一年度减少了4%，增加为本科学历教师。

普通高中以本科和研究生学历教师为主，占比达到97.77%，较上一年度提高了0.36%，其中具有本科和研究生学历的教师较上一年分别增加了935人、650人，专科及以下学历的教师减少了192人，学历合格率达到97.77%，比上年提高0.36%。（详见表3）

表3. 基础教育专任教师学历结构情况

学段＼学历	2015/2016学年初				2016/2017学年初			
	专科以下	专科	本科	研究生	专科以下	专科	本科	研究生
学前教育	13 070	25 542	9 600	73	12 191	28 303	10 557	59
小学	12 328	82 762	77 382	485	10 074	76 756	84 107	598
初中	548	26 617	84 708	1 234	458	22 950	85 219	1 537

（续表）

学段＼学历	2015/2016学年初				2016/2017学年初			
	专科以下	专科	本科	研究生	专科以下	专科	本科	研究生
普通高中	19	1 585	55 568	4 774	14	1 398	56 503	5 424
特殊教育	60	453	928	4	49	432	1031	4

（数据来源：山西省教育统计年鉴）

（2）年龄结构

我省基础教育阶段教师年龄结构基本合理，除学前教育阶段专任教师以20~39岁的年轻教师为主，呈现明显的“年轻化”现象，其他学段专任教师基本以30~49岁的中年教师为主，教师数量呈现中年教师最多，随着教师年龄增大，教师数量均随之减少的中间多、两头少的“山”字形分布。（详见表4）

表4．基础教育专任教师年龄结构情况

学段＼年龄	2016/2017学年初						
	24岁以下	25~29岁	30~39岁	40~49岁	50~54岁	55~59岁	60岁以上
学前教育	13 744	16 076	14 011	5 523	1 546	198	12
小学	5 018	19 960	63 928	47 932	26 402	8 250	45
初中	2 290	12 353	42 619	37 120	12 070	3 661	51
普通高中	1 773	9 772	28 570	16 442	5 297	1 387	98

（数据来源：山西省教育统计年鉴）

（3）生师比

我省中小学学段生师比均小于国家平均值，说明我省的教师数量高于国家平均配置量。2016/2017年，我省生师比仅小学阶段较上一年度增加了0.12%，初中和高中生师比均有所减少，特别是普通高中生师比从上一年度的12.81∶1减少到11.9∶1。（详见图6）

图6. 基础教育各学段生师比

（数据来源：教育部教育统计数据）

分城乡情况来看，我省乡村地区学前教育和特殊教育专任教师数量明显不足。幼儿园和特殊教育生师比，乡村比例明显高于城镇，分别达到33.08：1和18.45：1，说明近几年我省乡村地区大力新改扩建幼儿园，在硬件资源方面的补充力度较大，但在师资方面的建设还需要下大功夫。

相反，义务教育阶段小学、初中的生师比，乡村地区明显小于城镇地区，城区小学生师比达到了17.57：1，不及国家平均水平，这为我省义务教育阶段还存在的部分乡村地区空壳学校和城区教育资源不足等现象形成了佐证。普通高中生师比城乡差异不大，乡村高中生师比略高，镇区高中生师比最低。（详见图7）

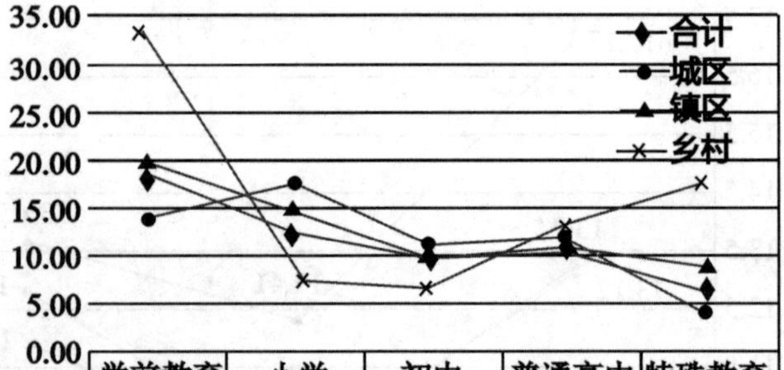

	学前教育	小学	初中	普通高中	特殊教育
合计	19.39：1	13.24：1	9.92：1	11.90：1	7.10：1
城区	13.86：1	17.57：1	11.07：1	12.03：1	4.33：1
镇区	20.39：1	14.79：1	10.20：1	11.65：1	9.44：1
乡村	33.08：1	8.22：1	7.20：1	13.28：1	18.45：1

图7．基础教育各学段分城乡生师比

（数据来源：教育部教育统计数据）

从各市生师比情况来看，学前教育和特殊教育生师比各市差距明显，小学、初中和普通高中生师比各市间差距不大。

学前教育生师比最小的是太原市13.66：1，最大的是阳泉市24.99：1，仅有太原、朔州、大同3市基本符合要求。根据《山西省幼儿园办园基本标准（试行）》要求（以下简称《标准》）：“幼儿园每班幼儿人数一般为：小班（3~4周岁）25人；中班（4~5周岁）30人；大班（5~6周岁）35人。”“全日制幼儿园每班配备2名专任教师和1名保育员，或配备3名专任教师。”我省学前教育生师比平均值与《标准》要求还有距离。

特殊教育生师比市域差距较大，最小的是吕梁4.71：1，最大的是阳泉13.11：1。吕梁、朔州、晋城、运城、太原5市特殊教育专任教师配备充足，生师比均在6：1以下。

义务教育阶段运城、大同、忻州、临汾4市专任教师配备量整体优于其他市。太原、朔州、阳泉、晋中4市生师比略高，专任教师资源与其他市比较相对紧张。（详见表5）

表5. 11个市专任教师生师比top排行

学前教育		小学		初中		普通高中		特殊教育	
太原市	13.66：1	运城市	11.25：1	大同市	8.80：1	晋中市	10.93：1	吕梁市	4.71：1
朔州市	14.89：1	大同市	11.30：1	运城市	9.35：1	运城市	11.03：1	朔州市	5.16：1
大同市	16.71：1	忻州市	11.44：1	忻州市	9.43：1	太原市	11.25：1	晋城市	5.58：1
运城市	19.25：1	临汾市	12.73：1	吕梁市	9.66：1	朔州市	11.65：1	运城市	5.60：1
全省	19.39：1	晋城市	12.79：1	临汾市	9.67：1	大同市	11.67：1	太原市	5.92：1
晋城市	19.79：1	**全省**	13.24：1	**全省**	9.92：1	**全省**	11.90：1	**全省**	7.10：1
临汾市	20.01：1	吕梁市	13.37：1	太原市	10.16：1	临汾市	11.95：1	大同市	7.30：1
晋中市	21.04：1	长治市	13.74：1	晋中市	10.16：1	忻州市	12.46：1	临汾市	8.05：1
吕梁市	22.86：1	朔州市	14.28：1	晋城市	10.27：1	长治市	12.55：1	忻州市	9.19：1
长治市	23.38：1	阳泉市	15.42：1	阳泉市	10.36：1	吕梁市	12.70：1	长治市	9.66：1
忻州市	24.79：1	晋中市	15.73：1	长治市	10.66：1	晋城市	13.06：1	晋中市	10.44：1
阳泉市	24.99：1	太原市	16.77：1	朔州市	12.59：1	阳泉市	13.76：1	阳泉市	13.11：1

4. 办学条件改善明显，标准化建设义务教育基本完成，普通高中实现大跨越。

截至2016年底，我省105个县（市、区）实现义务教育学校标准化建设要求，占比达到近90%。全省308所普通高中学校实现办学条件标准化建设，占比超过66%。

2016/2017学年，我省所有类别学校的校舍建筑面积较上一年度均有所增加。基础教育阶段学校校舍建筑总面积达到5 780.88万平方米，其中幼儿园618.35万平方米、小学1 867.24万平方米、初级中学1 145.23万平方米、九年一贯制学校395.17万平方米、完全中学657.04万平方米、高级中学918.27万平方米、十二年一贯制学校157.57万平方米、特殊教育22.01万平方米。增加面积最多的是小学和幼儿园，分别为58.54万平方米、52.22万平方米，增加比例最大的是十二年一贯制学校，较上一年增加了14.09%。（详见表6）

表6. 校舍建筑面积（单位：万平方米）

	2015/2016学年初	2016/2017学年初	增加
幼儿园	566.13	618.35	52.22
小学	1 808.7	1 867.24	58.54
初级中学	1 127.2	1 145.23	18.03
九年一贯制学校	381.79	395.17	13.38
完全中学	655.89	657.04	1.15
高级中学	889.74	918.27	28.53
十二年一贯制学校	138.1	157.57	19.47
特殊教育	20.45	22.01	1.56

（数据来源：山西省教育统计年鉴）

2016/2017学年，我省在义务教育阶段的设施设备达标率实现了大的跨越，普通高中达标率均在80%以上。基础教育阶段各类学校设施设备配备达标率最高的是十二年一贯制学校，除体育运动场（馆）面积达标学校比例外，其他各项均在90%以上。较上一年度达标率涨幅最大的是九年一贯制学校和小学，各项增幅均在12%~17%之间，其次是初级中学，各项比例增加均在7%~10%之间。（详见表7）

表7．基础教育阶段各类学校设施设备配备达标率

项目 类别	2015/2016学年初					2016/2017学年初				
	体育运动场（馆）面积达标学校比例	体育器械配备达标学校比例	音乐器械配备达标学校比例	美术器械配备达标学校比例	数学自然实验仪器达标学校比例	体育运动场（馆）面积达标学校比例	体育器械配备达标学校比例	音乐器械配备达标学校比例	美术器械配备达标学校比例	数学自然实验仪器达标学校比例
小学	57.22%	70.15%	69.53%	69.53%	69.83%	73.23%	85.50%	85.19%	85.01%	83.93%
初级中学	68.72%	80.54%	79.26%	78.77%	83.44%	79.28%	88.54%	88.54%	87.51%	90.45%
九年一贯制学校	60.58%	67.63%	65.77%	65.56%	64.73%	77.71%	80.57%	79.35%	77.91%	79.35%
完全中学	75.23%	74.77%	77.06%	77.52%	80.73%	80.77%	84.13%	82.21%	84.13%	86.06%
高级中学	82.45%	81.63%	79.18%	80%	84.08%	85.60%	83.60%	81.20%	81.20%	86.00%
十二年一贯制学校	83.33%	95.24%	95.24%	95.24%	95.24%	84.44%	95.56%	95.56%	95.56%	91.11%

（数据来源：山西省教育统计年鉴）

（二）规模特点与趋势

1.开启城乡一体化发展序幕，加大对镇、乡的扶持力度，生源城镇化趋势显现。

2016年，我省学前教育供需对接有待加强，学前教育资源增加主要集中在镇区和乡村，但在园幼儿增量主要集中在城区和镇区，呈现出城区生多、园少、师资相对多，镇区生多、园增、师资需要补充，乡村生减、园增、师资短缺明显的现状。

特殊教育“提升计划”和“一人一案”政策初见成效，特殊教育城、

镇、乡学校数量，在校生数量和教师数量均有增加。

义务教育乡村减速加快，城区存在微增趋势，呈现生源城镇化趋势。义务教育阶段学校数和在校生数在镇区和乡村均呈明显的下降趋势，尤其是乡村地区义务教育总量大量减少。

普通高中适应新高考趋势，学校数量基本稳定，城镇在校生数量有所减少，专任教师相对在校生增量明显。

2. 民办教育实力有所增加，稳步发展。

学前教育、小学、特殊教育民办规模均有所增加，初中民办资源量减少，但在校生数量增加，普通高中民办规模整体略减。非义务教育阶段民办教育发挥了重要作用，学前教育和普通高中教育分别承载了教育比例中的40%和30%。

二、重大举措与成就

一年来，全省基础教育在学前教育普惠性资源不足、义务教育城区资源紧张、普通高中面临新高考改革、特殊教育体系不够完善等方面，推进了普惠性民办幼儿园认定、新建住宅小区配套学校建设、普通高中办学条件标准化、“一人一案”等举措，落实解决“入园贵”“大班额”等问题，实现了学前教育60%普惠性、扩大城区学校学位供给的目标，进一步彰显了我省基础教育公共教育服务职能。

（一）全面推进“人人有园上，家家上得起”等举措的落实

2016年应是学前教育普惠性着力发展的一年，我省学前三年毛入园率达到88.2%，超过了全国平均值10.8%（2016年全国教育事业发展统计公报：学前教育毛入园率为77.4%），位居中部省份第一。全省8个市普及率在90%以上，晋中、太原甚至超过了95%。全省公办园占比达到58.5%，超出全国35.7%近23%。我省以“扩大总量、调整结构、建立机制、提高质量”为核

心，在数量上扩大补充学前教育资源总量，着手推进普惠性民办幼儿园的认定，夯实公共服务存量，帮扶带动的逐步落实，“幼小协同、科学衔接”宣传引导，深入人心。为每个儿童提供有质量的学前教育，我们在路上。

1.政策先行

2016年，我省陆续出台了《山西省教育厅　山西省财政厅关于开展普惠性民办幼儿园认定和奖补工作的指导意见》《山西省城镇住宅小区配套建设幼儿园管理和使用实施办法（试行）》《山西省幼儿园办园基本标准（试行）》等文件，对扩大我省普惠性学前教育资源，进一步满足城镇新增适龄儿童接受公益普惠学前教育的需求，促进幼儿园建设的科学化、规范化、标准化，提供了政策制度保障。各市为学前教育的推进不断完善制度措施，如太原市出台了《太原市中小学校幼儿园规划建设条例》，晋中市出台了《关于印发政府购买服务性岗位补充公办幼儿园保教人员实施办法的通知》等，还有许多地区建立了学前教育联席会议制度，将学前教育发展责任明确落实。

2.幼儿园总量初步满足“有园上”

作为第二期“学前三年教育行动计划”的收官之年，在“扩总量”方面，我省继续扩大学前教育资源，新改扩建203所农村幼儿园，全省共有幼儿园6 708所，较上一年幼儿园数增加了258所（其中城区23所、镇区128所、乡村107所）。全省在园幼儿991 000人，学前教育毛入园率达到88.2%，比上年提高1.2%（来源：《山西省2016年教育事业发展统计公报》）。

4月19日，省教育厅研究制定下发了《山西省幼儿园办园基本标准（试行）》，明确了“原则上城市每5 000人设置1所6个班的幼儿园，10 000人设置1所12个班的幼儿园。城镇新建住宅小区应按国家和省有关规定配套建设幼儿园。城镇幼儿园规模以6~12个班为宜，一般不超过360人。人口较少的农村地区幼儿园可结合实际适当减小办园规模。人口密度大、有条件的行政村可单独建园；人口密度小或偏远地区行政村可依托乡镇中心幼儿园开设分园；人口较少、距离较近的行政村之间可联合办园。有条件的农村小学可附设幼儿园（班）。农村幼儿园规模一般应在3个班以上。适龄幼儿数不足3个班的可开设“独立幼儿班”，对不同情况下幼儿园的配置要求做出了明确规定。

为适应新型城镇化快速发展趋势，满足城镇新增适龄儿童接受公益普惠学前教育的需求，更好地落实城镇住宅小区配套建设幼儿园规定，扩大城镇幼儿园规模总量，省教育厅联合省机构编制委员会办公室等六厅局于4月18日出台了《山西省城镇住宅小区配套建设幼儿园管理和使用实施办法（试行）》，对城镇住宅小区配套建设幼儿园提出了明确要求，合理确定幼儿园布局和规模，科学预留发展空间，确保未来幼儿园入学需求全覆盖。截至2016年年底，全省小区达到配建规模应配建幼儿园1 002所，已配建718所，占比71.6%。

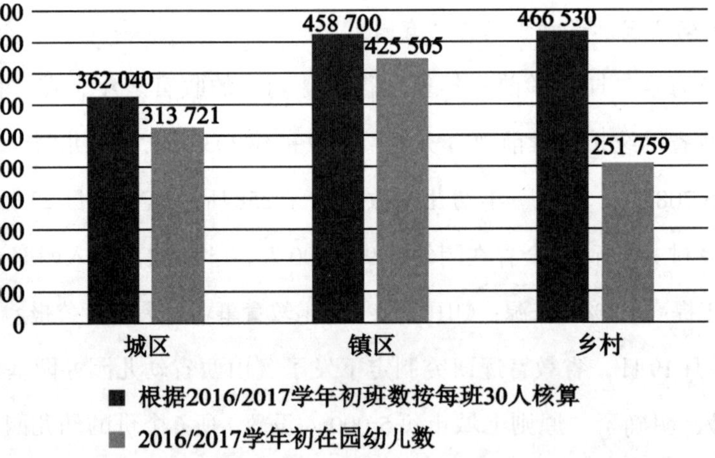

图8．2016／2017学年初学前教育规模存余情况

（数据来源：山西省教育统计年鉴）

按照《山西省幼儿园办园基本标准（试行）》规定的“幼儿园每班幼儿人数一般为：小班（3~4周岁）25人；中班（4~5周岁）30人；大班（5~6周岁）35人”。从理论意义上将2016/2017学年初全省班数按照每班30人估算的全省分城、镇、乡可以提供的学前教育学位，与现有在园幼儿数对比，可以看出，城区、镇区、乡村分别存余学位4.8万、3.3万、21万左右，其中乡村学位存余量最大，全省总计学位空余存量约为29万（详见图8）。根据2016年我省学前教育毛入园率达到88.2%，说明全省还有13.26万（小于学位存量）适龄儿童没有享受学前教育。由以上数据可以看出，我省学前教育规模设置总量上基本能够满足适龄儿童就学需要，说明我省在学前教育总体规模上已初步解决了“有园上”的问题，但城镇地区“有园上”需要得到更多关注。

3. 六成幼儿园实现了“普惠性”，“上得起”仍然在路上

为提高我省普惠性学前教育资源的覆盖面，全面降低民办幼儿园收费平均水平，解决“入民办园贵”的问题，保障适龄儿童接受面向大众、公益普惠的学前教育，我省出台了《山西省教育厅 山西省财政厅关于开展普惠性民办幼儿园认定和奖补工作的指导意见》，积极鼓励社会力量举办幼儿园，扶持普惠性民办幼儿园。

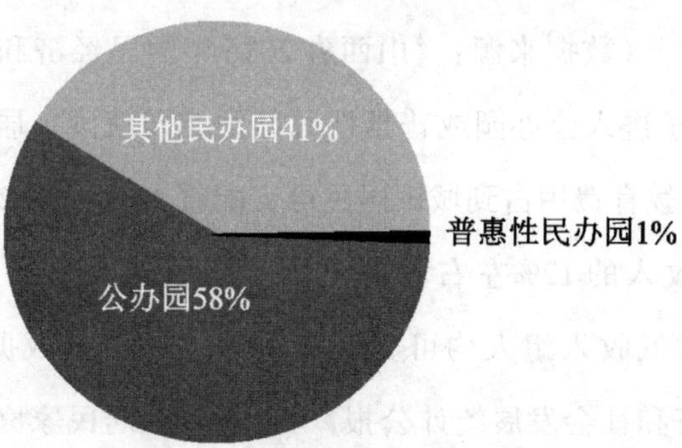

图9. 幼儿园办园类型比例图

（数据来源：2016年山西省教育统计公报）

公办园和普惠性民办幼儿园构成了我省普惠性学前教育资源，我省学前教育的普惠性已经达到了近60%，公益普惠性学前教育公共服务网络建设初见成效。2016年，我省共认定普惠性民办幼儿园43所，全省公办园和普惠性民办幼儿园合计占比达到59.14%。普惠性民办幼儿园在园幼儿7 350人，全省公办园和普惠性民办幼儿园在园幼儿合计占到59.77%（详见图9）。我省部分市县的学前教育已实现更高的普惠性，如晋中、阳泉、运城等市公办园比例在70%以上，交城、寿阳、昔阳、沁县等一批县公办园比例在90%以上，和顺县达到100%（数据来源：山西省教育厅简报〔2017〕第9期）。

幼儿园收费仅保育教育费用占到居民人均可支配收入的10%~20%，占到低收入居民人均可支配收入的30% ~ 60%，通常保育教育费用占幼儿园收费的50%左右。在幼儿园收费方面，主要包含了：保育教育费、住宿费、服务性收费（伙食费）、代收费（床单、被罩购置费和城镇居民基本医疗保险费）。其中最主要的保育教育费按照省物价局规定：公办幼儿园是“太原市市区范围内每生每月最高500元，其他各设区的市市区范围内每生每月最高400元，县（市、区）城镇范围内每生每月最高300元，乡村每生每月最高100元”。根据“我省城镇居民人均可支配收入27 352元，农村居民人均可支配收入10 082元”（数据来源：《山西省2016年国民经济和社会发展统计公报》），如果孩子进入公办园或普惠性民办幼儿园就读，居民家庭承担的孩子幼儿园仅保育教育费用占到城镇居民可支配收入的13%~20%之间，占到农村居民可支配收入的12%左右。再根据“城镇低收入组人均可支配收入10 920元，农村低收入组人均可支配收入3 354元”（数据来源：《山西省2016年国民经济和社会发展统计公报》），低收入居民家庭承担的孩子幼儿园仅保育教育费用占到城镇居民可支配收入的33%~55%，占到农村居民可支配收入的36%左右。

4.努力为每个儿童提供有质量的学前教育

一是逐步实现标准化、规范化。

我省出台了《山西省幼儿园办园基本标准（试行）》，并明确要求自2016年5月1日起，新建幼儿园应不低于本标准，改扩建幼儿园参照本标准执行。该标准对我省幼儿园的设置与规模、园舍建设、设施设备等都有详细规定，共7个部分46条。这为我省幼儿园建设标准化、科学化、规范化奠定了基础，确保了幼儿园基本的安全和保教质量。

4月12日山西省人民政府教育督导委员会下发了《关于进一步清理整治无证幼儿园的通知》，明确按照属地管理原则，清理整治无证幼儿园工作由各县（市、区）政府负责，各市负责指导所辖县区，从2016年4月起，对辖区内无证办园情况再开展一次拉网式大排查，全面摸清底数。各市均采取了强有力的行动，制订印发了相关实施方案。截至10月底，全省共取缔146所无证园，为161所符合办园条件的无证园颁发办园许可证，对幼儿园进行了分类治理，保证幼儿园的持证办园，确保在园幼儿安全。

二是保教落实。

进一步落实《3~6岁儿童学习与发展指南》和新颁布的《幼儿园工作规程》，指导各级各类幼儿园规范办园，防止和纠正幼儿园教育“小学化”。5月20日省厅下发了《山西省教育厅关于进一步规范幼儿园保教行为提高幼儿园保育教育质量的通知》，切实加强幼儿园科学管理，为规范幼儿园保教行为、提高幼儿园保育教育质量，提出了“端正办园方向，规范办园行为，实施科学保教，完善教研制度，落实帮扶制度，做好幼小衔接，构建评估体系，营造良好氛围”八大要求。

三是帮扶带动。

今年作为我省推动学前教育优质帮扶的关键之年，发挥乡镇中心园带动作用、因地制宜办好村办园、严格规范民办园的管理，不断提升学前教育的普及水平和质量，缩小园所差距，促进教育公平。截至2016年年底，全省共有190余所优质幼儿园对口帮扶670所幼儿园。如太原市建立了市域内县区间对口帮扶的机制；运城市通过片区教育联盟等形式整体推进优质幼儿园帮扶工作；太谷县借鉴本地义务教育盟区的经验在学前教育阶段也开展了盟区制；孝义市采取“城乡间幼教发展共同体”和“城区优质园办分园”的方式，强化帮扶过程性指导和管理等。10月26日~27日，在孝义市召开了全省优质幼儿园帮扶工作现场推进会，会议总结交流了我省各地农村学前教育和优质园帮扶促进农村幼儿园发展的经验做法。

四是实验试行。

小店区、芮城县入选为“全国学前教育改革发展实验区”，两县区将按照教育部和省厅的要求，实施公益普惠的学前教育财政投入保障机制、幼儿园教师队伍培养和补充机制、幼儿园教师工资待遇保障机制、幼儿园教师师德建设长效机制，在规范普惠性民办幼儿园监管、健全学前教育教研制度、贯彻落实《3~6岁儿童学习与发展指南》等方面进行试点，其中小店区主要承担扩大普惠性资源、规范普惠性民办幼儿园监管两项试点任务，芮城县主要承担扩大普惠性资源、贯彻落实《3~6岁儿童学习与发展指南》两项试点任务，实验周期为3年（2016—2018年）。

五是广泛宣传。

5月20日~6月20日在全省范围内开展了“全国学前教育宣传月”活动，活动紧扣“幼小协同、科学衔接”的宣传主题，创新宣传形式，开展了丰富多彩、形式多样、群众喜闻乐见的宣传教育活动，让科学育儿理念深入人心，引导广大家长认识幼小衔接的科学内涵、树立科学衔接意识，帮助家长掌握必要的方法和策略，有效缓解对幼儿入小学的焦虑。

"宣传月"采取了走进群众、走进大众的形式，如在太原各公园、广场举行现场咨询活动，来自高校、相关单位、幼儿园、小学的专家为群众进行现场解答，就"幼儿园与小学如何相互配合、科学衔接，如何为孩子做好入小学准备，如何帮助孩子适应小学生活"等百姓关注的热点问题，从专业角度为群众家长答疑解惑，引导帮助广大百姓家长认识幼小衔接的科学内涵、树立科学衔接意识，帮助家长掌握必要的方法和策略，有效缓解幼儿入小学的焦虑，受到了百姓的好评。

（二）义务教育基本公共服务均等化逐步落实

2016年我省义务教育扩大城区学校学位供给，落实新建住宅小区配套建设学校政策，着力解决"大班额"问题。深化《义务教育学校管理标准》实施，继续推进义务教育办学模式改革，统一城乡义务教育学校生均公用经费基准定额，70%的县区通过国家均衡验收，优质均衡更进一步。着力为每个孩子提供公平的教育，特别对留守儿童、进城务工子女、"三类"残疾儿童给予更多的关怀。

1.继续推动全省义务教育学校的科学布局

（1）强化需求导向布局战略，确保城镇学位供给

今年国务院下发的《关于统筹推进县域内城乡义务教育一体化改革发展的若干意见》（国发〔2016〕40号）提出"到2018年基本消除66人及以上超大班额，到2020年基本消除56人以上大班额"的目标任务，努力解决义务教育阶段的城镇地区义务教育资源不足的问题。

通过下图可以看出，2016/2017学年我省义务教育阶段有70%左右班级的班额符合《山西省义务教育学校办学基本标准（试行）》中要求的"班额小学不超过45人，初中不超过50人"。66人及以上的超大班额小学和初中占比分别为1.83%、1.36%，共计1667个班。56~65人的大班额小学占比为3.50%，初中为5.15%，共计3 819个班。

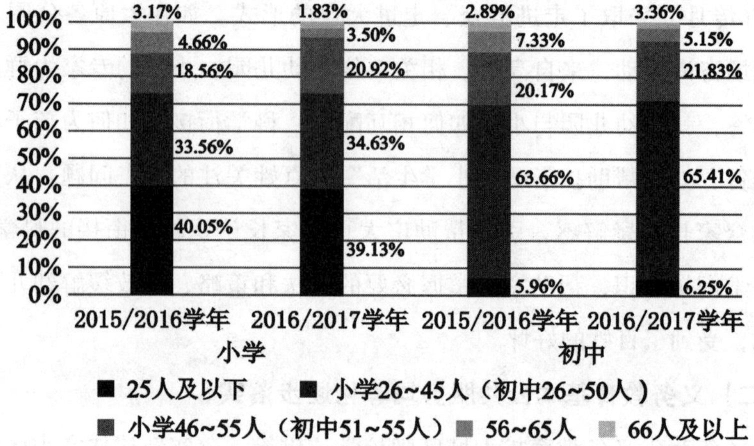

图10　义务教育阶段班额占比分布图

（数据来源：山西省教育统计年鉴）

我省大班额情况主要集中在城区和镇区，其中城区小学大班额占比超过11%，初中超过5%，镇区小学大班额占比超过6%，初中超过8%。（详见图11）

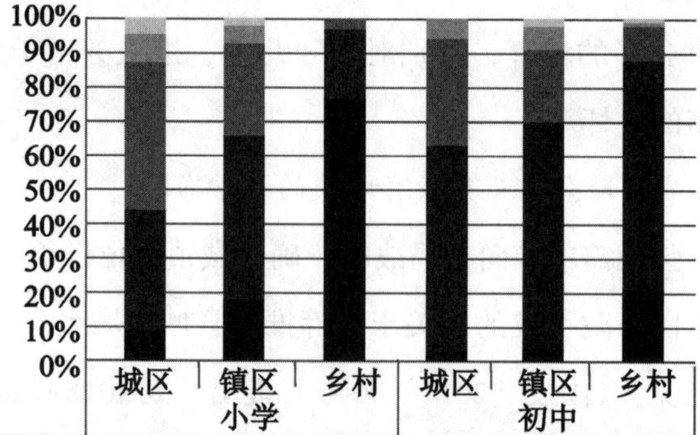

	小学 城区	小学 镇区	小学 乡村	初中 城区	初中 镇区	初中 乡村
66人及以上	4.23%	2.20%	0.04%	0.49%	2.36%	0.14%
56~65人	7.57%	4.59%	0.10%	5.17%	6.43%	1.33%
小学46~55人（初中51~55人）	44.03%	26.67%	1.95%	30.31%	20.16%	9.78%
小学26~45人（初中26~50人）	36.11%	48.97%	21.84%	61.30%	67.29%	68.06%
25人及以下	8.06%	17.58%	76.07%	2.71%	3.76%	20.68%

■ 25人及以下　■ 小学26~45人（初中26~50人）
■ 小学46~55人（初中51~55人）　■ 56~65人
■ 66人及以上

图11．分城乡班额比例分布图

（数据来源：山西省教育统计年鉴）

面对新型城镇化建设和发展需要，进城务工随迁子女就学需求加大，为统筹考虑城镇户籍制度改革、计划生育政策调整等因素，保障未来城镇中小学和幼儿园入学需求的满足，特别是针对我省大班额主要集中在城镇地区的现状，省教育厅等七部门印发了《关于做好城镇中小学校幼儿园建设专项规划（2016—2020年）编制工作的通知》（晋教基〔2015〕29号），对做好城镇中小学、幼儿园布局专项规划，合理确定中小学校布局和规模，科学预留发展空间提出明确要求。

8月，省教育厅联合省住建厅举办城镇中小学校幼儿园建设专项规划编制培训班，召开专项规划编制工作推进会，下发了专项规划编制推进文件，进一步指导各市、县科学编制城镇中小学建设专项规划，确保城区学位供给，有效满足和保障随迁子女平等就学。

全省各市、县按要求完成了各自规划的编制和上报，为今后5年各市、县中小学校、幼儿园的建设，推进城乡基本公共教育服务均等化提供了科学化和前瞻性的基本依据。

今年，全省大班额和超大班额占比均较2015/2016年度有2~3个百分点的降低（数据来源：山西省教育统计年鉴）。全省基本消除超大班额达标的县（市、区）有74个，其中45个县（市、区）实现基本消除大班额（数据来源：《山西省消除大班额专项规划（2016—2020年）》（晋教基〔2017〕3号）。

（2）扎实推进“全面改薄”项目，启动办学条件标准化最后一公里

2016年，我省继续大力实施“全面改薄”工作，加快推进义务教育学校标准化建设。1月，省教育厅、省发改委、省财政厅联合召开了2016年度“全面改薄”项目县工作会议，启动2016年度21个项目县（市）“全面改薄”工作，省发改委、省财政厅共同召开年度工作调度会和中期工作推进会，及时安排部署重点工作。先后下发了《山西省教育厅　山西省发展和改革委员会　山西省财政厅关于进一步做好全面改善贫困地区义务教育薄弱学校基本办学条件

有关工作的通知》（晋教基〔2016〕5号）《山西省全面改善贫困地区义务教育薄弱学校基本办学合作项目规划调整的工作流程》（晋教基〔2016〕7号）《关于对2016年度“全面改薄”项目县（市）开展包县督查工作的通知》（晋教基函〔2016〕13号）等多个文件。组织专项培训，实行专人包县、每月督查、专项督导、双月通报，联合明确项目规划调整的工作流程，对17个项目县（市、区）进行了规划调整，保证全面改薄工作扎实推进。

2016年度中央和省级财政共拨付专项资金13.334 8亿元，其中中央资金11.1亿元，省级资金2.234 8亿元，截至2016年10月底，山西全省各地已开工3 053所项目学校，校舍建筑面积163.92万平方米；竣工2 633所项目学校，校舍建筑面积14 538万平方米；共为5 389所项目学校购置图书8 447 564册，数字教育资源573 483GB，课桌凳830 374套，计算机等教学仪器设备10 526 656台（件、套），其他生活设施343 731台（件、套）。2016年度21个县（市）校舍建设项目开工率为94%，竣工率为78%，设施设备采购完成率为100%，2016年度工作任务圆满完成。

表8．“全面改薄”2016年主要项目实施县

太原	阳曲县、娄烦县
大同	广灵县、灵丘县
长治	壶关县
晋城	沁水县
朔州	应县
吕梁	柳林县、文水县、岚县、方山县
忻州	代县、河曲县、五寨县
临汾	乡宁县、大宁县、隰县、永和县
运城	闻喜县、新绛县、河津市
小计	21个

今年，省教育厅组织专家组从标准化建设情况、学校办学达标情况、信息化建设情况等方面，在部分县（市、区）开展省级义务教育学校标准化建设专项督查确认，共计有20个县通过了省级义务教育学校标准化建设验收。截至2016年年底，全省有105个县（市、区）通过了义务教育学校标准化建设市级验收，其中88个县（市、区）通过省级督查，达到标准化要求。

2. 着力推动优质均衡

（1）持续推进《义务教育学校管理标准》实验，加大现代化学校治理能力建设

为完善我省义务教育治理体系，推动义务教育依法办学、科学管理，在2014年吕梁孝义市被确定为“义务教育学校管理标准全国实验区”的基础上，今年我省继续完善义务教育治理体系，推动义务教育依法办学、科学管理，确定了太原市小店区、大同市左云县等11个县（市、区）作为省级实验区开展省级实验工作（见表4），并下发了《〈义务教育学校管理标准（试行）〉省级实验方案》（晋教基〔2016〕9号），进一步带动提高我省义务教育的科学管理水平。

先行实验区孝义市依据标准制订了《孝义市义务教育学校办学水平督导评估方案》，以《义务教育学校管理标准》为基础指标，拓展设置必选指标、自选指标、自创指标和附加分指标等发展性指标，鼓励学校在标准之上纵向发展、自主发展，走品质提升之路。在赋分上，将学生学业成绩的占比调低到30%，大幅增加学生核心素养发展、教师专业成长、学校规范管理的分值，有效改变了以往单一的“以分数论英雄”的做法。评价变化带来的是学校办学行为的改变，孝义市各学校都在结合自身实际纷纷开展特色学校创建活动，课堂教学呈现出百花齐放的局面，义务教育更加个性化、特色化，校园文化艺术节、师生同操同唱同阅读、课本剧展演等活动开展得如火如荼，形成了“一校一亮点、一校一特色、一校一品牌”的崭新局面。

表9. 义务教育学校管理标准实验区

国家实验区	吕梁市	孝义市
省级实验区	太原市	小店区
	大同市	左云县
	朔州市	平鲁区
	忻州市	岢岚县
	晋中市	平遥县
	阳泉市	郊区
	晋城市	城区
	长治市	沁源县
	临汾市	霍州市
	运城市	垣曲县
	吕梁市	汾阳市

（2）多措并举实现均衡

第一，以办学模式改革为抓手，进一步提高优质教育覆盖面，满足人民对优质教育的需求。

2016年，为扩大优质教育资源，推动义务教育均衡发展，实现优质资源共享，整体提升区域内义务教育办学水平，办好人民满意的教育，按照《山西省教育厅关于积极推进义务教育办学模式改革的指导意见》（晋教基〔2015〕27号）的要求，全省各地市继续推进办学模式改革。

我省主要采取的改革模式主要有：一是集团化办学，如太原市杏花岭区2016年推行的名校集团化办学模式，采用“名校+新校”的办法，直接让名校介入新建小区的新建学校，一方面优质资源得到扩大，另一方面也使优质资源更优，实现名校“裂变式”“增殖式”发展，有效增加优质教育资源总量。9月，新建路小学富力华庭校区、双明校区和五一路小学富力城校区正式投入使用，初步形成了新建路小学教育集团、五一路小学教育集团两个教育集团。运城市中心城区在今年5月正式挂牌成立了7个教育集团，加上已经实施运行数年的盐湖区实验中学教育集团，运城市共组建了8个以名校领衔的教育集团。在中心城区的43所中小学校，打破公办、民办性质，打破市属、区属壁垒，实施义务教育阶段集团校办学模式改革。

二是共同体模式。太原市采用了“学校发展共同体”模式，即：根据“以强带弱、以大带小、以城带乡”的基本原则，以“一所优质校+若干普校”的模式，实现名校普校携手共同提升的目的，在共同体内，共享设施、教研、培训、创新等各种资源。如杏花岭区五一路小学、建设北路小学、职工新街小学、大东关小学、杨家峪联校组成五一路学区学校发展共同体，小店区在全区范围内推行“学区制管理”，迎泽区建立了七个“大学区管理教育联合体”等。大同市在市、县两级积极推进联盟办学模式，从当地学校中选择若干所优质学校作为“联盟中心校”，按照行政协调、自愿结盟、双向选择、互动共进、教科研一体的原则，每所优质学校与一所或若干所具有一定规模的同学段学校结成联盟。全市两级联盟共涉及学校362所，占全市中小学总数的55.9%。

三是对口帮扶模式。大同市利用现有县城和各乡镇中心校的区域资源优势，选择若干所社会声誉较高、办学实力较为雄厚的优质学校作为帮扶校，同时选择一所或若干所距离适当、生源师资及办学水平和质量相对薄弱的同学段学校作为被帮扶校，有计划地开展结对帮扶活动，全市对口帮扶模式共涉及193所学校。

各种办学模式的推动，缩小了校际和城乡之间的教育差距，扩大了优质教育资源的覆盖面，有效缓解了择校热，是促进教育均衡发展的强有力的助推器。

第二，办好“小而优”的农村教育。

近年来，我省通过深化农村义务教育经费保障机制改革、实施校舍安全工程、农村薄弱学校基本办学条件改善计划、农村学生营养改善计划、农村教师特岗计划、对口支援、指标到校等多项重大举措，实现教育均衡和推动贫困地区农村教育迈上了新台阶。

今年省政府办公厅就切实办好贫困地区农村教育印发了《关于切实办好贫困地区农村教育的若干意见》（晋政办发〔2016〕158号），文件提出了：布局是“该留的留、该撤的撤、该补的补”；寄宿要“实现‘一人一床位’，消除‘大通铺’”；教学点要“保证最基本、最安全的办学条件”；助学要“落实‘两免一补’政策，不让一个孩子因贫失学”等明确要求。

继续实施农村义务教育学生营养改善计划，我省21个国家试点和40个地方试点中，惠及近50万名农村义务教育阶段中小学生，并且在21个国家试点县实现了95%以上学校统一食堂供餐。

我省农村教育基本公共服务布局已经形成，实现了学校有安全校舍、有必要经费、有基本条件、有足量教师，学生有营养餐、有进入优质高中的机会。

第三，建立城乡统一、重在农村的义务教育经费保障机制。

近年来，我省不断深化义务教育经费保障机制改革，将义务教育全面纳入财政保障范围，积极调整支出结构，努力增加义务教育投入。为强化各级政府对义务教育的保障责任，促进城乡义务教育均衡发展，5月10日，省政府下发了《山西省进一步完善城乡义务教育经费保障机制实施方案》（晋政发〔2016〕25号），文件要求整合农村义务教育经费保障机制和城市义务教育奖补政策，建立城乡统一的分项目、按比例分担的义务教育经费保障机制，实现“两免一补”和生均公用经费基准定额资金随学生流动可携带，增强学生就读学校的可选择性。义务教育财政预算内经费由2010年的183.08亿元，增加到2016年的429.98亿元。从2016年春季学期开始统一城乡义务教育经费保障机制，普通小学每生每年600元、普通初中每生每年800元。对寄宿学生按照年生均200元标准增加公用经费补助，同时继续落实好农村地区不足100人的学校和教学点按100人核定公用经费等政策，统一城乡义务教育学校生均公用经费基准定额，按时下拨中央和省级资金。

第四，超额完成国家义务教育均衡发展评估认定。

2016年，我省清徐县、阳曲县、大同城区等33个县通过国家义务教育基本均衡发展评估认定，超额完成年初省政府要求的“28个县（市、区）通过国家义务教育均衡发展评估认定”的目标。截至2016年，我省通过国家义务教育均衡验收的县区共计85个县（市、区），占全省县区总数的71.4%。其中太原、阳泉、晋中3市所有县区100%通过了均衡认定，运城、朔州、晋城、吕梁4市80%左右的县（市、区）通过了均衡评估。

表10. 截至2016年全省县（市、区）通过国家义务教育基本均衡发展评估认定完成情况表

市	2013年		2014年		2015年		2016年		已认定县数	县域总数	占比
太原市	1	迎泽区			5	杏花岭区 小店区 尖草坪区 万柏林区 古交市	4	清徐县 阳曲县 娄烦县 晋源区	10	10	100%
大同市			1	新荣区	1	左云县	4	城区 南郊区 广灵县 灵丘县	6	11	54.5%
阳泉市			3	矿区 郊区 盂县	2	阳泉城区 平定县			5	5	100%

（续表）

市	2013年		2014年		2015年		2016年		已认定县数	县域总数	占比
长治市					3	长治城区 襄垣县 沁源县	2	郊区 壶关县	5	13	38.5%
晋城市			3	城区 高平市 阳城县	1	泽州县	1	沁水县	5	6	83.3%
朔州市			1	平鲁区	1	右玉县	3	山阴县 朔城区 应县	5	6	83.3%
晋中市			7	榆次区 介休市 榆社县 左权县 寿阳县 太谷县 灵石县	4	和顺县 昔阳县 祁县 平遥县			11	11	100%
运城市			3	永济市 临猗县 垣曲县	4	万荣县 绛县 平陆县 芮城县	4	盐湖区 闻喜县 新绛县 河津市	11	13	84.6%
忻州市					2	岢岚县 保德县	4	原平市 代县 河曲县 五寨县	6	14	42.9%
临汾市			2	安泽县 浮山县	4	霍州市 翼城县 古县 吉县	5	蒲县 乡宁县 大宁县 隰县 永和县	11	17	64.7%

（续表）

市	2013年		2014年		2015年		2016年		已认定县数	县域总数	占比
吕梁市			1	孝义市	3	离石区 汾阳市 交城县	6	中阳县 交口县 柳林县 文水县 岚县 方山县	10	13	76.9%
合计	1		21		30		33		85	119	71.4%

3.义务教育资源公平享有

（1）保障入学升学机会公平

义务教育阶段继续落实免试就近入学。小学入学对象按划定的片区确定。初中入学对象按划定的对口小学或片区，以单校划片或多校划片形式分别确定。单校划片入学，由县区级教育行政部门采用对口直升方式招生。多校划片入学，由县区级教育行政部门按照划定的招生范围，组织小学毕业生填报入学志愿，对报名人数少于招生计划的初中，学生直接入学；对报名人数超过招生计划的初中，以随机派位的方式确定学生。如太原市小升初采取公办初中直升+摇号，公参民学校30%执行摇号，其他民办学校按照统一要求，由学校组织进行自主招生，并实行两“严禁”，即公办学校参与举办的民办学校和其他民办学校自主招生可以采取电脑派位、学生面谈、综合素质考查等方式进行。严禁自行或通过培训机构组织或变相组织与招生入学挂钩的考试，严禁以各类竞赛证书或考级证明作为招生入学的依据。

（2）让每个孩子都有人生出彩的机会

关爱保护留守儿童

2016年我省义务教育阶段留守儿童共有135 600人，其中小学91 459人，初中44 154人，占义务教育阶段在校生比例约为4%。乡村地区留守儿童占比最高达到10%左右，小学留守儿童占比略高于初中；镇区留守儿童占比小学为4.12%，初中为5.25%。

随着城市化建设的加快，“留守儿童”这个群体引起了越来越多的社会关注，这些孩子们因为与父母聚少离多，面临着生活、心理健康、安全、教育等多方面的问题。依照国务院印发的《关于加强农村留守儿童关爱保护工作的意见》（国发〔2016〕13号），今年6月省政府下发了《关于加强农村留守儿童关爱保护工作的实施意见》（晋政发〔2016〕33号），从社会、家庭、政府、学校等多个层面建立农村留守儿童关爱保护工作体系，对农村留守儿童的教育工作提出了明确的要求。

表11. 2016/2017学年留守儿童数量占比情况

项目 类别	小学				初中			
	合计	城区	镇区	乡村	合计	城区	镇区	乡村
数量	91 459	1 068	39 515	50 876	44 154	480	29 459	14 215
占在校生比例	4.03%	0.13%	4.12%	10.30%	4.04%	0.12%	5.25%	9.67%

为进城务工子女就学提供更多支持

2016年我省共有286 000名进城务工子女，其中小学有218 300人，初中有67 800人，分别占在校生的比例为9.61%、6.2%。城区地区进城务工子女占在校生比例最高，小学、初中分别占到22%、14%。随着人口城镇化流动、城市化建设需求等的影响，进城务工子女占比越来越大。我省下发的《关于加强农村留守儿童关爱保护工作的实施意见》（晋政发〔2016〕33号）文件中明确提出，各市、县人民政府要大力推进农民工市民化，为其监护照料未成年子女创造更好条件，从源头上逐步减少儿童留守现象。教育行政部门要督促指导公办义务教育学校普遍对农民工未成年子女开放，通过政府购买服务等方式支持农民工未成年子女接受义务教育，完善和落实符合条件的农民工子女在输入地参加中考、高考政策。

表12. 2016/2017学年进城务工子女数量占比情况

项目 类别	小学			初中		
	合计	城区	镇区	合计	城区	镇区
数量	218 311	182 631	35 680	67 768	54 807	12 961
占在校生比例	9.61%	22.30%	3.72%	6.20%	14.25%	2.31%

夯实巩固对接需求的特殊教育

2016年作为《山西省特殊教育提升计划（2014—2016年）》的收官之年，从提高普及程度、完善教育体系、增强保障能力、提高教育质量等方面，为残疾儿童少年创造更多、更应需、更优质的受教育机会。截至2016年年末，我省共有特殊教育学校69所，比上年增加5所（城区、镇区各增加2所，乡村增加1所）。专任教师1 516人，比上年增加71人。特殊教育在校生10 770人，其中小学阶段在校生7 779人、初中阶段在校生2 631人、高中阶段在校生360人。

一是落实“一人一案”，提高普及程度。

2016年1月，省教育厅印发了《关于残疾儿童少年随班就读工作的指导意见》（晋教基〔2016〕1号），制订残疾学生随班就读工作实施方案，认真做好残疾儿童少年随班就读工作，鼓励普通中小学校接收轻度残疾学生与普通学生一同就读。2016年，我省普通小学、初中附设特教班和随班就读在校生4 838人，占全省总数的44.92%。同月，省教育厅连续印发了《山西省适龄“三类”残疾儿童少年义务教育入学情况统计工作流程》（晋教基〔2016〕2号）《关于开展义务教育阶段适龄重度残疾儿童少年送教服务工作的指导意见》（晋教基〔2016〕3号），落实“一人一案”，为每一个尚未入学接受义务教育的6~14周岁视力、听力、智力三类残疾儿童少年制订入学方案，提高残疾儿童少年义务教育普及率。2016年，全省视力、听力、智力残疾儿童少年义务教育入学率在90%以上。

二是在夯实巩固的同时，进一步完善教育体系，推动向两端延伸。

省教育厅下发《关于进一步落实特殊教育提升计划有关工作的通知》，指导各地科学规划高中阶段特殊教育布局，在市级特教学校增设高中班或职业高中班，支持普通幼儿园创造条件接收残疾儿童，大力发展残疾儿童学前康复教育工作，提高3~5周岁残疾儿童入班（园）率。2016年，全省高中阶段特殊教育学生共计360人，较上一年增加了58人。

（三）普通高中未雨绸缪促改革

2016年是我省普通高中为2018年全省推进考试招生制度改革提前谋划及早应对的关键之年，在师资和硬件方面实现了突破性发展。我省现有普通高中学校数503所，在校生754 000人，校均规模在1 500人左右，校均轨制在十轨制左右，专任教师63 339人，较上一年度专任教师比例明显提高，生师比达到11.9：1，我省高中阶段毛入学率为93.9%，高出全国（2016年全国教育事业发展统计公报数据：高中阶段毛入学率为87.5%）6.4个百分点，截至2016年年底，全省近70%的学校完成了标准化建设。

1. 办学条件标准化

按照《山西省教育厅推进普通高中学校办学条件标准化建设实施方案》（晋教基〔2015〕4号）文件精神，从学校布局、学校校舍、活动场地、实验室、教学设施设备、生活设施及校容校貌等方面继续推进普通高中办学条件标准化建设，补齐普通高中办学条件短板。进而实现布局合理、规模适度、功能完备、教育教学设施设备基本达标、生活服务设施满足师生需求、教育教学质量稳步提升的目标，更好地应对考试招生制度对普通高中办学条件提出的新要求。截至2016年年底，全省累计验收308所学校，完成66%以上的建设任务，其中吕梁市所有高中全部完成验收。

由下表可以看出，2016年我省各类普通高中的基本办学条件的达标率均在80%~90%以上，其中理科自然仪器和体育器械配备的达标率最高，体育运动场（馆）面积的达标率略低一些。

表13. 2016/2017学年各类普通高中办学条件情况

学校类型	体育运动场（馆）面积达标学校比例	体育器械配备达标学校比例	音乐器械配备达标学校比例	美术器械配备达标学校比例	理科自然实验仪器达标学校比例
完全中学	80.77%	84.13%	82.21%	84.13%	86.06%
高级中学	85.60%	83.60%	81.20%	81.20%	86.00%
十二年一贯制学校	84.44%	95.56%	95.56%	95.56%	91.11%

2.示范帮扶提高质量

推进普通高中多样化发展，鼓励高中学校结合实际办出特色，省教育厅印发《关于对省示范高中专项复评情况的通报》，督促指导相关学校全面整改，树立示范带头作用。

为了更好地发挥示范带动辐射作用，省教育厅下发了《山西省省级示范高中对口帮扶贫困县普通高中工作实施方案》，并召开工作推进会，确定全省太原五中、大同一中等88所非贫困县省示范高中对口帮扶阳曲一中、浑源五中等67所贫困县普通高中，努力提升被帮扶学校办学水平和教育质量。帮扶内容包括：传播先进教学理念，提高教师专业素养，提高教育教学质量，提升校园文化品位等。省级示范高中和贫困县普通高中的学生将开展互访互助活动。组织帮扶学校的学生与被帮扶学校的建档立卡贫困家庭学生结成帮扶对子，对贫困家庭学生在学习、生活、情感、心理等方面予以关怀和帮助。

3.着力解决经费不足问题

自我省普通高中全面取消自费生等政策后，普通高中办学经费不足等问题凸显。据2016年度全省普通高中事业发展需求调研反馈，有超过五分之一的普通高中提出需要政府的经费投入支持。太原、大同、忻州、晋中、长治、晋城6市提出了需求，其中大同和忻州需求最强烈，分别有6个和8个县区提出需求。运城有4个县明确提出解决学校债务问题。

2016年，省教育厅联合省财政厅向全省公办普通高中下达1.48亿元办学经费，努力解决公办高中经费不足的问题。晋中市结合实际，出台了《晋中市人民政府办公厅关于建立经费保障机制促进普通高中持续健康发展的指导意见》，明确提出：要进一步落实普通高中办学的主体责任，建立普通高中公用经费保障机制。市级财政要统筹考虑学校的学费收入和财政补助，使市直普通高中学校年生均公用经费不低于3 000元标准。县级财政要参照市级标准，制定所属学校的公用经费标准。

4.政策先行，多部门协同发力，未雨绸缪推进改革

2016年，省政府出台了《山西省深化考试招生制度综合改革方案（试行）》（晋政发〔2016〕23号），省教育厅下发了《山西省普通高中学业水平考试实施办法（试行）》（晋教基〔2016〕20号）和《山西省普通高中学生综合素质评价实施办法（试行）》（晋教基〔2016〕21号），为我省推进考试招生制度综合改革做好相关的准备工作。

根据文件精神，省教育科学研究院特制订学业水平考试命题方面的工作计划，组织全省11市9个学科100多名教研员开展网上高考问卷调查，完成了理、化、生、政、史、地及通用技术学科40多份试卷的学业水平考试的命题和审题工作，完成了高考模拟和高考适应性训练试题的命制和分析工作。

（四）教师队伍建设

教师队伍作为教育的根本，2016年，我省从师德师风建设出发，通过数

量上补充优化，校长教师交流，做好待遇保障，国培、名师和全员培训多管齐下等方式，全面提高教师队伍的质量，优化队伍结构。

1. 师德师风建设常态化

2016年，我省继续坚持师德宣传教育制度化、常态化。一是加强正确舆论导向，集中宣传师德先进典型，引导全省教师争做“四有”好老师。二是深化师德师风专项整治工作，实行师德师风专项整治工作督办函制度和重点问题督查制度，对教师队伍中存在的违反职业道德行为核查督办。

2. 充实优化教师队伍

为进一步解决农村学校师资总量不足和结构不合理等问题，提高农村教师队伍的整体素质，2016年，我省继续实施农村义务教育阶段学校教师特设岗位计划，省教育厅下发了《关于做好2016年农村义务教育阶段学校教师特设岗位计划实施工作的通知》，共为太原市娄烦县等35个贫困县招聘特岗教师1 582名。

落实免费师范生毕业就业工作，吸引更多的名校毕业生到我省中小学从教。通过双向选择或由生源地安排就业的办法，落实了353名部属师范大学免费师范毕业生和省属师范院校460名免费师范毕业生的就业工作岗位。

着力解决公办幼儿园幼儿教师和保育员数量不足、素质不高的问题，晋中市政府出台《关于政府购买服务性岗位补充公办幼儿园保教人员的实施办法》，力争3年内基本补齐配足城乡公办幼儿园保教人员。

3. 多种培训提高教师队伍素质

一是做好国家级培训。

2016年，省教育厅制定下发了《山西省教育厅　山西省财政厅关于做好2016年山西省中小学幼儿园教师国家级培训计划组织实施工作的通知》（晋教师〔2016〕5号），对我省30个国培项目县按照“五大类项目”一体化设计的方式，为乡村教师开展两年周期性培训。能力提升工程项目县重点完成43个县（市、区）幼儿园和义务教育阶段全体教师50课时的教育技术应用能力提升全员培训和应用能力测评工作。设置了教师培训团队置换脱产研修、网络研修、送教下乡、乡村教师访名校和校（园）长培训等五大类培训项目，有效整合了高校、远程培训机构、县级教师发展中心和优质中小学幼儿园等资源，对乡镇及以下18万名中小学幼儿园教师开展了混合式培训。

表14 国培计划项目县名单

国培项目县	能力提升项目县
晋源区、清徐县、榆次区、和顺县、太谷县	尖草坪区、万柏林区、小店区、平遥县、介休市、榆社县、灵石县
安泽县、曲沃县、乡宁县、洪洞县	临汾市尧都区、侯马市、汾西县、浮山县、蒲县、霍州市
高平市、陵川县、平陆县、垣曲县、临猗县、稷山县	晋城市城区、沁水县、阳城县、新绛县、河津市、芮城县、万荣县、闻喜县
沁县、壶关县、武乡县、潞城市、阳泉市郊区、平定县	长治县、襄垣县、黎城县、沁源县、平顺县、阳泉市城区、盂县
汾阳市、柳林县、天镇县、阳高县、广灵县	离石区、中阳县、临县、文水县、大同市南郊区、新荣区、大同县、左云县
怀仁县、神池县、原平市、五台县	山阴县、应县、保德县、繁峙县、静乐县、偏关县、定襄县

二是加大名师的培养力度和引领辐射作用。

4月24日~29日，省教育厅组织了2014级名师培养对象分两队赴江苏省南京市和广东省广州市的优秀中小学进行考察。5月，名师培养对象深入到太原市六十五中学、杏花岭区三十九中、山西省小店区大营盘小学等处在上升发展阶段的中小学进行参观考察，为基地校教师进行培训，与基地校教师共同观课议课，实现培养对象与基地校教师的共同进步。10月~11月，组织名师培养对象分六组赴长春、重庆、南京和上海等地实践学习。4月和11月分两次组织部分学科名师培养对象深入繁峙县、方山县、盂县、沁源县、尧都区、平遥县、应县和静乐县进行送培下乡活动，充分发挥名师培养对象的专业引领作用。

三是优化落实全员培训。

省教育厅制定并下发了《关于做好2016—2017年度中小学幼儿园教师全员培训工作的通知》，调整全员培训管理体制，将管理责任明确到市，进一步创新了培训模式，优化了培训内容，保障了培训质量。全省20余万名中小学幼儿园教师按要求完成了学习培训任务，达到教育部规定的年均72学时的继续教育要求。

4.继续完善落实校长、教师交流轮岗

推动义务教育学校教师资源均衡配置，将“区域内义务教育阶段学校校长、教师交流实现全覆盖，交流比例分别达到10%”纳入省委、省政府对各市、县（市、区）政府目标责任考核重要内容。今年，省教育厅下发了《关于落实年度目标责任考核有关校长教师交流轮岗工作任务的通知》，进一步完善了全省校长、教师交流轮岗政策。全省参与交流的教师占应参加交流人数的11.5%，参与交流的校长占应参与交流比例的20.5%。

5.做好教师待遇保障

2016年，省级财政拨付资金1.1亿元对21个集中连片特困县的乡村教师给予生活补助，标准为每人每月300元，2016年享受此项补助的人数为26 448人。各市、县（市、区）落实原民办代课教师教龄补贴，全年安排省级补助资金2 600万元，实际发放人数89 648人，进一步落实了待遇保障。

（五）创新人才培养，落实立德树人——培养更多、更高素质的人才

围绕立德树人根本任务，推进学校章程建设，建立现代学校管理制度，从心理健康教育、艺体教育、深化课堂教学改革等方面改革人才培养模式，优化基础教育生态，促进学生全面发展。

1.将培育和践行社会主义核心价值观融入中小学教育全过程

继续落实《山西省关于培育和践行社会主义核心价值观　进一步加强和改进中小学德育工作意见的实施方案》，充分发挥课程德育功能，真正落实到教育教学和学校管理的各个环节，将社会主义核心价值观细化落实。5月18日，省教育厅下发了《关于开展培育和践行社会主义核心价值观示范校创建工作的通知》（晋教政〔2016〕8号），启动实施全省教育系统培育和践行社会主义核心价值观示范校的创建工作。推进德育精细化改革和德育评价机制，推广太原市和晋中市德育工作经验，开展文明校园创建活动。

2.招生考试制度综合改革正式启动

2016年5月，省教育厅发布了《山西省深化考试招生制度综合改革实施方案（试行）》，明确我省考试招生制度综合改革2018年要全面推进，2021年整体实施。本方案是贯彻了国务院《关于深化考试招生制度改革的实施意见》，根据我省招生考试工作实际制定的。包括普通高校考试招生制度改革方案、高职院校考试招生制度改革方案、普通高中学业水平考试实施办法、普通高中学生综合素质评价实施办法等若干配套方案。主要内容在于改进招生计划分配方式、改革考试形式和内容、改革招生录取机制、改革监督管理机制、推进高考综合改革等，对小升初、中考等分类考试、普通高考等均提出了明确的改革意见。本方案着力“促进公平、科学选才”，增加学生的选择机会和考试机会，进而解决“一考定终身”“唯分数论”等问题。

3.加强心理健康教育工作

7月12日，省教育厅组织全省160余名教师参加中小学心理健康教育骨干教师培训工作，着力提升我省心理健康教育教师的能力水平，推广晋中市心理健康教育示范区经验。2月10日，省教育厅下发了《关于开展山西省第二批中小学心理健康教育特色学校创建工作的通知》，启动实施全省第二批中小学心理健康特色学校创建活动，并择优推荐参加2016年全国中小学心理健康教育特色学校的评审。

4.全面开展校园足球活动

我省按照《教育部办公厅关于做好2016年全国青少年校园足球特色学校

及试点县（区）遴选工作的通知》（教体艺厅函〔2016〕2号）要求，组织开展了本年度全国青少年校园足球特色学校及全国校园足球试点县（区）的遴选工作，最终被教育部审核认定了我省的135所学校为全国青少年校园足球特色学校，太原市迎泽区申报全国校园足球试点县（区），使我省的全国青少年校园足球特色学校达到了484所，试点县（区）达到了两个。我省各市足球特色学校能够按照高中、初中、小学1∶3∶6基本比例布点，为区域联赛开展和对口直升打好了基础。

5.深入推进课堂教学改革

2016年，我省采取了多项措施持续深入推进全省课堂教学改革。一是转变教研模式，各科教研员充分发挥指导作用，深入基层一线，以学校教研活动的特殊一员深入课堂听课、评课，参与指导学校教研活动。先后深入太原市三十七中、浑源、繁峙、沁源等地学校进班观课近百节，对基层学校正在力推的“翻转课堂”中出现的问题进行现场教研指导。二是汇集专家智慧，开展科研攻关，围绕“山西基础教育课堂教学改革典型经验与案例研究”课题，省教育科学研究院与山西师范大学合作进行“基础教育协同创新”。三是大力营造课堂教学改革氛围，及时掌握基层课改动态，以现场会、课改论坛、观摩交流会等形式定期不定期选择到不同学校组织课堂教学改革活动，11月下旬开展了全省义务教育阶段教师技能大赛，进一步推动了我省义务教育课堂教学改革。

6.启动中小学章程建设工作

省教育厅下发了《关于加强中小学校章程建设的指导意见》（晋教法〔2016〕2号），要求到2017年年底全省公办中小学校完成章程的制定或修订工作，确保市直学校、县直学校和乡镇中心校基本实现“一校一章程”。规模较小的乡村小学和教学点可由县或乡统一制定章程。开展集团化办学改革的学校，可以统一制定、执行同一章程，并于7月19日至20日召开了全省章程建设工作暨培训会，采取研讨交流和专题培训的方式，对各市教育部门相关负责人及60余位中小学校长进行了专题培训，安排部署我省中小学章程建设工作。

三、面临的挑战与发展愿景

基础教育点多、线长、面广，我省基础教育服务面向占全省人口数七分之一的510多万名学生，基础教育的质量关系到每一个学生和每一个家庭的切身利益，是老百姓最为关心、社会关注度最高的民生事业。

（一）面临的困难与挑战

一是城镇幼儿入园压力依然大。

随着城乡一体化发展和生源城镇化趋势显现，根据有关方面预测，“二孩时代”我省每年将新增10万左右适龄儿童，“十三五”约有350万非户籍人口进城落户，与现有城镇学位存余量相比，城镇入园压力依然大，资源布局适应需求度需要进一步提高，城镇地区“有园上”需要应得到更多关注。

二是优质资源总量不足、布局不合理。

我省城镇地区义务教育还存在10%左右的大班额现象，学位有效供给不足，城镇资源缺口明显，特别是优质教育资源总量还不能完全满足百姓的需求。

三是贫困地区农村教育出现新问题。

随着城镇化进程加快和经济社会发展，贫困地区农村教育出现了新形势下的新问题，如部分农村学校因生源减少而严重萎缩，出现农村学校教师多于学生，教学点有教师但没有学生，甚至出现“空壳学校”，导致办学资源浪费；农村大量青壮年劳动力外流，导致农村出现大量留守儿童和单亲家庭学生，部分儿童出现心理健康问题甚至极端“校园欺凌”行为等。

四是普通高中面临更多“新需要”。

2018年考试招生制度改革对我省普通高中制度、师资和硬件资源等都提出了更高的要求，特别是高考改革相应的走班制、选课制、综合素质评价制度等新制度下，学校、教师和学生的适应需求面临更多的挑战。

（二）发展愿景

一是扩大优质资源总量，城乡布局更加合理。

对城镇化进程中出现的城镇资源缺口突出、学位有效供给不足、大班额现象突出，农村地区生源减少、学校萎缩、空壳学校等问题以及特殊教育、学前教育等教育发展的薄弱环节要继续加大实施力度，精准施策，补齐短板，让城镇就学、入园压力下行，农村教育质量更优。

继续增加普惠性学前教育资源，让还未享受到普惠性学前教育资源40%的学龄前儿童家庭得到更多的福利。

二是迈向优质均衡，教育公平落得更实。

我省70%的县区已通过了国家义务教育均衡验收，百姓对优质教育的需求更加强烈，我省基础教育对优质均衡的思考迫在眉睫，如何适应百姓的需求、适应时代的发展，面对小升初、公民办协调发展、补课、规范招生、清理整顿无证园等热点难点问题，教育公平如何落得更实，让这些热点难点不再成为问题，成为我省基础教育主要努力的方向。

三是未雨绸缪改革考试招生制度。

2018年我省全面推进考试招生制度改革，包括不再文理分科，外语实行“一年两考”，将学业水平考试和综合素质评价纳入高考评价体系等重要变化。面对新高考、新课标、新教材，我省普通高中学校发展会面临更多“新需要”，由此要建立“新常态”，如“走班制”、对接高校需求和人才培养需要、评价机制的完善等措施，为我省普通高中教育开启“新发展”做准备。

四是教师队伍素质和结构需要进一步优化。

习近平总书记说过“教育强则国家强”，而教师队伍作为“中华民族‘梦之队’的筑梦人”起着最关键的作用。在师德师风建设和教师队伍的持续优化工作中，我省教师队伍整体数量结构趋于合理，教师学历明显优化。但是学前教育教师还存在部分学历较低的情况，特别是百姓反映强烈的、教师队伍中的少数不合格人员的退出及教师的优化需求。教师队伍的退出准入机制需要进一步完善。

五是继续推进基本公共教育服务均等化。

扩大普惠性学前教育的覆盖面，加大义务教育优质均衡发展力度，推动普通高中教育办学多样化。特别是在新的招生制度下，营造人人皆可成才、人人尽展其才的良好环境，让每个人都能通过教育获得人生出彩的机会，让人民群众享受更多教育获得感。

（撰稿人：汪华英 王 敏）

国家教育督导检查组对山西省申报的33个全国义务教育发展基本均衡县（市、区）督导检查反馈意见

□山西省人民政府督导委员会办公室

11月20日~25日，国家教育督导检查组对山西省申报的33个义务教育发展基本均衡县（市、区，以下简称县）进行了督导检查。本次督导检查是依据《义务教育法》《教育督导条例》和《国务院关于深入推进义务教育均衡发展的意见》，按照教育部《县域义务教育均衡发展督导评估暂行办法》（以下简称《办法》）以及教育部与山西省政府签署的《义务教育均衡发展备忘录》要求，在对山西省申报材料严格审核的基础上进行的。

督导检查组分11个小组对山西省的33个县进行了实地督导检查，共随机抽查学校和教学点330所（个），其中小学175所，初中54所，一贯制学校24所，完全中学11所，教学点66个。检查中，核查了相关文件资料、数据；召开了人大代表、政协委员、校长、教师、家长座谈会共132次；通过专用网络平台，对15 150人进行了问卷调查，采取随机访谈等形式，征求了公众意见。

督导检查组对33个县的督导检查意见如下：

一、主要指标达标情况与检查结论

按照《办法》规定，督导检查组对山西省33个县义务教育学校办学基本标准达标情况、义务教育校际均衡状况、县级人民政府推进义务教育均衡发展工作情况、公众对本县义务教育均衡发展的满意度等四个方面进行了检查，结果如下：

（一）义务教育学校办学基本标准达标情况

《办法》规定，义务教育发展基本均衡县的评估认定，应在其义务教育学校达到本省（区、市）办学基本标准后进行。各省（区、市）应根据相关的义务教育学校办学国家标准，制定既适应当地经济社会发展状况，又与国家标准基本相符的省级标准。山西省结合本省实际，就办学基本标准制定了10项指标，包括学校的生均校舍建筑面积、运动场地、生均图书、理科教学仪器、音体美器材、计算机网络教室、校校通班班通、学科配备、教师学历、优师分布等方面的指标。督导检查组对33个县的各项指标进行了核查。核查结果：学校基本达到了评估标准（详见表1）。

（二）义务教育校际均衡状况

《办法》规定，对义务教育校际均衡状况的评估，以生均教学及辅助用房面积、生均体育运动场馆面积、生均教学仪器设备值、每百名学生拥有计算机台数、生均图书册数、师生比、生均高于规定学历教师数、生均中级及以上专任教师数八项指标，分别计算小学、初中综合差异系数。评估标准为小学、初中综合差异系数分别小于或等于0.65、0.55。计算差异系数的八项指标数据均来源于全国教育事业统计数据。核查结果：33个县的小学、初中综合差异系数均达到了国家标准。小学综合差异系数在0.095～0.625之间，初中综合差异系数在0.167～0.549之间（详见表2）。

（三）县级政府推进义务教育均衡发展工作情况

《办法》规定，对县级人民政府推进义务教育均衡发展工作的评估，主要从入学机会、保障机制、教师队伍、质量与管理4个方面、17项指标进行，省级可适当增加指标，总分为100分，评估标准不低于85分。山西省根据实际，在实施办法中设6个一级指标，12个二级指标，30个三级指标，同时增加两个加分指标。核查结果：33个县级政府推进义务教育均衡发展工作均达到了国家规定的要求，得分在93～98.1分之间（详见表3）。

表1　山西省33个县（市、区）义务教育学校办学基本标准达标情况表

序号	市	县（市、区）	学校类别	指标 项目	生均校舍建筑面积	运动场地	生均图书	理科教学仪器	音体美器材	计算机网络教室	校校通、班班通	学科配备	教师学历	优师分布	综合评估
					L1	L2	L3	L4	L5	L6	L7	L8	L9	L10	
1	太原市	清徐县	小学	学校总数	77	77	77	77	77	77	77	77	77	77	77
				达标学校数	77	77	77	77	77	77	77	77	77	76	77
			初中	学校总数	11	11	11	11	11	11	11	11	11	11	11
				达标学校数	11	11	11	11	11	11	11	11	11	11	11
2	太原市	阳曲县	小学	学校总数	16	16	16	16	16	16	16	16	16	16	16
				达标学校数	16	16	16	16	16	16	16	16	16	16	16
			初中	学校总数	8	8	8	8	8	8	8	8	8	8	8
				达标学校数	8	8	8	8	8	8	8	8	8	8	8

（续表）

序号	市	县（市、区）	学校类别	指标 项目	生均校舍建筑面积	运动场地	生均图书	理科教学仪器	音体美器材	计算机网络教室	校校通、班班通	学科配备	教师学历	优师分布	综合评估
					L1	L2	L3	L4	L5	L6	L7	L8	L9	L10	
3	太原市	娄烦县	小学	学校总数	16	16	16	16	16	16	16	16	16	16	16
				达标学校数	16	16	16	16	16	16	16	16	16	16	16
			初中	学校总数	4	4	4	4	4	4	4	4	4	4	4
				达标学校数	4	4	4	4	4	4	4	4	4	4	4
4	太原市	晋源区	小学	学校总数	27	27	27	27	27	27	27	27	27	27	27
				达标学校数	26	27	27	27	27	27	27	27	27	27	27
			初中	学校总数	9	9	9	9	9	9	9	9	9	9	9
				达标学校数	9	9	9	9	9	9	9	9	9	9	9

（续表）

序号	市	县（市、区）	学校类别	指标 / 项目	生均校舍建筑面积	运动场地	生均图书	理科教学仪器	音体美器材	计算机网络教室	校校通、班班通	学科配备	教师学历	优师分布	综合评估
					L1	L2	L3	L4	L5	L6	L7	L8	L9	L10	
5	大同市	城区	小学	学校总数	39	39	39	39	39	39	39	39	39	39	39
				达标学校数	38	39	39	39	39	39	39	39	39	39	39
			初中	学校总数	18	18	18	18	18	18	18	18	18	18	18
				达标学校数	18	18	18	18	18	18	18	18	18	18	18
6	大同市	南郊区	小学	学校总数	40	40	40	40	40	40	40	40	40	40	40
				达标学校数	40	40	40	40	40	40	40	40	40	40	40
			初中	学校总数	10	10	10	10	10	10	10	10	10	10	10
				达标学校数	10	10	10	10	10	10	10	10	10	10	10

（续表）

序号	市	县（市、区）	学校类别	指标 / 项目	生均校舍建筑面积	运动场地	生均图书	理科教学仪器	音体美器材	计算机网络教室	校校通、班班通	学科配备	教师学历	优师分布	综合评估
					L1	L2	L3	L4	L5	L6	L7	L8	L9	L10	
7	大同市	广灵县	小学	学校总数	43	43	43	43	43	43	43	43	43	43	43
				达标学校数	43	43	43	43	43	43	43	43	43	43	43
			初中	学校总数	6	6	6	6	6	6	6	6	6	6	6
				达标学校数	6	6	6	6	6	6	6	6	6	6	6
8	大同市	灵丘县	小学	学校总数	48	48	48	48	48	48	48	48	48	48	48
				达标学校数	48	48	48	48	48	48	48	48	48	48	48
			初中	学校总数	7	7	7	7	7	7	7	7	7	7	7
				达标学校数	7	7	7	7	7	7	7	7	7	7	7

（续表）

序号	市	县（市、区）	学校类别	指标 / 项目	生均校舍建筑面积	运动场地	生均图书	理科教学仪器	音体美器材	计算机网络教室	校校通、班班通	学科配备	教师学历	优师分布	综合评估
					L1	L2	L3	L4	L5	L6	L7	L8	L9	L10	
9	朔州市	山阴县	小学	学校总数	32	32	32	32	32	32	32	32	32	32	32
				达标学校数	31	32	32	32	32	32	32	32	32	32	32
			初中	学校总数	8	8	8	8	8	8	8	8	8	8	8
				达标学校数	8	8	8	8	8	8	8	8	8	8	8
10	朔州市	朔城区	小学	学校总数	37	37	37	37	37	37	37	37	37	37	37
				达标学校数	36	37	37	37	37	37	37	37	37	37	37
			初中	学校总数	10	10	10	10	10	10	10	10	10	10	10
				达标学校数	10	10	10	10	10	10	10	10	10	10	10

（续表）

序号	市	县（市、区）	学校类别	指标 / 项目	生均校舍建筑面积	运动场地	生均图书	理科教学仪器	音体美器材	计算机网络教室	校校通、班班通	学科配备	教师学历	优师分布	综合评估
					L1	L2	L3	L4	L5	L6	L7	L8	L9	L10	
11	朔州市	应县	小学	学校总数	29	29	29	29	29	29	29	29	29	29	29
				达标学校数	29	29	29	29	29	29	29	29	29	29	29
			初中	学校总数	3	3	3	3	3	3	3	3	3	3	3
				达标学校数	3	3	3	3	3	3	3	3	3	3	3
12	忻州市	原平市	小学	学校总数	84	84	84	84	84	84	84	84	84	84	84
				达标学校数	83	82	84	84	84	84	84	84	84	82	84
			初中	学校总数	20	20	20	20	20	20	20	20	20	20	20
				达标学校数	20	20	20	20	20	20	20	20	20	20	20

（续表）

序号	市	县（市、区）	学校类别	指标/项目	生均校舍建筑面积	运动场地	生均图书	理科教学仪器	音体美器材	计算机网络教室	校校通、班班通	学科配备	教师学历	优师分布	综合评估
					L1	L2	L3	L4	L5	L6	L7	L8	L9	L10	
13	忻州市	代县	小学	学校总数	41	41	41	41	41	41	41	41	41	41	41
				达标学校数	41	41	41	41	41	41	41	41	41	41	41
			初中	学校总数	13	13	13	13	13	13	13	13	13	13	13
				达标学校数	13	13	13	13	13	13	13	13	13	13	13
14	忻州市	河曲县	小学	学校总数	22	22	22	22	22	22	22	22	22	22	22
				达标学校数	21	21	22	22	22	22	22	22	22	22	22
			初中	学校总数	8	8	8	8	8	8	8	8	8	8	8
				达标学校数	8	8	8	8	8	8	8	8	8	8	8

（续表）

序号	市	县（市、区）	学校类别	指标 / 项目	生均校舍建筑面积	运动场地	生均图书	理科教学仪器	音体美器材	计算机网络教室	校校通、班班通	学科配备	教师学历	优师分布	综合评估
					L1	L2	L3	L4	L5	L6	L7	L8	L9	L10	
15	忻州市	五寨县	小学	学校总数	15	15	15	15	15	15	15	15	15	15	15
				达标学校数	15	15	15	15	15	15	15	15	15	15	15
			初中	学校总数	3	3	3	3	3	3	3	3	3	3	3
				达标学校数	3	3	3	3	3	3	3	3	3	3	3
16	吕梁市	中阳县	小学	学校总数	26	26	26	26	26	26	26	26	26	26	26
				达标学校数	26	26	26	26	26	26	26	26	26	26	26
			初中	学校总数	5	5	5	5	5	5	5	5	5	5	5
				达标学校数	5	5	5	5	5	5	5	5	5	5	5

（续表）

序号	市	县（市、区）	学校类别	指标 / 项目	生均校舍建筑面积	运动场地	生均图书	理科教学仪器	音体美器材	计算机网络教室	校校通、班班通	学科配备	教师学历	优师分布	综合评估
					L1	L2	L3	L4	L5	L6	L7	L8	L9	L10	
17	吕梁市	交口县	小学	学校总数	23	23	23	23	23	23	23	23	23	23	23
				达标学校数	23	22	23	23	23	23	23	23	23	22	23
			初中	学校总数	6	6	6	6	6	6	6	6	6	6	6
				达标学校数	6	6	6	6	6	6	6	6	6	6	6
18	吕梁市	柳林县	小学	学校总数	65	65	65	65	65	65	65	65	65	65	65
				达标学校数	63	64	65	65	65	65	65	65	65	64	65
			初中	学校总数	16	16	16	16	16	16	16	16	16	16	16
				达标学校数	16	16	16	16	16	16	16	16	16	16	16

（续表）

序号	市	县（市、区）	学校类别	指标/项目	生均校舍建筑面积	运动场地	生均图书	理科教学仪器	音体美器材	计算机网络教室	校校通、班班通	学科配备	教师学历	优师分布	综合评估
					L1	L2	L3	L4	L5	L6	L7	L8	L9	L10	
19	吕梁市	文水县	小学	学校总数	78	78	78	78	78	78	78	78	78	78	78
				达标学校数	78	78	78	78	78	78	78	78	78	77	78
			初中	学校总数	17	17	17	17	17	17	17	17	17	17	17
				达标学校数	17	17	17	17	17	17	17	17	17	17	17
20	吕梁市	岚县	小学	学校总数	39	39	39	39	39	39	39	39	39	39	39
				达标学校数	39	39	39	39	39	39	39	39	39	38	39
			初中	学校总数	9	9	9	9	9	9	9	9	9	9	9
				达标学校数	9	9	9	9	9	9	9	9	9	9	9

（续表）

序号	市	县（市、区）	学校类别	指标/项目	生均校舍建筑面积	运动场地	生均图书	理科教学仪器	音体美器材	计算机网络教室	校校通、班班通	学科配备	教师学历	优师分布	综合评估
					L1	L2	L3	L4	L5	L6	L7	L8	L9	L10	
21	吕梁市	方山县	小学	学校总数	28	28	28	28	28	28	28	28	28	28	28
				达标学校数	28	28	28	28	28	28	28	28	28	28	28
			初中	学校总数	5	5	5	5	5	5	5	5	5	5	5
				达标学校数	5	5	5	5	5	5	5	5	5	5	5
22	长治市	郊区	小学	学校总数	62	62	62	62	62	62	62	62	62	62	62
				达标学校数	61	62	62	62	62	62	62	62	62	61	62
			初中	学校总数	9	9	9	9	9	9	9	9	9	9	9
				达标学校数	9	9	9	9	9	9	9	9	9	9	9

（续表）

序号	市	县（市、区）	学校类别	指标 / 项目	生均校舍建筑面积	运动场地	生均图书	理科教学仪器	音体美器材	计算机网络教室	校校通、班班通	学科配备	教师学历	优师分布	综合评估
					L1	L2	L3	L4	L5	L6	L7	L8	L9	L10	
23	长治市	壶关县	小学	学校总数	33	33	33	33	33	33	33	33	33	33	33
				达标学校数	32	33	33	33	33	33	33	33	33	32	33
			初中	学校总数	10	10	10	10	10	10	10	10	10	10	10
				达标学校数	10	10	10	10	10	10	10	10	10	10	10
24	晋城市	沁水县	小学	学校总数	48	48	48	48	48	48	48	48	48	48	48
				达标学校数	48	47	48	48	48	48	48	48	48	47	48
			初中	学校总数	15	15	15	15	15	15	15	15	15	15	15
				达标学校数	15	15	15	15	15	15	15	15	15	15	15

（续表）

序号	市	县（市、区）	学校类别	指标 / 项目	生均校舍建筑面积	运动场地	生均图书	理科教学仪器	音体美器材	计算机网络教室	校校通、班班通	学科配备	教师学历	优师分布	综合评估
					L1	L2	L3	L4	L5	L6	L7	L8	L9	L10	
25	临汾市	蒲县	小学	学校总数	32	32	32	32	32	32	32	32	32	32	32
				达标学校数	31	31	32	32	32	32	32	32	32	32	32
			初中	学校总数	6	6	6	6	6	6	6	6	6	6	6
				达标学校数	6	6	6	6	6	6	6	6	6	6	6
26	临汾市	乡宁县	小学	学校总数	82	82	82	82	82	82	82	82	82	82	82
				达标学校数	79	79	82	82	82	82	82	82	82	82	82
			初中	学校总数	12	12	12	12	12	12	12	12	12	12	12
				达标学校数	12	12	12	12	12	12	12	12	12	12	12

（续表）

序号	市	县（市、区）	学校类别	指标 / 项目	生均校舍建筑面积	运动场地	生均图书	理科教学仪器	音体美器材	计算机网络教室	校校通、班班通	学科配备	教师学历	优师分布	综合评估
					L1	L2	L3	L4	L5	L6	L7	L8	L9	L10	
27	临汾市	大宁县	小学	学校总数	22	22	22	22	22	22	22	22	22	22	22
				达标学校数	22	22	22	22	22	22	22	22	22	22	22
			初中	学校总数	2	2	2	2	2	2	2	2	2	2	2
				达标学校数	2	2	2	2	2	2	2	2	2	2	2
28	临汾市	隰县	小学	学校总数	11	11	11	11	11	11	11	11	11	11	11
				达标学校数	11	11	11	11	11	11	11	11	11	11	11
			初中	学校总数	5	5	5	5	5	5	5	5	5	5	5
				达标学校数	5	5	5	5	5	5	5	5	5	5	5

（续表）

序号	市	县（市、区）	学校类别	指标/项目	生均校舍建筑面积	运动场地	生均图书	理科教学仪器	音体美器材	计算机网络教室	校校通、班班通	学科配备	教师学历	优师分布	综合评估
					L1	L2	L3	L4	L5	L6	L7	L8	L9	L10	
29	临汾市	永和县	小学	学校总数	11	11	11	11	11	11	11	11	11	11	11
				达标学校数	11	11	11	11	11	11	11	11	11	11	11
			初中	学校总数	2	2	2	2	2	2	2	2	2	2	2
				达标学校数	2	2	2	2	2	2	2	2	2	2	2
30	运城市	盐湖区	小学	学校总数	69	69	69	69	69	69	69	69	69	69	69
				达标学校数	66	67	69	69	69	69	69	69	69	69	69
			初中	学校总数	17	17	17	17	17	17	17	17	17	17	17
				达标学校数	17	17	17	17	17	17	17	17	17	17	17

（续表）

序号	市	县（市、区）	学校类别	指标 / 项目	生均校舍建筑面积	运动场地	生均图书	理科教学仪器	音体美器材	计算机网络教室	校校通、班班通	学科配备	教师学历	优师分布	综合评估
					L1	L2	L3	L4	L5	L6	L7	L8	L9	L10	
31	运城市	闻喜县	小学	学校总数	90	90	90	90	90	90	90	90	90	90	90
				达标学校数	90	90	90	90	90	90	90	90	90	90	90
			初中	学校总数	12	12	12	12	12	12	12	12	12	12	12
				达标学校数	12	12	12	12	12	12	12	12	12	12	12
32	运城市	新绛县	小学	学校总数	63	63	63	63	63	63	63	63	63	63	63
				达标学校数	63	63	63	63	63	63	63	63	63	63	63
			初中	学校总数	11	11	11	11	11	11	11	11	11	11	11
				达标学校数	11	11	11	11	11	11	11	11	11	11	11

（续表）

序号	市	县（市、区）	学校类别	项目＼指标	生均校舍建筑面积	运动场地	生均图书	理科教学仪器	音体美器材	计算机网络教室	校校通、班班通	学科配备	教师学历	优师分布	综合评估
					L1	L2	L3	L4	L5	L6	L7	L8	L9	L10	
33	运城市	河津市	小学	学校总数	110	110	110	110	110	110	110	110	110	110	110
				达标学校数	108	109	110	110	110	110	110	110	110	110	110
			初中	学校总数	23	23	23	23	23	23	23	23	23	23	23
				达标学校数	23	23	23	23	23	23	23	23	23	23	23

表2　山西省33个县（市、区）义务教育学校校际差异系数表

序号	市	县（市、区）	学校类别	指标／项目	生均教学及辅助用房面积(m²)	生均体育运动场馆面积(m²)	生均教学仪器设备值(元)	每百名学生拥有计算机台数(台)	生均图书册数(册)	师生比	生均高于规定学历教师数	生均中级及以上专任教师数	综合
1	太原市	清徐县	小学	全县均值	4.46	13.18	1089	13.19	24.31	0.071	0.069	0.027	—
				差异系数	0.314	0.765	0.607	0.640	0.333	0.330	0.329	0.512	0.479
			初中	全县均值	4.08	12.19	1059	12.75	37.34	0.096	0.083	0.043	—
				差异系数	0.180	0.455	0.373	0.466	0.211	0.145	0.187	0.313	0.291
2	太原市	阳曲县	小学	全县均值	3.31	5.47	1199	10.99	24.00	0.063	0.062	0.024	—
				差异系数	0.314	0.532	0.492	0.084	0.166	0.426	0.421	0.579	0.377
			初中	全县均值	6.36	13.63	2369	11.41	47.33	0.092	0.084	0.052	—
				差异系数	0.304	0.315	0.197	0.308	0.265	0.533	0.454	0.437	0.352

（续表）

序号	市	县（市、区）	学校类别	指标 项目	生均教学及辅助用房面积(m²)	生均体育运动场馆面积(m²)	生均教学仪器设备值(元)	每百名学生拥有计算机台数(台)	生均图书册数(册)	师生比	生均高于规定学历教师数	生均中级及以上专任教师数	综合
3	太原市	娄烦县	小学	全县均值	3.85	4.42	345	9.17	21.55	0.075	0.073	0.022	—
				差异系数	0.542	0.592	0.635	0.330	0.418	0.600	0.562	0.646	0.541
			初中	全县均值	4.55	4.44	1673	16.93	30.54	0.095	0.080	0.041	—
				差异系数	0.464	0.534	0.400	0.299	0.246	0.691	0.633	0.523	0.474
4	太原市	晋源区	小学	全县均值	2.37	7.82	1015	11.13	20.61	0.050	0.049	0.031	—
				差异系数	0.574	0.626	0.518	0.709	0.243	0.253	0.259	0.254	0.429
			初中	全县均值	5.60	10.19	944	16.59	29.77	0.091	0.084	0.061	—
				差异系数	0.580	0.694	0.274	0.308	0.622	0.433	0.445	0.491	0.481

（续表）

序号	市	县（市、区）	学校类别	指标 / 项目	生均教学及辅助用房面积(m²)	生均体育运动场馆面积(m²)	生均教学仪器设备值(元)	每百名学生拥有计算机台数(台)	生均图书册数(册)	师生比	生均高于规定学历教师数	生均中级及以上专任教师数	综合
5	大同市	城区	小学	全县均值	2.62	3.41	515	7.37	16.65	0.049	0.049	0.024	—
				差异系数	0.650	0.658	0.692	0.508	0.339	0.354	0.356	0.437	0.499
			初中	全县均值	4.38	5.90	1081	9.89	23.34	0.086	0.082	0.055	—
				差异系数	0.401	0.323	0.501	0.350	0.387	0.360	0.343	0.454	0.390
6	大同市	南郊区	小学	全县均值	5.89	13.33	1052	14.87	26.25	0.119	0.117	0.051	—
				差异系数	0.422	0.796	0.687	0.401	0.513	0.439	0.442	0.510	0.526
			初中	全县均值	5.34	9.95	1384	19.33	34.37	0.128	0.112	0.058	—
				差异系数	0.430	0.657	0.311	0.414	0.523	0.523	0.519	0.605	0.498

（续表）

序号	市	县（市、区）	学校类别	指标 / 项目	生均教学及辅助用房面积(m²)	生均体育运动场馆面积(m²)	生均教学仪器设备值(元)	每百名学生拥有计算机台数(台)	生均图书册数(册)	师生比	生均高于规定学历教师数	生均中级及以上专任教师数	综合
7	大同市	广灵县	小学	全县均值	4.90	4.28	1217	17.20	23.04	0.103	0.098	0.042	—
				差异系数	0.715	0.303	0.545	0.564	0.482	0.541	0.504	0.716	0.546
			初中	全县均值	13.52	7.35	915	9.54	23.59	0.110	0.090	0.057	—
				差异系数	0.522	0.723	0.359	0.241	0.208	0.515	0.578	0.328	0.434
8	大同市	灵丘县	小学	全县均值	4.55	4.50	555	12.08	16.04	0.108	0.104	0.047	—
				差异系数	0.023	0.571	0.239	0.323	0.131	0.634	0.642	0.664	0.403
			初中	全县均值	5.84	6.09	532	11.67	24.32	0.131	0.098	0.063	—
				差异系数	0.077	0.110	0.208	0.214	0.094	0.713	0.689	0.756	0.358

（续表）

序号	市	县（市、区）	学校类别	指标 / 项目	生均教学及辅助用房面积(m²)	生均体育运动场馆面积(m²)	生均教学仪器设备值(元)	每百名学生拥有计算机台数(台)	生均图书册数(册)	师生比	生均高于规定学历教师数	生均中级及以上专任教师数	综合
9	朔州市	山阴县	小学	全县均值	2.66	6.67	513	8.00	25.43	0.063	0.063	0.020	—
				差异系数	0.513	0.622	0.061	0.053	0.047	0.227	0.227	0.134	0.236
			初中	全县均值	2.86	6.91	511	8.09	35.01	0.080	0.071	0.022	—
				差异系数	0.372	0.500	0.020	0.029	0.000	0.143	0.164	0.356	0.198
10	朔州市	朔城区	小学	全县均值	3.98	5.20	760	6.24	21.49	0.057	0.056	0.025	—
				差异系数	0.453	0.671	0.627	0.743	0.140	0.288	0.289	0.445	0.457
			初中	全县均值	4.52	5.36	870	7.71	26.12	0.071	0.061	0.045	—
				差异系数	0.446	0.718	0.439	0.616	0.341	0.317	0.323	0.381	0.448

（续表）

序号	市	县（市、区）	学校类别	指标 / 项目	生均教学及辅助用房面积(㎡)	生均体育运动场馆面积(㎡)	生均教学仪器设备值(元)	每百名学生拥有计算机台数(台)	生均图书册数(册)	师生比	生均高于规定学历教师数	生均中级及以上专任教师数	综合
11	朔州市	应县	小学	全县均值	3.45	7.10	751	10.27	14.71	0.086	0.077	0.036	—
				差异系数	0.645	0.587	0.571	0.525	0.536	0.639	0.377	0.419	0.537
			初中	全县均值	4.51	11.54	1188	8.81	24.45	0.109	0.075	0.036	—
				差异系数	0.477	0.464	0.413	0.458	0.583	0.540	0.366	0.404	0.463
12	忻州市	原平市	小学	全县均值	4.18	7.38	1434	13.57	20.20	0.078	0.077	0.041	—
				差异系数	0.658	0.764	0.596	0.586	0.287	0.488	0.487	0.602	0.558
			初中	全县均值	4.61	9.94	1682	17.98	34.02	0.124	0.098	0.070	—
				差异系数	0.517	0.784	0.505	0.607	0.216	0.323	0.335	0.499	0.473

（续表）

序号	市	县（市、区）	学校类别	指标/项目	生均教学及辅助用房面积(m²)	生均体育运动场馆面积(m²)	生均教学仪器设备值(元)	每百名学生拥有计算机台数(台)	生均图书册数(册)	师生比	生均高于规定学历教师数	生均中级及以上专任教师数	综合
13	忻州市	代县	小学	全县均值	4.01	5.61	1273	14.71	17.77	0.074	0.072	0.037	—
				差异系数	0.540	0.443	0.402	0.342	0.217	0.432	0.407	0.423	0.401
			初中	全县均值	6.25	9.83	2185	24.53	29.58	0.107	0.080	0.069	—
				差异系数	0.325	0.397	0.292	0.240	0.425	0.344	0.248	0.153	0.303
14	忻州市	河曲县	小学	全县均值	3.42	4.28	941	7.39	18.07	0.089	0.076	0.043	—
				差异系数	0.464	0.548	0.746	0.508	0.376	0.703	0.666	0.891	0.613
			初中	全县均值	5.42	6.48	1603	14.05	30.70	0.156	0.124	0.074	—
				差异系数	0.580	0.519	0.551	0.523	0.432	0.522	0.447	0.459	0.504

（续表）

序号	市	县（市、区）	学校类别	指标 项目	生均教学及辅助用房面积(m²)	生均体育运动场馆面积(m²)	生均教学仪器设备值(元)	每百名学生拥有计算机台数(台)	生均图书册数(册)	师生比	生均高于规定学历教师数	生均中级及以上专任教师数	综合
15	忻州市	五寨县	小学	全县均值	4.02	5.16	1225	8.35	28.15	0.094	0.091	0.030	—
				差异系数	0.605	0.624	0.629	0.536	0.553	0.620	0.600	0.695	0.608
			初中	全县均值	6.24	12.92	1615	16.34	55.45	0.151	0.110	0.068	—
				差异系数	0.453	0.298	0.495	0.596	0.396	0.617	0.669	0.635	0.520
16	吕梁市	中阳县	小学	全县均值	3.62	6.91	936	9.91	22.22	0.090	0.082	0.035	—
				差异系数	0.589	0.562	0.598	0.573	0.501	0.675	0.616	0.644	0.595
			初中	全县均值	4.80	15.47	2286	15.56	55.01	0.169	0.153	0.072	—
				差异系数	0.278	0.512	0.537	0.582	0.460	0.625	0.538	0.553	0.511

（续表）

序号	市	县（市、区）	学校类别	项目 \ 指标	生均教学及辅助用房面积(m²)	生均体育运动场馆面积(m²)	生均教学仪器设备值(元)	每百名学生拥有计算机台数(台)	生均图书册数(册)	师生比	生均高于规定学历教师数	生均中级及以上专任教师数	综合
17	吕梁市	交口县	小学	全县均值	3.32	7.95	408	5.67	23.26	0.074	0.070	0.027	—
				差异系数	0.698	0.926	0.955	0.654	0.256	0.392	0.353	0.524	0.595
			初中	全县均值	6.05	13.31	1005	13.67	42.28	0.117	0.098	0.046	—
				差异系数	0.374	0.747	0.914	0.576	0.344	0.369	0.230	0.349	0.488
18	吕梁市	柳林县	小学	全县均值	4.70	4.33	668	6.79	22.82	0.076	0.068	0.027	—
				差异系数	0.581	0.644	0.610	0.629	0.138	0.884	0.655	0.601	0.593
			初中	全县均值	6.04	6.33	1260	16.79	32.62	0.133	0.104	0.077	—
				差异系数	0.391	0.350	0.522	0.545	0.197	0.597	0.671	0.476	0.469

（续表）

序号	市	县（市、区）	学校类别	指标/项目	生均教学及辅助用房面积(m^2)	生均体育运动场馆面积(m^2)	生均教学仪器设备值(元)	每百名学生拥有计算机台数(台)	生均图书册数(册)	师生比	生均高于规定学历教师数	生均中级及以上专任教师数	综合
19	吕梁市	文水县	小学	全县均值	2.78	5.40	396	13.78	13.30	0.068	0.064	0.030	—
				差异系数	0.529	1.066	0.693	0.685	0.278	0.506	0.523	0.720	0.625
			初中	全县均值	3.16	4.29	1208	15.51	20.75	0.114	0.089	0.057	—
				差异系数	0.486	0.621	0.335	0.653	0.290	0.635	0.644	0.726	0.549
20	吕梁市	岚县	小学	全县均值	3.13	5.15	290	5.14	15.27	0.067	0.063	0.032	—
				差异系数	0.738	0.794	0.141	0.563	0.095	0.701	0.687	0.684	0.550
			初中	全县均值	5.67	3.80	253	18.63	21.04	0.128	0.101	0.042	—
				差异系数	0.626	0.773	0.487	0.657	0.085	0.470	0.509	0.345	0.494

（续表）

序号	市	县（市、区）	学校类别	项目＼指标	生均教学及辅助用房面积(m^2)	生均体育运动场馆面积(m^2)	生均教学仪器设备值(元)	每百名学生拥有计算机台数(台)	生均图书册数(册)	师生比	生均高于规定学历教师数	生均中级及以上专任教师数	综合
21	吕梁市	方山县	小学	全县均值	4.70	4.19	494	17.18	15.28	0.092	0.087	0.027	—
				差异系数	0.058	0.046	0.154	0.116	0.037	0.055	0.083	0.210	0.095
			初中	全县均值	6.08	5.97	1942	15.06	30.72	0.126	0.080	0.050	—
				差异系数	0.017	0.070	0.006	0.007	0.011	0.007	0.046	0.036	0.025
22	长治市	郊区	小学	全县均值	5.35	9.46	547	10.62	22.92	0.097	0.090	0.038	—
				差异系数	0.585	0.637	0.568	0.729	0.552	0.575	0.608	0.576	0.604
			初中	全县均值	4.67	8.73	823	11.68	25.67	0.122	0.097	0.059	—
				差异系数	0.512	0.548	0.477	0.481	0.320	0.624	0.586	0.610	0.520

（续表）

序号	市	县（市、区）	学校类别	指标/项目	生均教学及辅助用房面积(m^2)	生均体育运动场馆面积(m^2)	生均教学仪器设备值(元)	每百名学生拥有计算机台数(台)	生均图书册数(册)	师生比	生均高于规定学历教师数	生均中级及以上专任教师数	综合
23	长治市	壶关县	小学	全县均值	3.09	7.00	873	8.27	17.33	0.075	0.073	0.022	—
				差异系数	0.319	0.358	0.293	0.453	0.259	0.408	0.390	0.390	0.359
			初中	全县均值	4.21	6.45	1106	9.50	24.58	0.106	0.076	0.037	—
				差异系数	0.207	0.272	0.257	0.400	0.231	0.298	0.342	0.415	0.303
24	晋城市	沁水县	小学	全县均值	3.92	7.12	814	7.92	26.23	0.095	0.085	0.032	—
				差异系数	0.626	0.800	0.363	0.512	0.238	0.501	0.513	0.499	0.507
			初中	全县均值	8.00	12.69	1973	13.37	51.45	0.148	0.119	0.059	—
				差异系数	0.374	0.900	0.189	0.448	0.288	0.481	0.336	0.442	0.432

（续表）

序号	市	县（市、区）	学校类别	指标/项目	生均教学及辅助用房面积(m²)	生均体育运动场馆面积(m²)	生均教学仪器设备值(元)	每百名学生拥有计算机台数(台)	生均图书册数(册)	师生比	生均高于规定学历教师数	生均中级及以上专任教师数	综合
25	临汾市	蒲县	小学	全县均值	5.09	5.30	345	12.36	21.96	0.094	0.086	0.029	—
				差异系数	0.592	0.536	0.550	0.564	0.211	0.611	0.611	0.643	0.540
			初中	全县均值	5.02	8.78	525	15.96	26.10	0.146	0.115	0.047	—
				差异系数	0.423	0.481	0.230	0.507	0.420	0.441	0.547	0.520	0.446
26	临汾市	乡宁县	小学	全县均值	3.54	4.98	828	14.84	30.63	0.088	0.079	0.027	—
				差异系数	0.579	0.527	0.607	0.568	0.467	0.624	0.652	0.730	0.594
			初中	全县均值	5.21	11.44	961	14.97	45.49	0.104	0.078	0.037	—
				差异系数	0.433	0.327	0.679	0.267	0.504	0.373	0.218	0.336	0.392

（续表）

序号	市	县（市、区）	学校类别	指标 项目	生均教学及辅助用房面积(㎡)	生均体育运动场馆面积(㎡)	生均教学仪器设备值(元)	每百名学生拥有计算机台数(台)	生均图书册数(册)	师生比	生均高于规定学历教师数	生均中级及以上专任教师数	综合
27	临汾市	大宁县	小学	全县均值	6.39	5.19	313	1.76	20.42	0.117	0.111	0.029	—
				差异系数	0.633	0.682	0.511	0.952	0.142	0.726	0.757	0.594	0.625
			初中	全县均值	5.64	9.16	1720	13.69	46.71	0.123	0.086	0.036	—
				差异系数	0.150	0.268	0.186	0.292	0.098	0.152	0.025	0.164	0.167
28	临汾市	隰县	小学	全县均值	4.48	4.07	506	9.59	16.87	0.083	0.074	0.028	—
				差异系数	0.434	0.493	0.605	0.616	0.176	0.604	0.532	0.585	0.506
			初中	全县均值	7.38	18.98	1358	14.28	30.04	0.152	0.117	0.042	—
				差异系数	0.410	0.455	0.284	0.451	0.134	0.444	0.553	0.490	0.403

（续表）

序号	市	县（市、区）	学校类别	指标／项目	生均教学及辅助用房面积(m²)	生均体育运动场馆面积(m²)	生均教学仪器设备值(元)	每百名学生拥有计算机台数(台)	生均图书册数(册)	师生比	生均高于规定学历教师数	生均中级及以上专任教师数	综合
29	临汾市	永和县	小学	全县均值	4.34	5.94	2076	10.30	24.03	0.077	0.076	0.028	—
				差异系数	0.235	1.103	0.080	0.102	0.076	0.735	0.720	0.886	0.492
			初中	全县均值	6.42	12.06	3956	12.83	34.49	0.149	0.132	0.061	—
				差异系数	0.029	0.191	0.872	0.169	0.288	0.351	0.274	0.463	0.330
30	运城市	盐湖区	小学	全县均值	3.08	2.39	858	9.23	18.87	0.061	0.057	0.028	—
				差异系数	0.634	0.674	0.608	0.580	0.586	0.586	0.555	0.616	0.605
			初中	全县均值	5.56	4.09	1172	11.76	31.39	0.124	0.100	0.069	—
				差异系数	0.549	0.520	0.540	0.508	0.540	0.527	0.471	0.458	0.514

（续表）

序号	市	县（市、区）	学校类别	指标/项目	生均教学及辅助用房面积(㎡)	生均体育运动场馆面积(㎡)	生均教学仪器设备值(元)	每百名学生拥有计算机台数(台)	生均图书册数(册)	师生比	生均高于规定学历教师数	生均中级及以上专任教师数	综合
31	运城市	闻喜县	小学	全县均值	4.94	11.01	2013	18.94	23.24	0.105	0.096	0.038	—
				差异系数	0.659	0.755	0.570	0.694	0.391	0.550	0.479	0.725	0.603
			初中	全县均值	6.88	13.25	1715	17.84	37.81	0.121	0.096	0.047	—
				差异系数	0.358	0.537	0.345	0.322	0.269	0.466	0.350	0.535	0.398
32	运城市	新绛县	小学	全县均值	5.99	13.81	645	14.47	25.64	0.099	0.099	0.041	—
				差异系数	0.473	0.756	0.601	0.511	0.075	0.444	0.448	0.549	0.482
			初中	全县均值	5.43	12.89	972	11.92	36.49	0.120	0.083	0.044	—
				差异系数	0.318	0.438	0.604	0.523	0.062	0.405	0.339	0.425	0.389

（续表）

序号	市	县（市、区）	学校类别	指标/项目	生均教学及辅助用房面积(m²)	生均体育运动场馆面积(m²)	生均教学仪器设备值(元)	每百名学生拥有计算机台数(台)	生均图书册数(册)	师生比	生均高于规定学历教师数	生均中级及以上专任教师数	综合
33	运城市	河津市	小学	全县均值	4.78	9.16	1290	13.09	25.29	0.083	0.078	0.036	—
				差异系数	0.501	0.784	0.614	0.601	0.511	0.516	0.518	0.538	0.573
			初中	全县均值	6.93	12.73	1430	14.03	34.53	0.111	0.087	0.053	—
				差异系数	0.378	0.571	0.333	0.502	0.175	0.392	0.472	0.378	0.400

表3　山西省33个县（市、区）政府推进义务教育均衡发展工作得分情况表

市、县（市、区）/指标及分值	太原市				大同市				朔州市			忻州市				吕梁市						长治市		晋城市	临汾市					运城市			
	清徐县	阳曲县	娄烦县	晋源区	城区	南郊区	广灵县	灵丘县	山阴县	朔城区	应县	原平市	代县	河曲县	五寨县	中阳县	交口县	柳林县	文水县	岚县	方山县	郊区	壶关县	沁水县	蒲县	乡宁县	大宁县	隰县	永和县	盐湖区	闻喜县	新绛县	河津市
1. 制定发展规划（1）	1	1	1	1	1	1	1	0.8	1	1	1	1	1	1	1	1	1	1	1	1	1	1	1	1	1	1	1	1	1	1	1	1	1
2. 实行目标责任制度（2）	2	2	2	2	2	1.8	1.8	2	2	2	2	2	2	2	2	2	2	2	2	2	2	1.5	2	2	2	2	1.5	2	2	1.5	1.5	1.5	1.5
3. 建立督导检查制度（2）	2	2	2	2	1	1.8	2	1.8	2	2	2	2	2	2	2	1.5	1	1.5	2	2	2	1.5	2	1.5	2	2	2	1.5	1.5	2	2	2	2
4. 保障随迁子女留守儿童接受教育（4）	4	4	4	4	4	4	4	4	4	4	4	4	4	4	4	4	4	4	3.8	4	4	4	4	4	4	4	4	4	4	3.5	4	4	4
5. 家庭经济困难子女资助政策落实（2）	2	2	2	2	2	2	2	2	2	1.7	1.5	1.5	2	2	2	2	2	2	2	2	2	2	2	2	2	2	2	2	2	2	2	2	2
6. 适龄“三残”儿童、少年入学率（5）	5	5	5	5	5	5	5	5	5	4.5	5	4	5	5	5	5	5	5	4.9	5	5	5	5	5	5	5	5	5	5	5	5	5	4

（续表）

指标及分值 \ 市、县（市、区）	太原市				大同市				朔州市			忻州市				吕梁市						长治市		晋城市	临汾市					运城市			
	清徐县	阳曲县	娄烦县	晋源区	城区	南郊区	广灵县	灵丘县	山阴县	朔城区	应县	原平市	代县	河曲县	五寨县	中阳县	交口县	柳林县	文水县	岚县	方山县	郊区	壶关县	沁水县	蒲县	乡宁县	大宁县	隰县	永和县	盐湖区	闻喜县	新绛县	河津市
7. 落实法定“三个增长”（6）	5.5	6	6	6	5.8	6	6	6	6	6	6	6	6	6	6	6	6	6	6	6	5.5	5.5	5.5	5.5	6	6	6	6	6	6	6	6	6
8. 落实城市教育费附加、地方教育费附加和土地计提教育资金足额征收和拨付情况（7）	6	6.5	6.5	6	7	7	6.8	7	7	6.5	7	7	6.5	6	6.5	7	7	6	7	7	6.5	7	6.5	6.5	7	7	7	7	7	5	7	6	6
9. 农村税费改革固定性转移支付资金落实情况（3）	0	3	3	2	3	3	3	3	3	3	3	3	3	3	3	3	3	3	3	3	3	3	3	3	3	3	3	3	3	3	3	3	3
10. 义务教育保障经费落实情况（2）	1.5	2	2	2	2	2	2	2	1.7	1.8	1.7	2	2	2	2	2	2	2	2	1.8	2	2	1.7	2	2	2	2	2	2	2	2	2	2

（续表）

指标及分值 \ 市、县（市、区）	太原市				大同市				朔州市			忻州市				吕梁市						长治市		晋城市	临汾市					运城市			
	清徐县	阳曲县	娄烦县	晋源区	城区	南郊区	广灵县	灵丘县	山阴县	朔城区	应县	原平市	代县	河曲县	五寨县	中阳县	交口县	柳林县	文水县	岚县	方山县	郊区	壶关县	沁水县	蒲县	乡宁县	大宁县	隰县	永和县	盐湖区	闻喜县	新绛县	河津市
11. 工勤人员工资、学区办公经费落实情况（2）	1.5	1.5	1.5	2	2	2	1	2	0.5	2	2	1.5	2	1	1	1.5	1.5	1.8	2	1	1.5	1.5	1.5	1.5	1.5	1	1.5	1	1.5	1.5	1	1	1
12. 建立义务教育经费审计监督和统计公告制度（1）	0.5	1	0.5	1	1	1	1	0.6	1	1	1	1	1	1	1	0.5	1	1	1	1	1	1	1	1	1	1	1	1	1	1	1	1	1
13. 合理规划学校布局（2）	2	2	1.5	1.5	2	1.7	1.5	2	2	2	2	2	2	2	2	2	2	2	1	1.5	2	2	2	1.5	2	2	2	2	1.5	2	2	1.5	2
14. 符合规范的课桌椅凳（2）	2	2	2	2	2	2	1.8	2	2	1.2	2	2	2	2	2	2	2	2	2	1.9	2	2	2	2	2	2	2	2	2	2	1.5	1.5	1
15. 学校标准化建设（10）	10	10	10	10	9	10	8	7.5	9	9.5	9.5	10	10	10	10	10	10	9	9	10	9.5	10	9	10	8	9.5	8.5	8.5	9.25	10	9	10	9
16. 计算机网络教室达标（2）	2	2	2	2	2	2	2	2	2	2	2	2	2	2	2	2	2	1.5	1	2	2	1	2	2	2	2	2	2	2	2	1	2	1.5

（续表）

指标及分值 \ 市、县（市、区）	太原市				大同市				朔州市			忻州市				吕梁市						长治市		晋城市	临汾市					运城市			
	清徐县	阳曲县	娄烦县	晋源区	城区	南郊区	广灵县	灵丘县	山阴县	朔城区	应县	原平市	代县	河曲县	五寨县	中阳县	交口县	柳林县	文水县	岚县	方山县	郊区	壶关县	沁水县	蒲县	乡宁县	大宁县	隰县	永和县	盐湖区	闻喜县	新绛县	河津市
17. 实现校校通、人人通（2）	2	2	2	2	2	1.8	1	2	2	2	2	2	2	2	2	2	2	2	2	2	2	1.5	2	2	2	2	2	2	2	2	2	2	1.5
18. 教职工配备达到省定编制标准（3.5）	3.5	3.5	3.5	3.5	3	3.5	3.5	3.5	3.5	3.5	3.5	2.5	2.5	3.5	3.5	3.5	3.5	3.5	3	3	3.5	3	3	3	2.5	3.5	3.5	2.5	3	3.5	3	3	3
19. 建立完善城乡义务教育学校教师补充机制（2）	2	2	2	2	2	2	2	2	2	2	2	1	2	2	2	1.5	2	2	1.8	1.8	1	2	2	2	2	2	2	2	2	1	2	2	1.5
20. 县级教育行政部门统一管理和调配教师（2）	2	2	2	2	1.8	1.5	2	2	1.8	2	1.2	2	2	2	2	2	2	2	2	2	1.5	2	1.5	2	2	2	2	2	2	2	2	2	2
21. 城乡优师分布比例大体相当（3.5）	3.5	3.5	3.5	3.5	3.5	3	3.5	3.5	3.5	3.5	3	3.5	3.5	3.5	3.5	3	3.5	3.5	3.5	3.5	3.5	3.5	3.5	3.5	3.5	3.5	3	3.5	3.5	3.5	3.5	3.5	3

（续表）

市、县（市、区） 指标及分值	太原市				大同市				朔州市			忻州市				吕梁市						长治市		晋城市	临汾市					运城市			
	清徐县	阳曲县	娄烦县	晋源区	城区	南郊区	广灵县	灵丘县	山阴县	朔城区	应县	原平市	代县	河曲县	五寨县	中阳县	交口县	柳林县	文水县	岚县	方山县	郊区	壶关县	沁水县	蒲县	乡宁县	大宁县	隰县	永和县	盐湖区	闻喜县	新绛县	河津市
22. 落实校长教师城乡交流（6）	6	6	6	6	6	6	5.5	6	5.6	6	5.5	6	5.5	6	5.5	4.5	4.5	4.5	6	5.5	6	5.5	5.5	6	6	6	6	6	6	6	6	6	6
23. 健全教师培训机制（8）	7	7	8	7	7	7.5	7.8	7	7.5	7.8	7.8	7.5	7	7.5	8	7	7	7.5	7	8	7	7	7	7	8	8	7.5	8	8	6	6	6	7.5
24. 小学入学率和九年义务教育阶段巩固率达到省定标准（4）	4	4	4	4	4	4	4	4	4	3.6	3.5	4	4	4	4	4	4	4	4	4	4	4	4	4	4	4	4	4	4	4	4	4	3.5
25. 办学行为规范、班容量达标（6）	6	5.5	5	5.5	6	5.5	5.5	6	6	5.7	6	5	6	6	5	6	6	6	5	5	5.5	6	5.8	5.5	6	5	6	6	5.5	6	6	6	6
26. 优质高中招生名额分配到辖区内初中学校的比例达到60%以上（2）	2	2	2	2	2	2	2	2	2	2	2	2	2	2	2	2	2	2	2	2	2	2	2	2	2	2	2	2	2	2	2	2	2

（续表）

指标及分值 \ 市、县（市、区）	太原市				大同市				朔州市			忻州市				吕梁市						长治市		晋城市	临汾市					运城市			
	清徐县	阳曲县	娄烦县	晋源区	城区	南郊区	广灵县	灵丘县	山阴县	朔城区	应县	原平市	代县	河曲县	五寨县	中阳县	交口县	柳林县	文水县	岚县	方山县	郊区	壶关县	沁水县	蒲县	乡宁县	大宁县	隰县	永和县	盐湖区	闻喜县	新绛县	河津市
27. 国家课程开设情况（2）	2	2	2	2	2	2	2	1.5	2	2	1.2	2	2	1.5	1.5	2	2	2	2	2	2	2	2	2	2	2	2	2	2	2	1.5	2	2
28. 学生毕业合格率及体质健康测试合格率达标（2）	2	2	2	2	1	2	2	2	1	1	1.3	2	2	2	2	2	2	2	2	2	2	1.5	2	2	2	2	2	2	2	2	2	2	2
29. 建立推进学校素质教育全面实施的年度督导评估制度（2）	2	2	2	2	2	2	2	2	2	2	2	2	2	2	2	2	1	2	2	2	2	2	2	2	2	2	2	2	2	2	2	2	2
30. 建立义务教育质量综合考核评价机制（2）	2	2	2	2	1.5	2	1.8	2	2	2	2	2	2	2	2	2	2	2	2	2	2	2	2	2	2	2	2	2	2	2	2	2	2
31. 全面实施素质教育，“轻负高效”的教学生态成效明显（1）	0.5	0	0	0.5	0.5	0.5	0.5	0.8	0.5	0.8	0	0.5	0.5	0.5	0.5	1	1	1	1	0	1	1	0.5	0.5	0	0	0	0	0	0.5	1	0.5	1

（续表）

指标及分值 \ 市、县（市、区）	太原市				大同市				朔州市			忻州市				吕梁市						长治市		晋城市	临汾市					运城市			
	清徐县	阳曲县	娄烦县	晋源区	城区	南郊区	广灵县	灵丘县	山阴县	朔城区	应县	原平市	代县	河曲县	五寨县	中阳县	交口县	柳林县	文水县	岚县	方山县	郊区	壶关县	沁水县	蒲县	乡宁县	大宁县	隰县	永和县	盐湖区	闻喜县	新绛县	河津市
32. 探索特色发展，实现个性发展，促进本地教育质量整体提升（1）	0.5	0	0	0.5	1	0.5	0.5	0.8	0	0	0.3	0.5	0.5	0.5	0.5	1	1	1	1	1	1	1	0.5	0.5	0	0	0	1	0	1	0.5	1	1
总计（102分）	94	97.5	97	97	96.1	98.1	94.5	96.8	95.6	96.1	95	95.5	98	98	97.5	97	97	96.8	96	97	97	96	95.5	96.5	96.5	97.5	96.5	97	96.75	95	94.5	95.5	93

（四）公众满意度调查情况

《办法》规定，评估认定义务教育发展基本均衡县（市、区），需对公众满意度进行调查，就有关义务教育均衡发展的相关问题，征求当地人大代表、政协委员、校长、教师、家长、学生等不同群体的意见。山西省对各县公众满意度调查结果均在85%以上。我们此次也通过专用网络平台、座谈会、随机访谈等方式对以上几类人群进行了调查，调查结果与山西省调查的情况基本相符。

督导检查组还对33个县有关教育工作情况进行了全面检查，未发现作为“一票否决”的重大安全责任事故和重大违纪违规行为。

综合以上结果，督导检查组认为，山西省33个县均达到国家规定的义务教育发展基本均衡县评估认定标准。督导检查组将把此次督导检查结果向教育部和国务院教育督导委员会报告，提请最后认定公布。

二、主要做法和经验

山西省委、省政府高度重视义务教育均衡发展工作，不断健全和完善目标考核、问责奖惩、限期整改、公示公告、监测复查等一系列督导评估制度，扎实推进义务教育均衡发展。继前期52个县通过国家认定后，今年又有33个县接受国家督导检查。

（一）坚持统筹规划，强化政府责任

一是统筹规划，加强领导。文水县对义务教育均衡发展工作做出科学规划和部署，形成政府主导、部门联动、合力推进的工作格局。应县建立联席会议制度，明确职责分工，健全了责任监督和问责机制。广灵县健全完善县领导包片制度和教育联席会议制度，落实主体责任。二是考核问责，强化落实。隰县把义务教育均衡发展的目标落实纳入领导干部工作业绩考核。乡宁县建立了5个督学责任区，配备了27名责任督学，实行督学挂牌督导。运城市盐湖区统筹协调各方力量，攻坚克难，强力推进义务教育均衡发展。

（二）加大教育投入，改善办学条件

一是完善义务教育经费保障机制。蒲县在财政收入紧、收支矛盾突出的情况下，坚持教育经费投入的“三个增长”和“两个提高”不动摇。岚县每年拨款520多万元，用于中小学安全保卫、寄宿制学校生活教师补贴等。二是高标准改善办学条件。太原市晋源区投入2.6亿元，用于义务教育项目建设。灵丘县投入2亿元，实施了“全面改薄”、教师周转房建设等工程。原平市投入8 314万元，用于义务教育学校改善办学条件及校园文化建设。长治市郊区投入5 907万元，改造维修校舍、整治校园环境等。应县投入6 886万元，持续改善学校办学条件。三是加快教育信息化建设。文水县实现了互联网接入全覆盖。方山县为全县所有班级配备多媒体、电子白板，为千人以上学校配置标准录播室。

（三）注重优化结构，加强队伍建设

一是加强师资补充交流。壶关县坚持有编即补，近3年共招聘优秀教师367名，全部充实到农村学校。永和县出台了《中小学校长、教师交流实施方案》，强化城乡教师、校长交流。二是狠抓教师培养培训。大同市南郊区近3年投入450余万元用于校长、教师培训。柳林县大力推进“名师培养工程”，定期安排校长、骨干教师到北京师范大学进行跟岗培训。三是努力提高教师待遇。蒲县每年投入360余万元用于农村教师、班主任补助，投入100万元用于校长、教师奖励。河曲县对山区教师额外增加补贴，每年安排100万元对教师进行奖励。灵丘县每年安排30万元专项经费，为义务教育阶段学校教师进行健康体检。

（四）关注内涵发展，提升教育质量

一是加强学校德育工作。沁水县构建新型特色文化，推动学校德育工作迈上新台阶。中阳县开展了“五个一工程”，特色学校建设成效显著。二是深化学校教学改革。文水县突出学区联合体建设，城乡学校实现资源共享、以强带弱、共同发展。大同市城区组建8个集团校，成立了课改研修中心，实现了

"校校有课题、人人搞科研"。三是坚持学校特色发展。闻喜县开发了楹联校本课程，开展了"以美引德，诗化人生"的特色活动。新绛县开展了"一周一诗一联"活动。

（五）深化教育改革，破解发展难题

一是推进招生制度改革。运城市盐湖区严格执行阳光招生、均衡编班。大宁县统一规范中小学生作息时间和课程表，大力减轻学生课业负担。二是探索办学模式转变。朔城区组建了"名校+新建校+薄弱校+农村校"的十大教育发展集团，实行"管理、教研、考核、提升"四统一。阳曲县采取"教育联盟、学区管理、对口帮扶"等多种模式，形成"县域联动、城乡一体、共享发展"的教学协作共同体。三是落实安全管理措施。清徐县投入1 000余万元，配齐监控、消防等设备，配备保安115名。五寨县投入650余万元，为学校安装了监控设备，配齐了必备的消防安保器材和安保人员。

（六）落实普惠政策，实现教育公平

一是随迁子女、残疾儿童就学有保障。清徐县创办了特殊教育学校，"三残"入学率达到95.8%。原平市进城务工人员随迁子女全部安排就近入学，并与本地户籍学生同等享受"两免一补"政策。二是留守儿童就学有关爱。山阴县建立了农村留守儿童动态监测机制，在经费、编制等方面给予倾斜。河津市为231名农村留守儿童建立了关爱服务监测体系。三是贫困儿童就学有温暖。娄烦县5年来，为义务教育阶段寄宿生发放交通费补贴450多万元，生活费补助400余万元。代县成立了"雁门济困助学教育基金会"，10年来资助学生21 930人，发放"济困助学"资金1 380万元。交口县不断提高贫困寄宿生生活补助比例，由23%提高到了46%。

三、存在的主要问题

对照国家和省定标准，根据2015年教育事业统计报表审核和此次督导评

估现场检查，33个县仍有一些薄弱环节和问题，主要反映在三个方面：

（一）学校硬件建设存在短板

在学校硬件建设方面，山西省尽管加大了投入，提高了标准，但所查33个县的200多所学校中，仍然不同程度存在校园占地面积不足、校舍建筑面积不达标、体育运动场地不足、学校功能室不全等问题。对当前正常教学活动的开展及今后义务教育的优质均衡发展均产生较大的影响。

（二）教师队伍建设存在弱项

在教师队伍建设方面，集中体现在教师缺编未补，音、体、美等学科教师结构性短缺，优师分布不均衡、政策落实不到位等。所查33个县（市）中：在教师缺编未补方面，原平市、闻喜县、长治市郊区、河津市缺编数量较多。在职称结构方面，永和县等部分县小学中级及以上职称比例较低，部分农村学校无中级职称教师。此问题在其他县也不同程度存在。在优师分布方面：优质师资总量不足，城市名校多，农村学校较少。个别县教育人事制度改革滞后。另外，义务教育阶段学校校长、教师交流、轮岗、培训要制度化、常态化，进一步优化教师结构，整体提高队伍素质。

（三）学校管理能力亟待提高

学校常规管理、教学管理、安全管理等方面存在的问题集中体现在：所查县一些学校存在大班额问题，个别学校国家课程随意增减，部分学校图书复本率高、借阅率低、适读性差，教师现代信息技术应用能力不强，实验教学开出率低，校园文化氛围不浓等。据督导检查统计：娄烦县、代县、方山县，县城小学高段大班额问题比较突出；中阳县、交口县、大宁县农村学校教育教学设备利用率低；新绛县、沁水县、隰县国家课程开设欠规范；广灵县、蒲县教师现代信息技术应用能力不强；娄烦县、大同市南郊区、柳林县校容校貌、校园文化建设、校园周边环境整治有待加强。

四、督导意见

山西省要以本次督导为契机，针对检查中发现的主要问题和薄弱环节，对照国家和省定标准，认真研究对策，切实部署整改。

（一）确保教育投入实现法定增长

各级政府要不断完善机制，切实保障教育投入。要充分考虑教育事业发展需求，强化预算编制管理。此次部分受检县近三年未能全面实现“三个增长”要求，虽然通过督导检查，这些县追补了拖欠经费，但反映出缺乏义务教育经费保障的长效机制，要确保国家义务教育投入相关政策真正落到实处。

（二）不断改善学校办学条件

要努力提高学校办学水平和教育质量，提高中小学整体办学效益。要采取有效措施逐步解决部分地区学位不足、学校面积不足、班级班额过大等问题。要坚持“抬高底部、补齐短板”的原则，加强薄弱学校改造和薄弱环节整改，对标准化建设中存在的问题逐一加以解决。

（三）持续加强教师队伍建设

要按照《国务院关于统筹推进县域内城乡义务教育一体化改革发展的若干意见》要求，进一步完善教师编制动态管理机制，落实“缺编即补”的要求，不断加大新教师补充力度。要按照《教育部财政部人力资源和社会保障部关于推进县（区）域内义务教育学校校长教师交流轮岗的意见》要求，进一步完善各项激励政策，建立校长教师交流长效机制，全面推进义务教育教师队伍“县管校聘”管理改革。要不断提高中高级职称教师比例，落实评聘合一政策。要努力提高乡村教师待遇，切实关心乡村教师生活，加强教师周转房及生活设施建设。

督导检查结束后，请山西省进一步研究，及时布置整改工作，在三个月内将整改情况报国务院教育督导委员会办公室。

2016年11月25日

山西省关于开展2016年度义务教育阶段学生语文和艺术学习质量监测工作总结

□山西省人民政府教育督导委员会办公室

为确保2016年国家义务教育质量监测工作在我省的顺利实施，根据《国家义务教育质量监测方案》、国务院教育督导委员会办公室《关于开展2016年全国义务教育阶段学生语文和艺术学习质量监测的通知》（国教督办函〔2016〕5号）精神及教育部基础教育质量监测中心2016年国家义务教育质量监测实施工作说明会等有关要求，国家、省、市、县四级联动，圆满完成了质量监测任务。现将采取的主要措施和做法总结如下：

一、明确工作要求、成立组织机构、履行工作职责

根据3月7日至8日北京2016年国家义务教育质量监测实施工作说明会安排部署，结合我省实际，省政府教育督导委员会办公室于3月11日分别上报和下发了《2016年义务教育质量监测山西省实施工作方案》。经教育部基础教育质量监测中心抽样，确定我省阳泉、晋城、晋中、忻州、临汾、吕梁6个市中的阳泉市城区、盂县、陵川县、高平市、寿阳县、太谷县、岢岚县、尧都区、离石区和临县10个县（市、区）为2016年度义务教育阶段学生语文和艺术学习质量监测样本县。每个样本县抽取12所小学、8所初中，每个样本学校抽取30名样本学生。实际抽取219所学校，其中：小学141所、初中78所，共设监测点223个。

（一）加强组织领导、队伍管理，强化监督检查。

一是加强组织领导。10个样本县（市、区）都成立了由政府主管教育的副县（市、区）长担任组长，教育局局长担任副组长，分管教育督导、基础教育的副局长担任常务副组长，教育督导、基础教育、体卫艺、装备、教研等部门相关人员组成监测工作领导小组，加强统筹协调，建立健全义务教育质量监测工作制度，保证监测工作领导有力、组织有序、保障经费到位。

二是加强队伍管理。10个样本县（市、区）遴选了责任心强、经验丰富、品行端正的人员参与监测工作。扎实搞好了参与监测相关人员的培训和监督指导，确保其了解政策、熟悉规则、掌握方法、严明纪律、加强自律。

三是强化监督检查。省、市强化对样本县的监管，加大督查、巡视力度，接受投诉举报，对于失职渎职、落实不力的县（市、区），实施严格的问责，并按有关规定严肃处理并追究责任人及主管领导的责任。

（二）成立组织机构、履行工作职责

一是省、市、县、样本校四级组织机构健全。

省级层面，成立山西省义务教育质量监测工作领导小组。组长由省教育厅分管厅长任月忠同志担任，副组长由省政府教育督导委员会办公室主任贺茂义和省教育科学研究院院长马玉玺担任；省级联络员由省教育科学研究院教育质量监测与评估中心主任尚秀芬担任。

领导小组下设办公室，办公室设在省教育科学研究院。办公室主任由省政府教育督导委员会办公室正处长级督学张淑鱼担任，办公室副主任由省教育科学研究院教育质量监测与评估中心主任尚秀芬担任。

工作人员包括省政府教育督导委员会办公室正处长级督学张利、徐岩章，干部张志刚，省教育科学研究院教育质量监测与评估中心副主任牛忠、常磊，干事原克学。

市级层面，市级联络员分别由分管教育督导的副局长和督导室负责人或基教科科长担任。包括阳泉市教育局副处级调研员张继忠、阳泉市教育局督导室主任张瑞祥，晋城市教育局副局长胡铁栓、晋城市教育局督导室负责人张晓鸿，晋中市教育局政府教育督导室主任郭永平、晋中市教育局基教科科长冯金海，忻州市教育局副局长陈永平，临汾市教育局督导室主任刘占科，吕梁市教育局政府教育督导室主任王改顺、吕梁市教育局副县级督学李玉祥。

县级层面，各样本县（市、区）均成立义务教育质量监测实施工作领导小组，设组长1人，由县（市、区）教育局局长担任，对该县（市、区）测试数据真实性、监测工具保密性负全责。副组长1人，由县（市、区）教育局负责监测工作的局领导担任，辅助协调监测工作的总体安排分工。

县级联络员1人，由县（市、区）教育局督导室负责同志担任，负责与省教育督导部门和样本校联系沟通及本县测试工作的组织协调。

信息上报员1人，由县（市、区）熟悉信息技术工作的人员担任，负责监测实施各环节的信息上报工作。

语文主监20人，每个样本校1人，由非样本校非语文学科教师担任，负责组织完成学生语文测试和学生语文相关因素问卷的填答工作。

艺术主监20人，每个样本校1人，由非样本校非艺术（音乐或美术）教师担任，负责组织完成学生艺术测试和学生艺术相关因素问卷的填答工作。

样本校层面，样本校设主监1人，由样本校校长担任，负责组织本校测试和填答校长问卷。副主监1人，由副校长担任，当主监填写问卷或出现特殊情况不能参与测试组织工作时，副主监负责全校的测试组织工作。

语文监测员1人，由样本校非语文学科教师担任，配合语文主监完成学生语文测试和学生语文相关因素问卷的填答工作。

艺术监测员3人，由样本校非艺术（音乐或美术）教师担任，一人负责配合艺术主监完成学生艺术纸笔测试和学生艺术相关因素问卷的填答工作；另两人负责演唱测试现场组织及测试工作。

司时员1人，由样本校教务主任或其他相关人员担任，负责按时发出报时指令。

保密员2人，由样本校工作人员担任，负责监测工具的领取、保管和送回。

安保人员2人，由样本校保安或相关人员担任，负责测试场地及周边的治安保卫。

医护人员1人，由校医担任或由样本县协调配备，负责学生身体不适、突发疾病等问题的临场处置和送医交接。

二是省、县、样本校三级工作职责明确。

省级层面，（1）宣传国家义务教育质量监测工作的意义和重要性，在全省范围内协调相关部门统一思想，提高认识。（2）制订省级监测实施工作方案，组织省级视导员、市级联络员、各样本县（市、区）相关人员参加省级培训。（3）组织样本县（市、区）上报相关信息，并进行信息核实和汇总上报。（4）指导各样本县（市、区）完成对监测实施工作人员的培训，做好数据采集的各项准备。（5）组织省级视导员对样本县（市、区）准备情况和正式监测进行两次专项巡视，督促各样本县（市、区）严格按照有关规定和要求，做好测试各环节工作，对样本县（市、区）的监测全过程进行监管和控制，确保本省监测数据和信息的真实性和可靠性。

县级层面，（1）制订县级监测实施工作细则。（2）严格按照有关规定要求，如实上报属地范围内学校、学生和教师相关信息。（3）组织本县（市、区）测试人员的培训，确保所有测试工作人员掌握测试规范、明确自身职责，做好各项准备。（4）组织并督促各样本校做好测试各环节的工作，确保本县（市、区）监测数据和信息的真实性和可靠性。（5）统一为样本校配备音乐播放设备和文具物品，按要求做好本县（市、区）监测工具的使用和保管工作，对监测工具的保密性负责。

样本校层面，（1）严格按照有关规定要求，如实上报本校师生的相关信息。（2）组织本监测点测试人员的培训，确保所有测试工作人员掌握测试规范、明确自身职责，确保本监测点数据的真实性和可靠性。（3）按要求设置测试场地，做好本监测点监测工具的使用和保管工作，对监测工具的保密性负责。

二、制定下发一系列文件，确保监测工作紧张有序顺利进行

（一）省级培训部署工作动手早、推进力度大。

《2016年义务教育质量监测山西省实施工作方案》在3月11日上报国家的基础上，并下发有关市、县（市、区）人民政府，同时抄送市、县（市、区）教育局和政府教育督导部门。3月18日，省人民政府教育督导委员会办公室对三类人员进行了全天培训：（1）10个样本县（市、区）分管基础教育的副局长和政府教育督导部门负责人、掌握学校基本信息并熟悉计算机操作技术的人员；（2）晋中市、阳泉市、临汾市、吕梁市教育局基教部门1名掌握属地省属、市属学校基本信息的人员；（3）省级视导员10名。接着又分别于3月15日、4月27日、5月11日、5月16日连续下发了《关于配合国家完成2016年全国义务教育阶段学生语文和艺术学习质量监测工作部署培训的紧急通知》《关于对2016年全国义务教育质量监测准备工作情况进行专项督导检查的通知》《关于对2016年全国义务教育质量监测工作进行专项巡视的通知》《关于下发2016年全国义务教育质量监测演唱测试系统登录回传情况整改的通知》等4个文件，对整个监测前的各环节的准备工作进行再强调、再整改，同时派出10名省级巡视员分两次进行专项督查巡视工作，力争做到万

无一失。

（二）省、市、县三级政府认识高、经费保障不缺位。

义务教育质量监测工作政策性、专业性和技术性强，时间紧、任务重、责任大，必须有专项工作经费予以支撑保障。我们遵循国家部署、省级统筹、市级配合、县级负责四级联动的工作模式，经费分级负担，保障监测工作正常开展。省本级工作经费主要用于工作部署会议、业务培训、视导员差旅及劳务补贴等；各样本县（市、区）的工作经费本着“各负其责、分级负担”的原则，由本级财政负担。

临汾市尧都区政府高度重视监测工作。区长就监测工作主持召开了两个协调会，5月4日召开了监测专项经费协调会，下拨专项经费8.7万元；5月12日召开了卫计、供电、机要邮局等单位参加的工作协调会。卫计局出台了《2016年国家义务教育监测医疗救治工作实施方案》，监测当天每个监测点派出了两名医护人员。此外，在巡视准备阶段下发整改通知书两份。忻州市岢岚县成立了由副县长挂帅，政府办、教育、邮电、公安等7个职能部门通力协作的领导机构，按要求严格选配监测工作人员，在第一时间召开了全县样本校质量监测工作启动大会，严密制订并下达了《岢岚县2016年国家义务教育质量监测实施工作方案》，各样本校也制订了实施工作方案，做到“五早六明确”，即：早谋划、早动员、早安排、早检查，早落实；明确工作分工、明确工作职责、明确工作要求、明确时间节点，明确工作程序。对120名监测人员、153名相关工作人员、20名责任督学都按国家考试规定和相关文件精神给予了补助，共计投入84 300余元。阳泉市盂县教育局与各样本校签订了责任书，实行一把手负责制，专门挑选出24名业务副校长担任责任督学，24名语文骨干教师担任语文主监，24名艺术教师担任艺术主监。县教育局分管副局长牵头，专设4个专项督查巡视小组，分别由副局长为组长、每组6个样本校，进行了4次督查和1次当日巡检。晋中市寿阳县安排了两位常务副组长，一位分管基础教育的副局长，一位分管督导的副书记，有效防止了因中考体测、理化实验操作、信息技术考试等工作，影响质量监测工作的开展。晋城市高平市成立了考务组、安全保密组、后勤卫生宣传组、巡视组，建立考务组、中心校、样本校三级联动机制，严明了责任督学包校责任制，实行四个巡视组包片制度。为便于交流，市教育局与各样本校建立了QQ群。市教育局统一制作公示栏、横幅、播放器、彩笔、U盘等投入经费约13 000元，给各类工作人员发放补助经费约27 000元。

（三）报送信息及时准确有效，确保测试任务圆满完成。

1. 2月24日前上报了省级实施工作领导小组人员和省联络员名单。

2. 3月14日前提交了省级实施工作方案。

3. 3月15日前部署了省级实施工作，报告工作部署情况。

4. 3月21日前审核提交了各样本县的属地学校信息。

5. 3月28日组织各样本县确认了样本校名单。

6. 4月18日前组织各样本县审核提交了测试年级的学生和教师信息。

7. 5月17日前报告了各样本县实施工作培训的完成情况。

8. 5月25日前报告了各样本县的测试准备情况。

9. 5月26日报告了监控测试过程、处置应急问题与突发事件。

10. 5月27日报告了测试完成情况及省级应急事件报告表。

11. 6月3日前组织各样本县审核提交了参测学生的基本信息。

12. 6月20日前提交了监测实施工作总结。

三、问题和建议

（一）测试时间、工具和样本抽取等方面的一些具体问题：

一是语文测试时间相对紧张，艺术测试时间相对宽松。

二是规模大的学校，训练耳机不够用，尚需改进。

三是“双鸭舌启封”容易弄坏，亟待改进。

四是演唱环节抽取的学生均为女生，缺乏有效性、客观性。

五是在样本校的抽取上，建议取消教学点及民办学校。

（二）机要回邮费每个样本县均在4 000元左右，在当前经济断崖式下滑的情况下，无疑加重样本县负担，国家对样本县要建立补偿机制。

第二部分　各市基础教育年度报告

- 2016年太原市基础教育年度报告
- 2016年阳泉市基础教育年度报告
- 2016年长治市基础教育年度报告
- 2016年晋城市基础教育年度报告
- 2016年朔州市基础教育年度报告
- 2016年忻州市基础教育年度报告

2016年太原市基础教育年度报告

□太原市教育局

一、切实办好农村教育

《山西省人民政府办公厅关于切实办好贫困地区农村教育的若干意见》（晋政办发〔2016〕158号）下发以来，太原市各级政府和有关部门认真学习贯彻落实，将文件精神切实体现在市、县两级《教育“十三五”规划》的编制工作中，重点推进优化农村中小学布局、建设农村寄宿制学校、办好乡村小规模学校和教学点、提高师资队伍水平、管好用好闲置资源、完善教育资助体系、促进优质教育资源共享等方面的工作。市教育局将省政府办公厅文件下发至阳曲、娄烦两个贫困县，要求其认真贯彻落实，并对全市农村教育有关情况进行了调研，形成调研报告上报省教育厅。太原市六城区中，万柏林区全域均为城市，无农村学校；迎泽区虽有农村学校，但无调查要求的情况存在；其他四个城区均有农村学校且有调查要求的情况存在。四县（市）（清徐、阳曲、娄烦、古交）农村教育点多面广，调查要求的情况普遍存在。

根据调研情况，全市各县（市、区）针对农村地区中小学生源减少、农村中小学校萎缩等问题，综合考虑各种因素，积极采取有力措施，进一步优化农村中小学校布局。近年来，全市各县（市、区）结合实际，因地制宜建设了一批农村寄宿制中小学，提高了农村教育综合效益。同时，全市各县（市、区）努力办好必须保留的乡村小规模学校和教学点，并采取多种措施，切实提高质量。各县（市、区）包括阳曲、娄烦两个贫困县，全部落实了“不足100人的小学及教学点，生均公用经费按百人核定拨付”的政策，保证了教学点的经费来源和办学需求；建立健全学区内教师到教学点任教、支教和校际教师定期交流制度；采取“送教”“走教”等多种形式，保障乡村小规模学校和教学点落实课程计划，开齐开全课程；组织开展连片教研活动，着力提高教育教学质量；县域内对口帮扶工作覆盖到所有乡村小规模学校和教学点，将小规模学校和教学点纳入中心校考核管理。通过以上措施，尽可能确保留在教学点的儿童接受完善的教育。

二、加快编制专项规划

按照《山西省教育厅等七部门关于做好城镇中小学校幼儿园建设专项规划（2016—2020年）编制工作的通知》（晋教基〔2015〕29号）和市委、市政府主要领导做出的专门批示精神，以及2016年8月29日省教育厅会同省住房和城乡建设厅召开的城镇中小学校幼儿园建设专项规划编制工作推进会的要求，太原市及时成立工作领导组，两次向市政府请示召开部门协调会，一次向市委请示报告，草拟编制方案，建立了专项规划工作机制、例会制度，分阶段安排部署推进专项规划编制工作。

为严格标准，确保专项规划编制工作如期完成，2016年，全市共召开了10次会议（其中4次县市区教育局局长会）、下发了9个文件（1个文件，8个函件）安排部署编制工作。按照相关规定，六城区专项规划编制工作由市教育局委托太原市城市规划设计研究院完成规划编制工作，市教育局积极配合市城乡规划局和市规划设计研究院，为其提供了大量的相关基础资料。六城区专项规划编制工作有序推进。四县（市）由本级政府自行组织编制完成，截至目前，古交市、阳曲县已编制完成上报。

专项规划编制经费，按照市政府的批示，于2016年12月已支付市规划设计院100万元。

三、严格控制班额班容

为切实消除义务教育学校大班额问题，推进义务教育均衡发展，根据国务院《关于统筹推进县域内城乡义务教育一体化改革发展的若干意见》（国发〔2016〕40号）和教育部办公厅《关于做好消除大班额专项规划有关工作的通知》（教基一厅〔2016〕4号）、省教育厅《关于做好消除大班额专项规划有关工作的通知》（晋教基〔2016〕27号）精神，2016年11月7日，太原市教育局下发了《关于做好消除大班额专项规划有关工作的通知》，根据省教育厅要求，明确了“大班额”的控制标准，制定了消除“大班额”的工作目标和工作标准，要求各县（市、区）教育行政部门和直属公办、民办学校立即组织对所属义务教育学校班额情况进行全面摸底排查，逐校排查义务教育学校大班额的数量与分布情况，对56人以上大班额和66人以上超大班额不同情况进行统计，分级建立消除大班额工作台账，对大班额学校实行销号管理。在全面排查摸底的基础上，市、县两级分别编制了消除大班额专项规划方案并上报省教育厅。

市、县两级的消除义务教育学校大班额专项规划方案均细化了年度工作目标，量化了阶段性工作目标，明确了消除大班额市、县两级“时间表”和“路线图”。针对生源变化趋势、城镇化进程、人口政策调整等因素对学龄人口变化的影响，提前做好科学预测，确定产生大班额问题的重点区域和重点学校，将消除大班额工作目标和工作任务落实到县（市、区）、学校。

根据山西省教育厅《关于印发〈山西省消除大班额专项规划（2016—2020年）〉的通知》要求，结合各县（市、区）的消除大班额专项规划方案确定的目标要求，从2017年起，太原市要从多方面入手，首先在全市范围内，从2017年秋季学期起各县（市、区）、市属、民办义务教育小学和初中起始年级全部控制在标准班额以内。其他年级存在66人以上超大班额和56人以上大班额的，要有序扩大学位供给，引导生源合理流动，平稳过渡。

四、规范学校招生入学

近年来，太原市教育局认真贯彻落实教育部、省教育厅关于做好义务教育招生入学工作的安排部署，针对适龄儿童和少年逐年增加、义务教育供需矛盾凸显、教育部门学校压力倍增的现实情况，圆满完成了全市适龄儿童和少年小学入学以及“小升初”工作，保障了适龄儿童和少年接受义务教育的权利。但是，面对新情况和新问题，全市义务教育招生入学工作仍然面临新压力和新挑战。需要进一步深化全市义务教育招生入学改革，不断完善全市义务教育招生入学办法，继续做好全市义务教育招生入学工作。

2016年1月26日，教育部办公厅发出《关于做好2016年城市义务教育招生入学工作的通知》（教基一厅〔2016〕1号），就2016年城市义务教育招生入学工作提出明确要求。一是科学确定划片方式；二是合理确定片区范围；三是完善划片工作机制；四是严控特殊招生比例；五是方便随迁子女入学；六是健全应急协作机制；七是加强政策宣传引导；八是抓好各项政策落实。

山西省教育厅2016年未下发义务教育招生入学工作的有关文件。根据省教育厅精神，2016年义务教育招生入学工作按照省教育厅2015年出台的文件执行。2015年3月26日，山西省教育厅下发《关于严格规范义务教育阶段学校免试就近入学工作的通知》（晋教基〔2015〕6号），文件主要内容有：一是合理划定招生范围；二是科学确定入学办法；三是严禁以考试方式选拔学生；四是认真规范民办学校招生；五是按时办理入学注册；六是全面实行均衡编班；七是全面实行阳光招生。

2015年以来，太原市将规范全市义务教育招生入学工作作为省委开展学习讨论落实活动教育领域专项整治工作的重点。

从2015年开始，改革全市小学入学工作办法，坚持免试就近入学，严格划分学区，实行信息登记，严格审查资格，推进信息公开。2016年，继续坚持免试就近入学、学区覆盖辖区、随迁子女入学“两为主”三大原则，并全面实行了全市统一的网上信息登记工作，进一步完善了公办小学学区入学办法，进一步完善了各开发区、特别是辖区内无所属小学的开发区内适龄儿童的入学办法。

从2015年开始，改革全市“小升初”办法，公办初中首次实行“多校划片”电脑随机派位入学，公参民初中30%招生计划实行电脑随机派位。2016年，进一步完善了公办初中单校划片和多校划片相结合的招生入学办法，进一步细化了全市公办初中入学电脑随机派位工作流程，进一步规范了民办初中学校招生政策，明确提出“九年一贯制、十二年一贯制民办学校必须接收自愿升入本校初中的本校小学毕业生”的要求。

总体上看，2016年，全市中小学考试招生入学改革进一步深化。市、县两级结合实际制定完善招生入学政策，认真规范组织实施招生入学工作，全市适龄儿童少年小学初中入学率均达100%，公办小学和公办初中就近入学率均达100%。教育部于2016年3月21日召开了全国义务教育招生入学工作会议，我市在会上做了经验交流。

五、关爱随迁留守儿童

太原市留守儿童总数为800余名，留守儿童问题并不突出。太原市面临的主要问题是随迁子女问题。总体上看，进城务工人员随迁子女在太原市基础教育中小学入学绝对人数和所占比例会越来越多，保障他们平等接受教育的权利，是教育部门和学校在招生入学工作方面面临的首要任务。

根据省政府、省教育厅有关文件精神和工作要求，在历年认真做好随迁子女入学工作的基础上，2016年，太原市教育局在全市小学入学、"小升初"各项工作中，将保障随迁子女入学工作纳入全市基础教育阶段招生考试工作体系，落实到各个环节，贯彻到各个文件中。在市教育局年内下发的《关于做好2016年全市小学入学工作的指导意见》（并教基字〔2016〕8号）《关于2016年太原市小学毕业生升初中工作的指导意见》（并教基字〔2016〕9号）等一系列文件中，都对保障进城务工人员随迁子女入学工作做了专门部署。

随迁子女小学入学：2016年，太原市进城务工人员随迁子女入小学继续坚持"两为主"原则。要求各县（市、区）教育局要准确掌握进城务工人员随迁子女接受义务教育的需求情况，努力增加接收进城务工人员随迁子女的义务教育公办小学数量，优化接收学校布局布点，统筹做好进城务工人员随迁子女入学工作，确保其接受义务教育。2016年，太原市进城务工人员随迁子女入学登记报名须提供：①进城务工人员及其子女原籍《居民户口簿》；②进城务工人员在本市居住满一年的《居住证》（2015年4月30日前办理）；③进城务工人员有效《劳动合同》及个人依法连续缴纳社会保险满一年的证明（2016年4月30日前连续缴纳12个月以上），或一年以上有效《营业执照》（2015年4月30日前办理）；④随迁子女《出生医学证明》和《预防接种证》。本市符合条件的进城务工人员随迁子女家长应在规定的入学信息登记时间通过网络进行入学信息登记，并打印获取《2016年太原市小学入学信息登记表》，完成入学信息网上登记；并根据各县（市、区）教育局的统一安排，在规定时间内，携带《2016年太原市小学入学信息登记表》及信息审核所需相关材料原件、复印件等到相应的小学进行信息审核。

随迁子女初中入学：2016年，太原市进城务工人员随迁子女入初中继续坚持“两为主”原则。要求各县（市、区）要切实做好进城务工人员随迁子女入学工作，并将其纳入全市小学毕业生升初中工作体系之中。努力增加接收进城务工人员随迁子女入学的公办学校数量，优化接收学校布局布点，统筹做好进城务工人员随迁子女小学毕业生升初中工作。2016年，太原市进城务工人员随迁子女小学毕业生升初中须提供：①进城务工人员及其子女原籍《居民户口簿》；②进城务工人员在本市居住满一年的《居住证》（2015年6月30日前办理）；③进城务工人员有效《劳动合同》及个人依法连续缴纳社会保险满一年的证明（2016年6月30日前连续缴纳12个月以上），或一年以上有效《营业执照》（2015年6月30日前办理）；④原户籍所在地教育行政部门、乡镇或学校证明。符合条件的进城务工人员随迁子女小学毕业生，由县（市、区）教育局统筹安排到相对就近接收进城务工人员随迁子女入学的公办初中学校就读，不得择校。

截至目前，太原市义务教育阶段进城务工人员随迁子女在校生103 524名，占全市义务教育阶段中小学在校生总数404 539的25.6%；约占全省随迁子女的三分之一以上。其中初中23 494名，占19.9%；小学80 030名，占27.9%。保障了他们平等接受教育的权利。

六、推进城乡一体发展

《国务院关于统筹推进县域内城乡义务教育一体化改革发展的若干意见》（国发〔2016〕40号）（以下简称《若干意见》）下发以来，太原市教育局认真组织进行了学习，就《若干意见》中提出的10项重点任务进行了研讨。为了认真贯彻落实《若干意见》，一是编制完成了《太原市教育事业发展“十三五”（2016—2020年）规划》并以市政府文件下发；二是制定了太原市地方性教育法规《太原市中小学幼儿园规划建设条例》，自2017年1月1日起施行；

三是牵头会同规划部门正在编制全市中小学校、幼儿园布局专项规划。

着重要说《太原市中小学幼儿园规划建设条例》。《国务院关于统筹推进县域内城乡义务教育一体化改革发展的若干意见》明确规定，要“同步建设城镇学校”。于今年1月1日起施行的《太原市中小学校幼儿园规划建设条例》（以下简称《条例》）是我市第一部有关中小学和幼儿园规划建设的专门地方性法规，该《条例》针对我市学校布局不够合理、规划建设不够到位、配建学校不够及时等市民反映强烈的热点问题，从立法的角度予以规定，对中小学和幼儿园的规划、建设、验收移交、监督管理等做出全面规定。

一年来：一是中小学校建设积极推进。2016年，全市教育重大民生项目共24个，其中续建项目14个，新建项目10个，总建筑面积96.28万平方米。城区中小学校建设有所推进，四县市抓住“全面改薄”契机，全面推进农村中小学校建设（详见第一部分）。

二是义务教育实现基本均衡发展。晋源区、清徐县、阳曲县、娄烦县顺利通过国家义务教育发展基本均衡认定，其他已通过认定的区（市）追踪监测指标全部达标，10县（市、区）全面完成义务教育发展基本均衡任务。

三是教师队伍建设进一步加强。校长轮岗、教师交流目标任务超额完成，其中，轮岗校长87名，占符合轮岗条件校长总数的24.4%；交流教师1 556名，占符合交流教师总数的13.48%。为阳曲、娄烦两县招聘特岗教师73名，组织3万余名教师参加远程培训，开展“一师一优课”活动，促进教师专业成长。

四是改进完善提升教育治理水平。实施小学生放学后免费托管服务，投入1 829万元，惠及六城区公办小学20.6万名学生。为全市义务教育阶段学生投综合保险，投入822.09万元，覆盖学生42.39万名。首次将理化实验操作和信息技术纳入中考科目并计入总成绩，继续将优质高中60%的招生指标定向分配到全市所有初中学校。确定“民办教育规范年”，对民办学校进行风险隐患大排查和办学条件大核查，集体约谈全市民办学校，严格规范办学行为，促进民办教育健康发展。

五是全面落实“立德树人”任务。开展了培育和践行社会主义核心价值观“五个一”系列活动，举办德育“六化”成果博览活动，推进社会实践育人共同体建设，实施优秀文化艺术进校园“双百工程”，组织开展第26届学校艺术教育活动月，举办阳光体育系列比赛活动，创建全国青少年校园足球特色学校，认定第二批、第三批“特色小学示范校”。2016年，全市中考600分以上考生分布在168所学校，占参加中考学校的85.28%。全市义务教育在均衡发展基础上内涵发展进一步提升。

六是开始实施消除大班额计划，完善义务教育招生入学改革，推进义务教育办学模式改革，深化基础教育课堂教学改革，提升中小学教育信息化应用水平，严格“控辍保学”，巩固入学水平。

七、推进办学模式改革

为贯彻落实《山西省教育厅关于积极推进义务教育办学模式改革的指导意见》（晋教基〔2015〕27号）文件精神，太原市教育局结合实际，初步确定了《太原市推进义务教育学校办学模式改革工作方案》。太原市市辖区和2015年底前通过均衡县认定的古交市也出台了相关政策文件。

小店区出台了《小店区关于推进义务教育办学模式改革的实施方案》；迎泽区出台了《迎泽区教育局关于学区化教育联合体办学模式改革实施方案》《迎泽区推行“大学区管理制”办学模式督导评估考核细则（试行）》及相关考核实施方案；杏花岭区出台了《杏花岭区教育系统促进义务教育均衡发展推行“大学区管理制”改革实施方案》和《关于在区属中小学推行“松散型大学区管理”的实施意见》；尖草坪区出台了《尖草坪区义务教育办学模式改革的实施方案（试行）》；万柏林区出台了《万柏林区试行“大学区管理制”教育

模式改革方案》；晋源区出台了《晋源区推进义务教育办学模式改革方案》；古交市出台了《古交市教育科技局关于印发“3+X”学区制办学模式改革实施方案（试行）的通知》。

太原市县（市、区）义务教育办学模式改革比较突出的是杏花岭区。其他县（市、区）义务教育办学模式改革工作也在稳步推进。

以杏花岭区为例，该区义务教育办学模式改革的第一种模式是“名校+新校”。这是目前最容易被家长认可的一种模式，范例学校是新建路小学富力华庭分校。第二种模式是“名校+普校”。以“名校带弱校”的方式扩大优质教育资源。范例学校是新建路小学羊市街分校。第三种模式是“委培学校托管”，范例学校是新建路小学民营区双明分校，由民营区管委会委托杏花岭区管理。

综合杏花岭区义务教育办学模式改革，总体上已形成三种类型的“大学区制”管理模式，即紧凑型大学区、学校发展共同体、名校集团化，具有形式丰富、扎实有效、推进迅速的显著特点。推进过程分为三个阶段：2015年9月，新道街、新建路、后小河先行先试，作为紧凑型大学区试点；10月，中小学组建了10个学校发展共同体；2016年9月，新建路、五一路形成集团化办学新格局，各校办学特色鲜明，教师、学生、家长满意度极高，成为“家门口的好学校”。

市属学校义务教育办学模式改革在2016年也迈出新步伐。2016年年底至2017年年初，市教育局对太原十二中和太原五十八中进行了整合，并设立了太原十二中富力华庭校区；对太原五十四中进行了布局调整，太原五十四中高初中学生分别分流到太原十一中、太原六十六中。

八、深化教育教学改革

根据教育部《关于全面深化课程改革落实立德树人根本任务的意见》、山西省教育厅《关于深化基础教育教学改革创新育人模式的意见》，2015年，太原市教育局先后出台了《关于深化基础教育教学改革创新育人模式的指导意见》和《关于深入推进基础教育课堂教学改革的意见》，并据此于2016年在全市启动了“基于核心素养、教学目标引领、提升课堂质量行动”项目研究，旨在深化中小学课堂教学改革，进一步提升课堂教学质量。

以太原市教研科研中心为依托，2016年，此项工作分准备、启动、实施三个阶段推进。

准备阶段：主要任务是理论引路，现状分析，方案研制。撰写了《核心素养：进展、问题与展望》《课堂教学质量研究：进展、问题与展望》等文献研究综述，为项目研究奠定了理论基础；开展了教学目标设计与实施现状调研，撰写了《太原市教学目标设计与实施现状研究报告》，为项目设计与实施奠定了现实基础。在此基础上，研制了《太原市“基于核心素养、教学目标引领、提升课堂质量行动”实施方案》，明确了研究目标、内容与实施路径。

启动阶段：主要任务是基地确立，任务分解，典型引路。2016年3月17日，该项目研究正式启动，确定了迎泽区等基地县3个、成成中学等基地校11个、市实验中学高中数学学科等学科基地77个，作为该项目研究实施基地。项目基地根据总项目研究内容与要求，结合教育教学实际，申报了115项校本化、学科化的研究子项目，旨在通过以点带面、点面结合、典型引路的研究路径，扎实推进项目研究的开展。

实施阶段：主要任务是专题培训，现场指导，阶段评估。研究与同步培训相结合、现场观摩与专业指导相结合、阶段评估与总结交流相结合是该项目的实施特色。项目研究开展以来，组织了《实施方案解读》《学生发展核心素养与课程教学》等9场专题培训，项目管理团队偕同山西大学教育专家和市教研科研中心人员深入太原十二中、小店区恒大小学等6所基地校进行有关子项目开展状况的现场调研、分析、专业诊断与指导，听取6个子项目进展情况汇报、观摩12节研究课，组织6场座谈会与反馈交流会，及时发现并解决问题。

2016年年底，进行了该项目研究的中期评估。一是以市教科研中心全体研究人员的项目工作为核心，进行了项目工作亮点、典型经验和研究成果的展示与交流；二是以基地县、基地校、学科基地所承担的93个子项目为对象，分项目研究阶段报告和项目研究过程性材料两个模块进行了汇报评估。专家评估结果，24项优秀，36项良好，30项合格，3项不合格。

截至目前，该项目研究实施已初见成效，初步研制了《太原市课堂教学评价标准》，从教学目标、教学过程、教学效果三个维度，学生发展核心素养的意识、融合科学素养与人文素养等21项具体指标，引领课堂教学改革的方向。同时，汇总印制了《太原市“基于核心素养教学目标引领提升课堂质量行动”研究资料》共两册，研究资料总计40余万字，及时总结、完整呈现了不同阶段研究项目的内容、过程及成果。

九、推动教育技术应用

太原市教育局出台了《太原市教育信息化“十三五”规划》，积极探索信息技术与教育教学的全面深度融合，以信息化引领教育理念和教育模式的创新，充分发挥教育信息化在教育改革和发展中的支撑与引领作用，实现教学、管理、服务全方位的深层变革。全市开展了基于网络的资源共建共享模式、基于教师专业发展的网络教研模式、基于信息技术支撑的高效课堂学习模式、基于城乡一体的协作教学模式等融合创新工程，以教育信息化带动教育现代化，实现教育的跨越式发展。2016年11月29日~12月20日，分七次召开了全市教育信息化工作交流视频会议，10县（市、区）教育局和市直61所学校分别进行了工作交流，取得了良好的效果。

从信息技术融合创新工作方面，通过“翻转课堂”、网络教研、逐校观摩、城乡互动、校际联盟、微课教学、“人人通”课堂教学，逐步推进信息技术与教育教学的深度融合，目前已初见成效。

一是开展了“基于人人通初中小组学习模式”项目与“慧学云”平台应用推广工作，全年组织课题学校进行了10余次的“慧学云”平台应用的教学观摩与调研。促进课题校进行微课教学研究与探索，十二中、十九中、成成中学、六十四中、六十五中等课题学校已将翻转课堂模式引入常态教学，学生学习兴趣与课堂教学效果有明显提高。现参加课题的学校已达9个学校，74个教学班，共3 174名学生。二是开展了太原市基于“人人通”的小学课堂教学改革项目工作。目前课题学校数量增加到17所，实验班数量为177个，学生人数10 492人，实验教师256名。通过课题研究，减轻课业负担，提升学习效率，培养学习兴趣，实现跨越式学习模式，探索高效学习方式。同时，组织16所课题学校逐校开展观摩活动，使教师教研方式也发生了改变，由传统面对面教研模式，转变为线上线下教研模式，目前项目校师生受益很大，得到社会的关注和认可。三是组织五十三中等8所市直学校联盟推进微课学习，十五中等多所学校与全国名校联盟推进信息化教学，五十一中全学科录制微课2 000余节等。

迎泽区孟家井学校是一所农村学校，从2014年开始研究“翻转课堂”在教学中的应用；尖草坪区汇丰中学在“翻转课堂”的应用上已经探索出一些方法和经验；尖草坪区科技实验小学被省级确立“创客机器人”教育研究试点校；万柏林区第二实验小学、气化街小学推进APP及笔记本进课堂，学生家长反映良好；清徐县7所学校30个教学班师生利用电子书包进行“人人通”高效课堂学习，多次进行全县“信息技术高效课堂”展示课和观摩研讨课。目前，全市信息技术与教学深度融合已逐步形成全市推开态势。

十、认真做好“控辍保学”工作

一是通过不断完善全市义务教育学校招生入学政策和办法，保证适龄儿童平等接受义务教育的基本权利。二是认真落实各项教育资助政策，义务教育免学杂费落实资金2.9亿元，覆盖义务教育阶段所有学生；同时，城乡义务教育学校提供免费教科书、补助寄宿生生活费等政策继续实施。三是全面实施特殊教育提升计划，对三类残疾儿童实行“一人一案”，通过随班就读、特校教育、送教上门等方式，为残疾儿童少年提供教育服务，全市三类残疾儿童少年义务教育入学率在95%以上。

（供稿人：田宝华）

相关链接1：

太原市特色小学示范校创建工作的做法

一、政策背景和现实追求

（一）政策背景

1.《国家中长期教育改革和发展规划纲要（2010—2020年）》明确提出："鼓励学校办出特色。"

2.《太原市教育改革发展"十二五"规划》也明确提出"十二五"时期全市教育的"六化"目标（教育发展均衡化，学校办学特色化，教育教学信息化，教育质量优质化，各类教育体系化，面向世界国际化）。"学校办学特色化"就是其一。

（二）现实追求

第一，特色办学（建设特色学校）是教育发展到一定阶段的必然追求。当基础教育阶段全面普及九年义务教育、基本普及高中阶段教育后，教育将实现由数量增长型向内涵提升型转变，教育自身发展的追求要求学校改变"千校一面"的现状，走特色办学之路。同时，经济社会的发展、科学技术的进步，文明程度的提升，对社会人才的需求日益多样化，对人才素质的要求日益多元化，迫使教育和学校需要积极适应人才培养的变化趋势，努力建设特色学校。此外，社会公众对教育的需求也正在从"有学上"转变到"上好学"。让个性得到充分发挥，为学生一生的发展和幸福奠基，已经是社会公众对教育的普遍追求，决定了学校必须大力发展特色教育。

第二，特色办学（建设特色学校）在太原市小学阶段有较好的基础。特色学校建设在全市小学阶段有着较好的工作基础，最近20多年来，全市小学阶段涌现出一大批办学特色鲜明的学校。相对于初中和高中，在小学阶段开展特色学校建设具有更加有利的内部条件和外部环境。因此，选取小学阶段作为特色办学的突破口，全面推进特色学校建设，有着天然优势，容易取得成效。

二、创建情况和初步成果

（一）市级统筹指导

1. 科学制定特色评价标准

根据全市小学阶段特色学校建设的开展情况，为了进一步发挥典型示范和评价指导的作用，2014年10月，太原市教育局出台了《关于进一步加快推进小学特色学校建设的指导意见》，明确从2014年开始至2018年，每年评选20~30所“太原市小学特色示范校”，引领全市各小学成为教育理念先进、管理模式科学、学生全面发展、办学特色鲜明的学校。同时，还组织专家团队制定了《太原市小学特色学校建设评价标准（试行）》，从办学思想、管理模式、课程体系、德育架构、教育科研五个方面对特色学校建设给出了建设评价标准。特色学校评价标准的建立，使全市小学特色学校建设工作有了实践的抓手。

2. 交流研讨把握特色内涵

针对特色学校建设的形势和要求，太原市市、县两级教育行政部门通过举办专家培训、观摩学习、交流研讨等形式，从理论指导和实践操作的层面，对特色学校建设工作进行引领。在教育部门的引领下，全市小学对特色学校的内涵、本质、要求有了更加明确的认识，对特色学校建设的渠道、途径、方式有了更加清晰的把握。

（二）县级组织实施

特色小学示范校创建工作的主体主要在县一级政府及教育行政部门和所属小学校。这项工作启动以来，各县（市、区）在原有基础上，围绕创建要求做了大量工作（略）。

（三）专家进行认定

根据《关于进一步加快推进小学特色学校建设的指导意见》的精神和《太原市小学特色学校建设评价标准（试行）》的要求，2014年下半年，各县（市、区）申报首批特色小学示范校工作开始，截至目前，全市统一组织进行的特色小学示范校认定工作已进行了三批。

第一批特色小学示范校认定工作于2015年5月进行，市教育局选聘35位专家（县市区教育局领导、市教科研中心专家、部分中学教学副校长）分五组分别对十县（市、区）教育局申报的首批特色小学示范校共61所进行认定。

第二批特色小学示范校认定工作于2015年11月~12月进行，市教育局选聘50位专家（主体首批太原市特色小学示范校校长）分五组分别对十县（市、区）教育局申报的第二批特色小学示范校共65所进行认定。

第三批特色小学示范校认定工作于2016年11月~12月进行，市教育局选聘55位专家（县、市、区教育局领导，第一、二批太原市特色小学示范校校长，部分中学教学副校长）分六组分别对十县（市、区）教育局申报的第三批特色小学示范校共65所进行认定。

（四）创建成效初显

经过几年来的工作，截至目前，全市共组织认定三批166所“太原市特色小学示范校”。另外，针对全市特色小学创建工作情况，还同步认定了15所“太原市特色小学项目校”。

第一批：“太原市特色小学示范校”54所、“太原市特色小学项目学校”7所；第二批：“太原市特色小学示范校”55所、“太原市特色小学项目学校”10所；第三批：“太原市特色小学示范校”57所、“太原市特色小学项目学校”8所。

三、几点思考

截至目前，全市先后三批累计认定“太原市特色小学示范校”166所，“太原市特色小学项目学校”15所。全市特色小学示范校总数约占全市小学校总数的35%，提前超额完成全市特色小学创建工作目标。结合太原市开展特色学校建设以来的探索实践，针对面临的问题，就特色学校建设工作有以下几点思考：

第一，开展特色学校建设，需要准确理解特色学校概念。特色学校是内在的、全面的、立体的，体现学校办学思想、理念的学校文化。一所特色学校，其全体成员必定对学校文化有着高度认同，对学校文化的价值判断上达到了文化自觉、文化自信。

第二，开展特色学校建设，需要有思想、务教育的带头人。一位好校长是办好一所学校的必要条件，办好一所学校必须有一位好校长来引领。从现实看，凡是特色学校建设成效显著的学校，无不是有一位这样的校长。校长只有务教育，才能真正悟教育。

第三，开展特色学校建设，需要立足实际，紧跟时代主题。要根据学校的办学发展、文化底蕴、师生家长、周边环境等实际情况，科学研究确定学校特色发展的办学方向。同时，特色方向的选定也要尽可能符合时代的主题，并适应学生健康发展的总要求。

第四，开展特色学校建设，需要全方位成体系立体推进。特色学校建设的路径，要从课程、项目、活动、社团、教学、管理、师资等全方位入手，按照体系化、课程化、全员化的要求，全面加以推进，实现从特色学校向学校文化的迈进。

第五，开展特色学校建设，需要尊重特色学校建设规律。经济社会发展有自身规律，教育发展有自身规律，特色学校建设也有规律可循。大多数学校办特色学校大体上都要经过特色项目、学校特色、特色学校三个阶段。需要时间、需要耐心、需要积淀、需要传承。

四、今后思路

第一，加大宣传力度。2017年3月将举办全市中小学2017年“校园开放日”活动，并安排特色学校开展对外宣传活动，通过各种形式和渠道，展示特色办学成果和教育发展成效，进一步推动特色学校建设和学校文化建设，并使社会了解、认可、接受。

第二，发挥示范作用。特色学校建设阶段性工作结束后，全市特色小学示范校创建工作转入动态化常规管理，要将创建工作重点放在巩固特色学校创建成果、稳定提升特色办学水平方面，以各县（市、区）教育行政部门为主，充分发挥区域内示范校、项目校的示范辐射带动作用，带动区域内更多的小学走出特色办学之路。

第三，整体提升水平。一是依托区域内“太原市特色小学建设专家资源库”和“太原市特色小学建设专家工作室”平台，开展小学特色办学的理论研究和实践指导，丰富小学特色发展内涵，引领全市小学特色办学向更高水平迈进，整体提升区域小学特色办学水平和整体发展水平。二是在特色小学建设的基础上，积极探索推进特色学校建设由小学向初中阶段延伸，推动义务教育阶段学校走特色化办学之路，引领全市中小学成为教育理念先进、管理模式科学、学生全面发展、办学特色鲜明的学校，实现义务教育的优质均衡发展。

相关链接2：

太原市地方性教育法规——《太原市中小学校幼儿园规划建设条例》立法的有关情况

《太原市中小学校幼儿园规划建设条例》（以下简称《条例》）已由省十二届人大常委会第三十次会议于2016年11月10日批准，自2017年1月1日起施行。

一、《条例》制定的背景

教育是群众关心、社会关注的重大民生问题。加强学校规划和建设，是促进教育事业优先发展、努力办好人民满意的教育的重要保障。近年来，在市委、市政府的正确领导下，我市大力加强教育基础设施建设，新建、改建了一批中小学校和幼儿园，为促进教育事业的科学发展起到了积极作用。但是，随着经济社会的发展，城市规模不断扩大，新建住宅小区大量涌现，外来人口不断增加，人民群众对享受优质教育资源的需求不断提高，中小学校规划、建设和管理中存在的问题日益凸显，主要表现在：

一是中小学校布局不合理，服务半径不达标，规划预留的教育用地被侵占、挪用的现象比较严重，造成一些人口聚集能力较强的城区和城乡接合部地区的学校数量偏少，适龄儿童、少年入学矛盾较为突出。而且从长远看，这一问题必将随着户籍制度改革和“二孩”政策实施而变得日趋严重。二是新建住宅区不依法配建和移交中小学校的问题十分突出，影响了小区业主子女就近入学，甚至一度引发社会矛盾。另外，现有的一些中小学校因周边零星住宅建设而接收了大量新入学学生，但由于学校增容、扩建无法落实，导致大班额现象频频出现，学校办学压力陡增。三是中小学校建设标准偏低，生均占地面积不达标的学校众多，远远低于省定基本办学标准，制约了学校教育教学活动的正常开展。

上述问题影响了中小学校的规划和建设，制约了教育事业的科学发展，人民群众反映较为强烈，社会关注度较高，亟须采取有力措施规范和解决。

二、《条例》制定的必要性

近年来，为促进教育事业优先发展，国家和山西省先后制定了《教育法》《义务教育法》《城乡规划法》《山西省实施〈中华人民共和国义务教育法〉办法》等法律法规，出台了一系列政策文件和指导性意见，对做好学校规划建设特别是住宅区配建中小学校问题提出了相关要求。但是，这些政策法规要么原则性太强、操作性不强，要么法律位阶太低、刚性约束不够，已经不能适应当前我市城市发展和中小学校规划建设管理的需要。从全国范围来看，针对中小学校规划建设滞后这一“通病”，有些城市通过制定实施相关地方性法规和规章，对促进当地中小学校规划建设和教育发展起到了积极作用。

因此，在全面推进依法治国的背景下，充分发挥法治的引领和规范作用，通过制定出台一部符合我市实际、有效管用的学校规划建设管理法规，从制度上对学校规划、建设和管理予以规范，切实解决教育发展不能与城市发展同步、教育资源缺乏和保护不力等问题，就显得十分必要和紧迫。

三、《条例》的制定过程

根据太原市人大常委会和市政府法制办安排，市教育局于2015年10月申报了《条例》的立法项目。为做好立法工作，市教育局成立了《条例》起草工作领导组，明确了立法日程和任务分工，与市人大教科委、法制委和市政府法制办组成调研组，赴长沙、南京和石家庄进行了实地考察和学习。在仔细梳理我市中小学校规划建设中存在的问题，认真学习国家及省有关政策法规和外省市立法经验的基础上，我局牵头起草了《条例（草案）》初稿。之后，与市人大教科委、法制委和市政府法制办多次召开专题会议，对《条例（草案）》初稿进行了讨论和修改。

市政府法制办按照立法程序，对《条例（草案）》初稿进行了审核修改，分别组织召开了由各县（市、区）教育局、各级各类学校（幼儿园）、房地产开发商参加的座谈会，书面征求了各县（市、区）政府和市规划局、住建委、国土局、发改委、财政局等30多家单位的意见，组织召开了专家论证会和部门协调会。市政府、市人大先后召开专题会议对《条例（草案）》进行审议。2016年11月10日，省十二届人大常委会第三十次会议批准了《条例》，自2017年1月1日起正式施行。

四、《条例》制定的主要依据

制定《条例》的主要依据是《教育法》《义务教育法》《城乡规划法》《山西省实施〈中华人民共和国义务教育法〉办法》等有关法律法规，并参考了《中共中央国务院关于进一步加强城市规划建设管理工作的若干意见》《国家中长期教育改革和发展规划纲要（2010—2020年）》《国务院关于当前发展学前教育的若干意见》等中央政策和国家、省制定的有关规范性文件，同时借鉴了长沙、南京、石家庄等城市的同类立法经验。

五、《条例》的主要内容

《条例》共计7章、44条，对我市中小学和幼儿园规划建设、验收移交、监督管理以及法律责任等问题做出了具体规定。

（一）关于适用范围

考虑到当前我市学校建设中存在的主要问题是普通中小学校和幼儿园规划建设相对滞后，因此《条例》规定："本条例所称中小学校，包括小学、初中、普通高中、中等职业学校和幼儿园。"高等学校和特殊教育学校的规划建设问题相对不太突出，因此没有纳入《条例》的调整范畴。

（二）关于学校规划和建设

学校建设，规划先行。为了保证中小学校规划活动有序进行，《条例》从规划的编制主体、程序、标准等方面对学校规划问题进行了规范：

一是明确了中小学校布局专项规划的编制主体。市、县（市）教育行政部门应当会同本级规划、国土行政部门，分别组织编制中小学校幼儿园布局专项规划。

二是规定了规划编制程序。编制中小学校布局专项规划，应当广泛听取专家和公众的意见。规划编制完成后，要报经本级人民政府批准后公布实施，并报本级人大常委会备案。对经批准和公布的中小学校幼儿园布局专项规划，任何单位和个人不得擅自变更；因公共利益需要确需变更的，应当按照原审批程序报请批准并向社会公布。另外，教育、规划、国土行政部门还应当定期对中小学校布局专项规划的实施情况进行评估，及时对有缺陷或者不适应教育发展需要的规划进行修改完善。

三是明确了规划的实施问题。为保障规划落地，防止规划预留的教育用地被随意侵占、挪用，《条例》规定，中小学校幼儿园布局专项规划应当纳入城市控制性详细规划，作为强制性内容落实。对规划建设的中小学校幼儿园，规划行政部门还应当预留建设用地，并核定用地位置和界线。

四是明确了城区中小学校的建设标准。《条例》规定，太原市城区和县（市）人民政府所在地，应当分别按照每千人口70、60名小学生、中学生计算，配建相应规模的小学和中学，小学、中学的生均占地面积应当不低于20

平方米。对于城区幼儿园的建设标准，目前国家和省均没有具体规定，结合我市实际并参照外地立法经验，《条例》规定，城区每千人口按照40名学龄前儿童计算配建相应规模幼儿园，生均占地面积不低于11平方米。此外，对现有中小学校未达到国家和省、市设置标准的，市、县（市、区）人民政府在城市拆迁、旧区改建时，应当做好中小学校的扩建或增容工作。

五是明确了农村中小学校的设置标准。根据《国务院关于当前发展学前教育的若干意见》《山西省义务教育学校办学基本标准》等有关要求，《条例》规定，人口相对集中的行政村应当设置村小学或教学点；1.5万人口以上的乡（镇）应当至少设置一所初中，人口不足1.5万的乡（镇）由县（市、区）统筹设置初中；乡（镇）和大村应当独立办园，小村应当设分园或者联合办园，人口分散地区可以举办流动幼儿园、季节班等。

此外，《条例》还专设“建设管理”一章，对中小学校建设中涉及的有关建设计划、实施主体、建筑设计、周边环境、缴费减免和建设资金来源等问题做出了相应规定。

（三）关于居民住宅区配建学校问题

住宅小区配建中小学和幼儿园问题是学校规划建设中存在的一个突出问题，《条例》从配建主体、建设规模、供地方式、配建要求和验收移交等方面，对此进行了专门规制：

一是明确了配建主体。《条例》规定，对达到一定规模的居民住宅项目，由开发建设单位按照中小学校布局专项规划和相关建设标准，负责配套建设相应规模的小学、初中和幼儿园。对于零星开发建设、不具备配建中小学校条件的居民住宅项目，则由市、县（市、区）人民政府在附近的学校统筹安排增容用地或者增设校舍和场地。

二是明确了供地方式。参考外地立法经验，并结合我市实际，《条例》规定，居民住宅项目配建中小学校所需用地，符合《划拨用地目录》中非营利性教育设施用地有关规定，经有批准权的人民政府批准，以划拨方式供地；住宅建设项目配建营利性中小学校、幼儿园所需用地，以出让方式供地。以划拨方式供地的，由市、县（市、区）教育行政部门或者教育行政部门指定的教育机构，依法办理相关用地手续。以出让方式供地的，建设单位自愿将其建设的中小学校、幼儿园无偿移交政府举办的，建设单位应当与教育行政部门在办理住宅建设项目配建中小学校、幼儿园用地手续前签订协议，明确配建中小学校、幼儿园的性质、建设标准和建成后无偿移交教育行政部门等内容。变更出让中小学校、幼儿园用地的，由教育行政部门报请市人民政府批准后，由国土行政部门依法办理国有土地使用权变更手续。

三是明确了配建要求。首先，规定规划行政部门在出具建设项目规划条件时，应当明确配建中小学校的用地边界、占地面积和建筑面积等内容。其次，为保证配建学校符合教育教学需要和未成年学生使用特点，规定规划行政部门在核发建设工程规划许可证前，应当就中小学校的建设方案书面征求教育行政部门意见。第三，规定开发建设单位应当在居民住宅项目施工现场和房屋销售现场，公示配建中小学校的办学性质、规模和标准、开工和竣工期限等内容，以保障公众知情权、便于公众监督。

四是做出了“四同步”规定，以保证学校建设能与住宅小区建设同步进行。即：配建学校应当与居民住宅项目同步设计、同步施工、同步验收、同步交付使用。同时，考虑到有些大型住宅建设项目工程大、建设周期长，为保证先期入住的业主子女能按时就近入学，《条例》还规定，对分期建设的居民住宅项目，配建的中小学校应当与首期建设项目同步设计、同步施工、同步验收、同步交付使用。

五是规范了验收和移交问题。配建中小学校的居民住宅项目竣工验收时，验收组织单位应当通知教育行政部门等有关部门参加。对配建的中小学校不符合相关标准和规范要求的，开发建设单位应当及时整改。对配建的中小学校不符合规划条件、设计方案、相关标准和规范要求的，不予办理竣工验收备案手续。配建的中小学校验收合格的，开发建设单位应当在三个月内，将配建学校及相关建设资料移交给教育行政部门。

此外，为将中小学校规划建设落到实处，切实增强法规的刚性约束和实施效果，《条例》还规定了若干监督管理措施，并对有关行为人违反本条例所应承担的法律责任问题做出了具体规定。

2016年12月12日，太原市召开了学习贯彻实施《条例》动员大会，对各县（市、区）教育局和有关学校领导干部进行了专题培训。下一步，太原市将加紧制定与《条例》配套的实施细则和制度措施，将《条例》切实落到实处，为加强我市教育基础设施建设、努力办好人民满意的教育提供有力的法治支撑与保障。

相关链接3：

太原市杏花岭区义务教育办学模式改革实施方案

义务教育作为初始学校教育和国家提供的基本公共服务，是实现教育公平最重要的领域，而衡量义务教育公平性的主要标志，就是其能否实现均衡发展。《国家中长期教育改革和发展规划纲要（2010—2020年）》中提出“发挥优质学校的辐射带动作用，鼓励建立学校联盟，探索集团化办学，提倡对口帮扶，实施学区化管理，整体提升学校办学水平”的教育发展思路，为我们推进义务教育均衡发展指明了方向。

杏花岭区素有崇文重教的优秀文化传承，有深厚的历史人文底蕴，是太原市中心城区，也是教育强区，基础教育资源丰富，名校云集，山西省实验小学、五一路小学、新建路小学、后小河小学在全省乃至全国享有盛誉。辖区总面积170.2平方千米，常住人口65.03万人，是省城政治中心和商贸中心。全区现有中小学校56所，其中小学43所，初级中学13所。义务教育阶段教职工3 255人（小学2 338人，初中917人）。在校学生45 900人（小学40 920人，初中4 980人）。

一、改革目标

牢固树立和贯彻落实五大发展理念，把协调发展理念融入深化教育改革中，坚持教育优先发展，充分发挥优质教育资源的带动辐射作用，大力推行紧凑型大学区、集团化办学、学校发展共同体等多种办学模式改革，不断提升教育品质，合力配置教育资源，扩大优质资源覆盖面，让优质学校产生“链式效应”，整体提升区域义务教育办学水平和质量，最大限度地实现教育公平，让更多的孩子在家门口享受到优质的教育资源，有效缩小城乡、校际差距，基本实现城区学校“无择校”，乡村学校“无弱校”。

二、改革措施

（一）紧凑型大学区

名校+弱校

把优质学校作为学区长校，校长为学区长，成员校法人全部变更为学区长校法人，一个法人、多个校区。学区长对整个学区实行统一管理，打破了校际的封闭僵化模式，实现对管理方式、教学研究、人事调配、经费使用、设施配套、考核奖惩“六统一”管理，快速补齐成员校短板，改变弱校落后面貌。

（二）集团化办学

1. 名校+新校

新校作为名校的一个新校区，利用新建学校的优势，全面引进名校师资、文化、管理、科研等优势，推动新校“高起点、高质量”发展，确保政府、企业、教育行政部门投入的效益最优化。

2. 名校+乡校

城乡教育一体化。名校为集团总校，农村学校为集团分校，法人独立，人、财、物、事相对独立，名校输出更多的是理念、管理、师资、文化等，此模式彰显“带动”，发展特色。

3. 名校+名高校+名企

优势互补，多方共赢。名校具有丰富的实践经验，名高校具有坚实的理论基础，科研团队，名企具有雄厚的资金支持，三方合办，不断提高办学水平，开创教育新格局，适应尖端人才对基础教育的优质需求，吸纳更多尖端人才，实现教育的特色化。

4. 中学+小学九年一贯制

采取中学+小学九年一贯制纵向集团化办学方式，打破固有思维，大胆改革创新，实现教育最优化。

（三）学校发展共同体

按照区位就近原则，以优质学校为“龙头”，将规模不同的学校结成学校发展共同体，促进学校横向联系、优势互补，加快提升区域整体教育品质，突出各学校办学特色，激发教育活力。

三、进度安排

以推进区域内义务教育优质均衡发展为重点，以满足人民群众对优质教育的需求为核心，稳步推进区域义务教育办学模式改革。按照“分步走、全覆盖”的工作思路，2014年9月，由区政协主席施国立牵头成立教育发展调研组，对全区基础教育发展情况进行专题调研，并赴成都、重庆、北京等地进行考察，学习其成功经验，形成了全区基础教育发展现状和促进未来健康发展的具有可操作性的调研报告。2015至2016年，我区出台了《杏花岭区教育系统促进义务教育均衡发展推行“大学区管理制”改革实施方案》，在部分小学开展紧凑型大学区、集团化办学改革试点工作，全区100%中小学参与到学校发展共同体中。2017年高校或科研院所参与办学模式改革，总结经验成果，发现改革中的问题，进一步扩大优质教育资源，城乡义务教育学校差距进一步缩小，满足了人民群众对优质教育资源的需求。到2018年，义务教育办学模式改革覆盖区域所有学校，惠及所有义务教育阶段公办学校。

四、配套政策

1. 加大支持力度，完善组织机构。最大限度地争取各级教育行政部门的支持，对紧凑型大学区、集团化办学给予政策倾斜，成立大学区办学领导组，下设办公室，负责指导、协调、管理、评价等事宜。

2. 协调相关部门，组织人才流动。优先配齐集团化办学单位的干部和教师，对集团化办学中产生的干部任用、教师调动、教师聘用、编制变动、职称评定等相关队伍建设的问题，职能部门做出统筹规划，及时跟进，保证名校集团化办学的顺利实施。

3. 做好经费预算，保证资金投入。设立大学区专项资金，保证每学年对学校发展共同体20万的经费投入，紧凑型大学区、集团化办学则按需投入，做到合理使用，安排到位，保障发展。

4. 落实监管机制，确保持续发展。建立评价导向机制，调动学校积极性和创造性，研发学区考核指标体系，整体评价办学情况，重点考查优质资源增量与校际差距缩小情况以及每所学校学生进步、教师成长、学校持续发展的情况，将学生、家长与社会满意度作为检验学校办学模式改革成效的重要标尺。

五、保障条件

1. 健全各项规章制度。包括完善与创新学区、共同体、集团化办学运行的议事制度、岗位制度、例会制度、章程制度、资金分配制度、一体化评价制度等，充分调动广大教师参与办学的积极性和能动性；健全家长、社区参与办学的有效机制。共同体内的学校实施“捆绑式发展”，在学区长的统一部署下做到六个统一，统一管理策略，统一共享设施，统一教师调配，统一校本培训，统一课题研究，统一评估督导。

2. 发挥名校引领作用。名校是在社会、政府多方支持下，经过长期文化积淀而逐步形成的。让区域内各校共同享有优质教育资源，使名校资源办学效益最大化是办学体制改革的关键。开展学区内名校牵头的联合教研、联合培训，大力培养中青年教师，形成以学科大教研组为基础，以教学反思为主要形式，以解决教学实际问题为主要内容的研训机制。名校可以加大科研投入，特别是加强课程设置、教育教学方式等方面的研究，还可以与高等院校、科研院所联合研究教育的发展问题。

3.加强教育资源共享。学区、共同体、集团内自主调配教师，不断优化教师资源配置和学科结构，并向成员学校输出一定数量的管理干部和骨干教师，带动成员学校发展，其人事关系可接转也可保留在原学校，落实教师“局管校用”。学区、共同体、集团内场地、教学资源、优秀校本课程等均可以共享，加强校际艺术项目展示交流和科研课题交流，形成良好的互动互赢局面。

六、责任主体

义务教育办学模式改革由区政府主导，教育局出台相关政策文件，学校是改革的主体，负责具体实施，校长是第一责任人。

七、预期成果

实现区域教育资源均衡发展，且发展步伐逐步加快，城乡学校的办学环境、师资力量、生源差距逐渐缩小，每所学校的整体实力和社会知名度得以提升；在学区长校的带领下，各成员校办学能力有所增强，开放教育、开门办学，强弱互动、优势互补的办学模式全面推行；探索“大学区制”办学的共同规律，形成理论成果，并在一定范围内进行推广。

相关链接4：

立足为民惠民　发挥资源优势
凝聚杏花教育生长力量

——太原市杏花岭区义务教育办学模式改革的经验和做法

杏花岭区是太原市的主城区、老城区，也是教育强区，全区共有小学43所，中学13所，在校学生45 900人。在这些学校中，历史悠久、传承底蕴深厚、办学逾百年和近百年的中小学有10所。有全省唯一的省级实验小学——新道街小学；有闻名全国的百年名校——五一路小学；创建于1922年、有着丰厚历史积淀的平民中学；有被教育部命名的“跨世纪全国特色学校”的后小河小学；还有教育部影子校长培训基地实验校——新建路小学；杏花岭区一中、二中和平民中学是全省示范初中。这样一批优质名校、传统老校的集聚，使杏花岭区的教育得到社会广泛的认可。

虽然区域公共教育事业的基础较好，但随着经济社会的持续发展和城市建设的不断推进，人民群众对优质教育的期望和需求不断提高，教育事业发展不断面临新的问题和挑战。一方面呈现出“南重北轻、西密东松”的情况，当时全区15所千人以上规模小学有9所集中在北大街以南、建设路以西、南肖墙和羊市街以北的区域内，学生数量占到全区学生总数的二分之一。另一方面，学校和学校之间分化明显，名校和普校办学水平差异较大。优质小学资源分布不均衡带来多方面的社会影响。单从教育自身分析，区域内生源过度聚集，“择校热”日益升温，使得少数学校生源爆满，远远超过这些学校的实际承载能力。同时学校发展的不平衡，也诱发了教师队伍的不稳定，导致农村学校和生源较少学校教师的无序流动。2015年开始，太原市小学严格执行学生就近划片免试入学，杜绝择校，如何扩大优质教育资源覆盖范围，补充优质小学数量，增加优质小学学位数，让老百姓家门口就有好学校，是杏花岭人必须破解的难题。

这样的问题，一直以来也引起杏花岭区委、区政府和区教育部门的高度重视。连续两届区委都将教育事业作为全区发展的重要一环，旗帜鲜明地支持“教育优先发展”。去年区五次党代会上，更把“崇文重教”作为全区发展蓝图中的核心内容，把“教育强区”作为基础发展战略，全力支持和推动教育事业发展。在这样有利的背景和环境下，杏花岭的教育工作者们坚持立足区情实际，聚焦民生急需，努力改革创新，变中求进，变中突破，在基础教育办学模式改革上做了一些有益的探索。

一、多种模式并举，拓展优质教育资源

从2014年9月起，组织专项调研组对全区基础教育发展情况进行了深入调研，并赴北京、重庆、成都、西安等地实地走访考察，广泛汲取发达省市经验，博采众长，努力寻找适合杏花岭区教育事业的改革新路。最终研究出台了《杏花岭区教育系统促进义务教育均衡发展推行“大学区管理制”改革实施方案》，对全区基础教育办学模式改革的步骤、内容、重点、措施有了初步的明确，并稳步加以实施：

一是“紧凑型”大学区先行先试。2015年在新建路小学、后小河小学、新道街小学三所名校先行先试，原羊市街小学并入新建路小学，更名为“新建路小学羊市街校区”，设1~6年级；原西缉虎营小学并入后小河小学，更名为“后小河小学西缉虎营校区”，设一、二年级部；原国师街第二小学并入新道街小学，更名为“新道街小学国师街校区”，设一年级部。这三个校被称为“紧凑型”大学区，一个法人，多个校区，实施统一管理，总校委派管理人员担任

校区执行校长，学区内的人事编制、资金使用和资源调配等保持一致。

二是“学校发展共同体”优势互补。在顺利开展“紧凑型”大学区试点的基础上，根据“以强带弱、以大带小、以城带乡”的基本原则，以一所优质校+若干普校的模式，把全区小学划分为7个学校发展共同体，初中划分为3个学校发展共同体，同时出台了《关于在区属中小学成立“学校发展共同体”的实施意见》，本着“资源共享、优势互补、各具特色”的原则，学校法人不变，在共同体内，共享设施、教研、培训等各种资源，实现名校与普校携手共同提升的目的，校际管理、文化、师资等方面快速融合，杏花岭区深化办学模式改革实现全覆盖。

三是“集团化办学”深度推进。2016年，名校集团化办学作为第三种办学模式应运而生。这种办学模式是名校+新校，直接让名校介入新建小区的新建学校，一方面优质资源得到扩大，另一方面也使优质资源更优，实现名校“裂变式”“增殖式”发展，有效增加优质教育资源总量。2016年9月，新建路小学富力华庭校区、双明校区和五一路小学富力城校区正式投入使用，初步形成了新建路小学教育集团、五一路小学教育集团两个教育集团。

目前，在此基础上继续深入，化工路、中车、长江、杨家峪碧桂园、大东关、富力等一批小学将陆续建成投入使用，这些学校设计理念更新、功能更优、配置更前沿，我们将纳入以集团化办学的管理模式中。

二、构建机制体制，释放系统管理优势

办学体制改革是一项复杂的系统工程，其中涉及方方面面的问题，需要不断审慎思考、大胆实践、系统完善，在近两年的工作过程中，不断总结反思，逐步完善基础教育办学模式改革各方面的做法机制，主要采取以下具体举措：

一是搭建管理架构。区委、区政府专门研究制订工作方案，成立领导组，财政、人事等部门与教育局共同推进，教育局局长亲自挂帅，一名副局长专门

负责，成立办学体制改革办公室，全局各科室协同运转，10个学区长学校成为校级层面管理单位，全区所有学校联动；学区内实行法人负责制，学区长、副学区长、执行校长层级清晰，分工明确，各负其责。

二是强化融合工作。办学体制改革成败的内在关键是人与人的融合。在这个方面以尊重为核心，以公平为标准，科学处置人员编制、考核、分工等实际问题，集团内、共同体间教师队伍深度交流，教师从“学校人”逐步转变为“学区人”，为办学体制改革提供了人才活力保证。

三是学区工作制度化。完善学区运行的各项制度，保护了学区、校区参与改革的积极性和能动性，保证了“六个统一”的落实，实现了管理方式、教学研究、人事调配、经费使用、设施配套、考核奖惩的规范运行，保障了改革的顺利推进。

四是完善人才储备机制。如何全力推进集团化办学水平，在不断拓面的同时保证教育品质，是需要思考的一个核心问题。主要采取集团总校派出领导团队进入分校，传承名校文化；总校统一安排人事，招聘实习教师，一年跟岗后择优录用，被录用的教师与总校部分有经验的教师一同派往分校，被录用教师与正编教师享有同样的工资和五险一金。集团总校会定期对聘任教师进行考核，考核合格者被继续留用，不合格者则被解聘。

五是实施干部、教师培训。成功实施干部教师系统培训工程，“小学校长领导力提升工程”“中小学班主任综合素质提升工程”“学校中层干部管理能力提升工程”等项目的培训。41名小学校长、78名中小学教导教研主任和130名中小学班主任参加顶级培训，5 850余人次参加二级培训。并以此为契机开展了不同层次、不同类别、不同主题的研训项目，培训人数逾万人次，极大地激发了干部和教师的内生动力，办学体制改革得到内涵提升。

六是开展教师交流。为了促进教育均衡发展，在学校发展共同体内推行教师交流工作，交流为期一年，各校交流教师的比例不低于符合交流条件教师总数的10%。强调特级教师、学科带头人、骨干教师、教学能手、模范教师、优秀教师、优秀班主任和具有中级以上职称的教师要积极主动参与教师交流，原则上不低于交流总数的30%。2015年全区中小学符合交流条件教师1 587人，实际交流257人，交流比例16.19%。2016年全区中小学符合交流条件教师1 342人，实际交流175人，交流比例13%。2017年全区中小学符合交流条件教师993人，实际交流216人，交流比例21.75%。交流教师实行人走关系留的方式。教师交流和职称评审挂钩，教师晋升中小学高、中级教师职称必须有一年以上交流经历。

三、回应民生需求，突出教育改革实效

（一）实现校际互动共赢

集团内、学区间深度融合，形成共享、共建、共创的氛围，使优质教育资源实现价值最大化。各校寻找到最有效的发力点，形成高品质、可持续、符合学校实际的具体发展途径。

（二）提升教师专业水平

以建设和输出管理团队、名师团队、教师团队为核心，狠抓师资建设，着眼教师专业水平的提高，办学体制改革为教师专业成长提供了前所未有的机遇。进名校、拜名师，手把手、面对面，教师成长的天花板被打破，改革促进了教师的优化，激发了教师的职业热情，教师成就了改革的内在质量。

（三）促进学生健康成长

改革中名校的管理理念得到了推广，学校间的特色在学区中渗透，多元化的文化碰撞为每一个学生个体提供更多的选择，学生们不但可以享受本校的活动，更可参与学区中各个学校的优质活动，学生也从学校生成为学区生，真正实现教育改革让每个孩子受益。

（四）提高社会认可程度

改革实施以来，全区“择校热”现象得到了有效缓解，以新建路小学教育集团的羊市街分校为例，2014年全校学生数246人，一年级学生数48人，其中本学区学生数18人；2017年全校学生数475人，一年级学生数129人，其中本学区学生数99人。全校学生总数同期增长93%；一年级学生增长168.8%；一年级本学区学生增长450%，充分证明了办学体制改革得到了家长的认可。

2016年11月21日，《太原日报》头版头条以《让更多群众在家门口享受优质教学资源——杏花岭区推行“大学区制”管理模式促进义务教育均衡发展》为题报道了的杏花岭区“学区制”管理经验，2017年1月3日太原电视台《新闻对话》节目也对杏花岭区推行学区制管理改革进行了专题报道，学区制办学体制改革真正让普通百姓享受到教育改革的福利。2017年6月17日，《太原日报》以《让名校产生裂变效应》为题再次报道了杏花岭区基础教育办学模式改革的成功经验。2017年7月5日，山西省办学模式改革试点工作现场推进会在杏花岭区成功召开，山西省教育厅正厅级督学张卓玉对杏花岭区办学模式改革做出的探索给予高度评价，张卓玉说：“第一，杏花岭区积极稳妥、因地制宜，不拘于一种模式推进这项工作值得借鉴；第二，杏花岭区从学校建设到学校的文化建设已走向了品位化、精致化的发展方向；第三，杏花岭区局长、校长凭着责任与担当，凭着献身教育的热情，将学校办出品质，这种教育情怀是办学体制改革取得成功的关键。”

四、解决瓶颈问题，实现优质教育均衡

在“立德树人”精神指引下，在区委区政府“崇文重教”的发展战略目标要求下，杏花岭区围绕“均衡教育”主题，大胆探索，勇于实践，努力解决深层次矛盾，推动义务教育健康发展，在办学模式改革方面摸索出一些经验，取得了一定的效果，更带来一些思考，需要我们进一步探索。

（一）加大办学模式改革中的资金投入机制

随着集团化办学规模的扩大，充足的资金对硬件设备的配置和学校软实力的提升是大有裨益的。可以根据集团化办学的实际按需投入资金，保证学校始终处于高位发展，进而赢得社会的美誉度。

（二）形成一体化的集团办学机制

打破固有思维，大胆改革创新，实现市区教育一体化。采取太原市优质中学为集团总校，区属中学为集团分校，法人独立，人、财、物、事相对独立的方式推行集团化办学，总校输出理念、管理、师资、文化等，此模式彰显“带动”发展特色，实现全市优质教育均衡发展。

“十年树木、百年树人。”教育事业的发展，从来不是一朝一夕的事情，“办好人民满意的教育”，只有进行时，没有完成时。虽然杏花岭区的基础教育办学改革取得了初步的进展，但与群众的期望相比，仍然还有一定的差距。推动“崇文重教”，实现“教育强区”，还有很长的路要走。下一步，我们将坚持目标导向，问题导向，坚持改革思维、创新理念，不断推动杏花岭区教育迈上新的台阶！

2016年阳泉市基础教育年度报告

□阳泉市教育局

按照党中央、国务院关于推进县域内城乡义务教育均衡优质发展的总体要求，为全面贯彻落实党的教育方针，坚持社会主义办学方向，近年来，阳泉市以“办好家门口的每一所学校”为出发点和落脚点，以缩小城乡学校之间的发展差距，切实保障适龄儿童少年接受良好义务教育为目标，全力推进城乡义务教育均衡优质发展，取得明显成效。随着2015年年底阳泉市所辖平定县和城区正式通过“全国义务教育发展基本均衡县（区）”督导认定，市辖5个县（区）全部通过国家级认定，成为全省首批义务教育基本均衡发展整体达标市，在全省提前3年、在全国提前5年实现义务教育基本均衡发展整体达标。阳泉市也被山西省政府教育督导委员会授予“推进义务教育均衡发展先进市”的荣誉称号。在初步实现县域内城乡义务教育发展基本均衡目标的基础上，阳泉市继续坚持教育优先发展的战略地位，持续加大教育投入力度，全面深化教育领域综合改革，不断提高教育公共服务水平和教育治理能力，改善教育生态，以此来带动和促进教育健康可持续发展，进一步加快城乡教育一体化改革发展步伐，坚持问题导向，坚持项目推进，努力朝着县域内义务教育优质均衡的目标迈进。

一、抓学校建设突出“均衡”

城乡义务教育优质均衡发展的前提是城乡义务教育学校办学条件的逐步改善、办学差距的逐步缩小，阳泉市在学校建设上坚持以政府投入为主导，以均衡发展为目标，城乡一盘棋统筹推进。

一是强化政府职责，着力构建推进义务教育均衡发展的良性机制。市委、市政府始终坚持把教育摆在优先发展的战略地位，按照《国务院关于深入推进义务教育均衡发展的意见》要求，阳泉市不断强化党委政府推进义务教育发展的主体责任，建立了党委、政府领导总负责、分管领导分工负责、有关部门齐抓共管的良性机制，研究制定了全市义务教育均衡发展的总体规划，成立了由市政府分管领导任组长的推进义务教育均衡发展工作领导组，成员单位涵盖教育、发改、财政、人社等各相关部门，并进一步明确了各部门、各单位以及各县（区）推进义务教育均衡发展的职责任务和时间表、路线图，层层传导压力、层层压实责任，形成了自上而下齐抓共管、各方力量共同参与的良好态势，有力地推动了阳泉市义务教育均衡发展目标任务顺利落实。

二是不断加大投入，全力夯实推进义务教育均衡发展的物质基础。财政投入是均衡发展的基础。阳泉市始终将教育作为政府投入的优先方向，而义务教育又是教育中的优先方向，确立了“预算优先安排、资金优先划拨、项目优先立项、财力优先调剂、不足优先补充”的“五优先”机制。近五年来，全市教育经费投入109.35亿，占财政总投入的25.23%，其中义务教育投入达到64.26亿，占教育总投入的58.77%，而且义务教育投入的年均增长幅度达到4.48%，高于全市教育投入的增长幅度0.08%。有充足的经费作支撑，全市实施了中小学校舍安全工程、义务教育标准化学校建设工程、教育信息化工程、两轮薄弱学校改造工程、初中学校建设工程、寄宿制学校食堂供暖厕所改造工程等一系列基础建设工程，建设内容包括新改扩建校舍、教学设施配备、教师周转宿舍建设、采暖工程配套、场地硬化绿化等，全市所有中小学校都得到不同程度的改造和修缮。以“全面改薄”工程为例，“全面改薄”工程项目优先向农村和贫困地区倾斜，其中平定县11 451万元、盂县12 405万元，共购置生活设施5 751台（件、套）、图书324 391册、课桌凳25 282套、计算机、教学仪器设备等143 877台（件、套），新改扩建校舍建筑面积34 248平方米、室外运动场246 578平方米，对247所农村学校、36个教学点进行改造，惠及全体农村学生，极大地改善了农村地区薄弱学校的办学条件，为百姓创建了既安全优美又生态健康的校园环境，为农村贫困地区学生摆脱贫困奠定了坚实的基础。

三是均衡资源配置，努力缩小县（区）域内义务教育均衡发展校际差距。各县（区）域内历史形成的校与校之间发展差距是制约县（区）域内义务教育均衡发展的关键因素，为此，阳泉市紧紧抓住创建“全国义务教育发展基本均衡县（区）”的有利契机，明确提出财政投入、资源配置向农村和薄弱学校倾斜的工作思路，避免重复投资、豪华型建设，将有限的财力用在急需的地方。市、县两级财政在创建“全国义务教育发展基本均衡县（区）”的过程中，用于学校设备购置的投入7 722万元，用于办学条件改善的投入410.7万元，用于技术装备改造的投入2 698万元，其中约70%的资金和设备都投给了农村和相对薄弱的学校，使教育资源配置得到了进一步优化，差距进一步缩小，国家和省政府督导委员会反馈我市的数据显示，截至2016年年底，阳泉市各县（区）义务教育阶段中小学的平均差异系数为小学0.513，初中0.425，远低于全省乃至全国达标县（市、区）的平均水平。

二、抓师资提升敢于“创新”

城乡学校师资素质的高度决定了城乡教育发展的高度，近年来，阳泉市不断加大师资素质提升力度，敢于创新、勇于突破。

一是通过不断创新教师补充机制，吸引更多的优秀人才从事教育工作，2015—2016年，阳泉市拿出专门的教师编制计划，组织市教育、人社、编制等部门，共同组成招聘团队，深入到浙江大学、华东师大、东北师大、西南大学等全国知名高校和教育部直属重点师范院校，通过校园直接招聘的方式，招聘76名优秀应届毕业生（包括33名硕士研究生）补充到教师队伍，使新入编教师的整体素质得到明显提升。

二是通过持续改善教师福利待遇，确保广大在职教师稳定从教、乐于从教。教师工资全额纳入财政预算，实行打卡直发。依法保障教师平均工资水平不低于本地区公务员的平均工资水平，并逐步提高，保障教师工资按时足额发放，住房公积金、第十三个月奖励工资、绩效工资等全部做到按规定发放。2012年时全市教师年平均工资4.74万元，2016年增长到6.89万元，年均递增7.74%。同时，教师的医疗保险100%全覆盖，工伤保险、失业保险、住房公积金等社会保障全部落实，相关福利进一步规范完善。

三是强化对偏远地区农村教师的倾斜力度，鼓励中青年教师到农村任教。对偏远地区教师给予每人每月100～150元特殊岗位补助，逐步建立和形成“越往基层、越是艰苦，地位待遇越高”的激励机制，使乡村教师职业吸引力显著增强。2014年，郊区政府出台了《边远山区教师岗位津贴发放办法》，根据边远山区的远近不同程度，为偏远地区教师发津贴每人每月100～150元。2017年，平定县将偏远地区教师人均每月100元津贴列入县财政预算。从2013年起，阳泉市每年派出一批援疆教师，按照《关于做好选派干部对口支援新疆工作的通知》有关精神，每月增发生活补助3000元。

四是通过大规模的培训和交流，盘活现有教师资源配置。截至目前，阳泉市城乡学校校长交流比例达到20%，教师交流比例达到12%，高于全省平均水平。在坚持实施中小学教师全员培训的基础上，每年组织近千名教师参加国家级和省级培训，赴省内外培训的教师每年1 600余人次，每年参加“送教下乡”的学科带头人和骨干教师近150人次，参训教师1 800多人，特别是平定县和盂县，分别组织了“千名教师走进北师大”专项培训计划和选派百名教育管理人员逐年赴苏、浙、沪地区学习等活动，为提高农村教师专业化水平发挥了突出的作用。

通过我们的不懈努力，阳泉市教师队伍整体素质得到进一步优化，全市小学、初中、普通高中学校专任教师学历合格率分别达到99.95%、99.15%、97.19%，小学教师具有大专以上学历、初中教师具有本科以上学历和高中教师具有研究生学历的比例分别为56.24%、43.12%和2.61%。

三、抓优质资源实现“共享”

阳泉市地处山区，地域的差距导致农村偏远贫困地区的学生很难与城市的学生共享优质教育资源。为此，阳泉市通过办学模式改革和加强教育信息化建设，创新资源共享模式，让偏远农村地区和薄弱学校的学生与城市的孩子共享优质教育资源。

一是坚持用精准帮扶的模式扶持薄弱学校，发挥好优质学校的辐射带动作用。阳泉市充分发挥优质教育资源的辐射带动作用，对农村和薄弱学校实施精准帮扶，大力推进联盟化办学、城乡学校发展共同体、“一帮一、捆绑式发展”、互助协作等多种办学模式改革，努力缩小差距。全市共有75所优质学校与334所薄弱学校（教学点）建立了结对帮扶、学校联盟、学校共同体，占到全市义务教育阶段学校总数的95%以上。结成联盟校、共同体和帮扶对子的学校（教学点）之间，通过采取观摩教学、联合教研、师生座谈等交流互动方式，使优质校与薄弱校之间实现了教学信息互通、教学进展同步、教学资源共享。同时，各县（区）教育部门通过对优质校与薄弱校进行捆绑式评价，促进了优质学校帮扶的积极性，提高了薄弱学校学习的主动性，促进了区域内中小学教育教学质量的整体提升。

二是借力信息化手段推动优质资源共享，充分发挥教育云平台的优势。一方面加强信息化基础设施建设，率先在全省实现“三通”目标。阳泉市400余所中小学校（含教学点）和教育机构全部接入了教育城域网专网，接入率达到100%，实现“校校通”；全市4 226个教学班中4 142个教室实现了多媒体教学设备及优质教学资源“班班通”，覆盖率达到98%；全市教师用计算机11 733台，师机比接近1∶1，学生用计算机16 251台，生机比10∶1，特别是教育云计算中心公共服务平台和手机客户端的建成并投入使用，实现了“人人通”的目标，使阳泉市的教育信息化“三通”建设走在全省前列。另一方面，努力发挥好教育云计算中心服务平台的优势，作为“智慧阳泉”工程的阳泉市教育云计算中心2015年10月已全部交付使用。该平台为全市教育行政、教研教学、学生自主学习提供标准统一、高速高效、简捷可靠的信息化服务，包括“一个平台三类资源七个应用”，以应用为导向，以学生自主、探究、合作学习为主导，实现本地特色优质教育资源全覆盖和可持续应用。依托教育云计算中心这一平台，阳泉市的中小学生，不论身处偏远农村，还是闹市城镇，都可以共享优质教育资源，为义务教育均衡发展奠定了扎实的基础。

四、抓教育管理追求“精细”

加强教育管理是义务教育发展的关键，阳泉市坚持把提升管理水平作为主攻方向，以精细化管理为抓手，精准施策，有序推进。

第一，坚持用素质教育的理念改革教育教学模式。课堂教学改革取得实效，全市中小学中普遍建立了导学式高效课堂格局，变“以教为主”为“以学为主”，从“知识传授”走向“问题解决”，真正改善了教育教学模式，提升了教育质量。全市有3所学校和39名课堂教学改革的优秀教师被市劳动竞赛委员会记功表彰；阳泉十一中的师生代表山西省在“全国公民教育经验交流会”上做课题展示，阳泉市还作为全省唯一的实验市承担了“全省中小学生社团活动实验”并取得积极成果，将在全省予以推广。

第二，坚持把精细化管理贯穿于教育教学全过程。2016年，阳泉市将“加强教育精细化管理”作为推动学校法制化和规范化建设，促进优质均衡发展的新举措。一是学校管理标准精细化，完善义务教育学校治理体系，促进管理公平；二是教育教学工作精细化，明确各个环节的具体责任，促进教学相长；三是教育信息融合精细化，推进优质教育资源与课堂教学的深度融合，依托信息化促进城乡学校办学水平均衡提升。

第三，坚持把校园文化建设作为促进教育内涵发展的主要抓手。办教育其实质就是办文化。阳泉市从2013年启动校园文化建设工程以来，按照“坚持立德树人，弘扬社会主义核心价值观，引领校园文化繁荣发展”的实施理念，一年一个文化主题，一校一个文化品牌，一县一个文化特色，在均衡基础上追求内涵发展，各中小学致力于打造书香校园、洁净校园、和谐校园、平安校园，物质文化、行为文化、精神文化、制度文化、社团文化、艺体文化、班队文化、廉政文化等“八大文化”建设硕果鲜明，各具特色。如阳泉十一中把“现代化学园+人文化校园+生态化花园+和谐化家园”作为学校建设的目标，为实现品牌特色办学目标打好基础；平定县立壁学校的书法特色、矿区赛鱼小学的科技教育特色、开发区实验小学学生社团活动，都是我市校园文化建设的典型代表。2015年，阳泉市校园文化建设工程被评为“全市十大文化亮点”之一，《山西省中小学校容校貌建设意见》就是以阳泉的校园文化建设标准为蓝本制定出台的，阳泉市校园文化建设工作受到了省教育厅领导的高度评价。

第四，坚持把规范办学行为作为依法治教的前提和关键。坚持依法治教不打折扣，致力规范办学着眼长远，这是促进义务教育均衡发展的关键和前提，阳泉市不折不扣地认真贯彻落实国家、省有关规范办学的政策规定，形成了许多典型的经验和做法：打造市、县、校三级联动的有效机制，先后由市政府和市教育局制定出台了《关于规范办学行为，促进教育均衡、公平的通知》《关于严格禁止中小学在职教师从事有偿家教的规定》等一系列政策措施。坚持惩防并举，始终保持治理教育乱收费的高压态势，义务教育阶段学校实行了均衡编班、均衡配备教师，以县（区）统一了学生作息时间，取消了节假日补课和中考排队，治理教师有偿补课行为，从管理和制度上保证办学行为的规范。

第五，坚持把校园安全能力建设作为义务教育均衡发展的底线要求。学校工作，安全为天，阳泉市始终把安全工作作为教育发展的底线、红线，加强校园安全能力建设，平定县采取规范接送学生车辆管理的模式被张复明副省长亲笔批示在全省推广，山西日报头版头条进行了专题报道；阳泉市在全省首家建立校园警务室，公开招聘协勤校警436人，实现了“一校一室，一校一警”，全市校园监控覆盖率已达到98%；每年投入十余万元安全宣传费用，借助报纸、电视、掌上阳泉APP、邮政广告等各种媒体，开展一系列安全教育宣传活动。2015年11月，阳泉市安全教育信息平台正式开通，广泛应用，学校安全教育走上科学化、常态化和信息化轨道。

五、抓弱势保障必须“务实”

当前随着全面小康社会建设进入关键时期，扶贫工作成为重中之重，教育扶贫更成为阻断贫困代继传递的重要手段，阳泉市始终高度关注贫困家庭子女、外来务工人员子女、留守儿童、残疾儿童少年等弱势群体的入学保障问题，坚持务实推进，落到实处。

一是完善了覆盖义务教育在内的各个教育阶段的教育资助体系。城乡义务教育学生全部免收学杂费，城乡义务教育学校的办学经费全部由政府买单，而且标准全部提高到小学695元/生·年、初中895元/生·年；在国家为农村义务教育学生免除教科书费的基础上，市财政每年还投入900余万元为城市义务教育学生免除教科书费，投入160余万元为全市所有义务教育学生免除作业本费，使阳泉的学生实现了真正意义上的九年义务教育全免费；针对农村困难家庭子女在义务教育阶段寄宿制学校就读的实际困难，阳泉市还给予小学生每年1 000元、初中生每年1 250元的生活补助，仅此一项，2016年受益学生共计2 130人，占到农村义务教育寄宿生总数的24%，资金投入330余万元。在资助义务教育学生的同时，阳泉市还对学前教育、高中阶段教育和高等院校学生进行了资助，无论是资金总量，还是资助比例均有大幅度的提升，覆盖了所有教育阶段和各类学生。资金筹措坚持政府投入为主，充分发挥政府投入的主渠道作用，让学生真正感受到党和政府惠民爱心的温暖。

二是解决好残疾儿童、留守儿童、进城务工随迁子女等困难群体的上学问题。目前，阳泉市共接受外来务工人员子女13 000余名，占到全市义务教育学生总数的近10%，全部安置在公办学校就读，全部与本地生享受同等待遇，免除学杂费、教科书费、作业本费，家庭困难的寄宿学生还享受与本地生同样标准的生活补助。早在2009年，阳泉市就允许外来务工人员随迁子女在阳泉参加中考，是全省最早给予外来务工人员子女享受本地生待遇的地市。关于残疾儿童的就学问题，阳泉市已初步形成以特殊教育学校为骨干，以普通学校特教班和残疾儿童少年随班就读为主体的特教格局，完全能够满足特殊教育学生的就学需求，并且为在阳泉市特殊教育学校就读的学生给予“四免一补”的优惠政策，伙食补助标准达到每生每天15元。随着阳泉市特殊教育学校开办学前康复班和高中教育班，阳泉市的残疾学生可以享受从学前到高中15年一贯制的免费教育，在全省范围内，阳泉市是第一家实现残疾儿童15年全免费教育的市。

三是实施好义务教育寄宿学生营养餐改善计划。从2013年起，在市政府的督促指导下，各县（区）结合本地实际制订了义务教育学生营养餐改善工作方案，形成“市级监督、县级管理、学校实施”的良好运行机制；严格执行食品安全、卫生管理及政府集中采购等相关制度，建立学生实名制信息管理系统，专款专用，公开透明，运行情况良好。以郊区、平定县和盂县为例，从2013年至2015年郊区财政投入共57.56万元，补助标准从每生每天0.54元增长到3元以上；平定县财政共投入265.02万元，补助标准从每生每天0.45元增长到1.25元以上；盂县财政投入255.22万元，补助标准达到每生每天3.8元，全市义务教育营养餐改善计划受益学生共计6 697人。

让教育发展，给学生公平，是我们不变的初心。今后，阳泉市将在推进县域内义务教育优质均衡发展的道路上不断探索、砥砺前行，适应义务教育改革发展新形势，回应广大人民群众新关切，推进落实好各项政策措施，为全面建成小康社会奠定坚实的基础。

（供稿人：刘晋华）

2016年长治市基础教育年度报告

□长治市教育局

2016年，长治市教育局领导班子紧紧围绕市委、市政府“六大任务、六条措施”的要求，始终坚持民主集中制原则，以办人民满意的教育为宗旨，研究决策处理教育重大事项和事件，廉洁奉公，勤政为民，开拓创新，扎实工作，圆满完成或超额完成了年初确定的省、市下达的基础教育各项工作指标。主要情况如下：

一、大力发展学前教育

继续实施第二期学前教育三年行动计划，不断扩大城乡公办园和普惠性民办幼儿园覆盖面。长子县对所有民办幼儿园分三个层次予以资金补贴，普惠性幼儿园建设有效推进。我局与市发改委、财政局联合下文确定了新的公办幼儿园收费新标准，并对民办幼儿园收费做出备案规定，幼儿园收费工作进一步规范。今年省政府下达给我市的新（改、扩）建23所农村幼儿园建设任务，全部完工。

二、扎实推进义务教育均衡发展

1．“改薄”进展顺利。2016年，我市“全面改薄”项目县为壶关县。教育局主要领导积极协调，为壶关县争取了市级财政资金574万元用于改薄。配合省教育厅4次到壶关县进行督查，有效推动了全面改薄工作的实施。目前，壶关、襄垣和沁源按规划已基本完成改薄项目。

2. 全面推进办学模式改革。城区进一步完善了片区制管理，将全区义务教育学校划定为8个片区，在片区内实施“十统一”和“六个统筹”；郊区组建了实验中学教育集团和潞泽中学教育集团两个教育集团；襄垣县推行盟区化办学，将全县中小学结合成片，划定为五个联盟区；沁源县组建了7个“教育发展联盟”，累计开展各项联盟活动4 560余次；潞城市确立了紧密式集团化办学、对口帮扶、学区制管理和送教下乡4种模式，确定了10所联盟办学改革试点；壶关县试行学区制管理，组建5个九年一贯制学校，实现对口直升。其他县也积极试点，办学模式改革全面推进。

3. 郊区、壶关通过义务教育基本均衡县评估验收。国家督导评估组于2016年11月22日~24日对壶关、郊区两县区进行了评估，25日在省教育厅召开的国家督导评估组反馈会上通过并认可壶关、郊区达到义务教育基本均衡县标准。

4. 已通过国家评估县区国家监测指标控制在标准范围内。年内督查结果显示，通过国家义务教育均衡发展县评估认定的城区、沁源和襄垣三个县区均严格按照国家监测指标要求控制在标准范围内。

三、大力提升普通高中发展水平

组织对全市的省、市级示范高中进行办学条件标准化验收。各级学校结合高考改革新要求积极开展课堂教学改革。目前，我市中小学的课堂教学改革已从以学习借鉴名校改革经验为主，转化为以自我完善教学模式和《借智》发展相结合，基本结束“临摹”学习和“建模”试验阶段，进入了“普及”“提升”阶段，课改工作形成良性发展态势。高考成绩稳步提升，录取率达79.51%，其中，17名学生被北大、清华录取。“985”“211”院校录取人数大幅增加。

四、认真落实特殊教育提升计划

继续实施《长治市特殊教育提升计划（2014—2016年）》，并出台《长治市推进特殊教育工作方案》《关于开展义务教育阶段适龄重度残疾儿童少年送教服务工作的实施方案》等文件，扎实推进特殊教育各项工作开展，形成了以特殊教育学校为龙头，以随班就读为主体，以送教上门为辅助的特殊教育办学格局，有效保障了特殊少年接受教育的权利。根据统计，我市“三类”适龄残疾儿童少年义务教育入学率由去年的87.5%提高到93%，超过既定目标3个百分点，完成率达103%。

五、促进教育公平方面落实情况

1. 优质高中指标合理分配到区域内初中学校。我市一中、二中、太行中学、五中、六中等优质高中指标已按初中学校的办学轨制、规模合理分配到市直和郊区初中学校，分配指标比例达70%。各县一中也将优质高中指标合理分配到县域内初中学校。

2. 区域内义务教育阶段学校校长、教师交流在10%以上。2015学年（2015年9月至2016年7月），全市共安排65名校长和1 300名教师进行了交流置换，交流面覆盖到13个县（市、区），校长和教师的交流比例分别达到了14%和11%，均超过了省级下达10%的任务。

3. 认真做好学生资助和农村特岗教师招聘等工作。2016年，我市学前教育和普高免学杂费、提供助学金，中职、高职提供国家助学金，共计投入7 987.88

万元，受助学生66 831人。为壶关、沁源、平顺和沁县等贫困县区公开招聘特岗教师205名，这些教师已于2016年秋季开学前到岗到位。

六、深化教育领域改革

1. 科学制定教育发展规划。我局多次召开专题会议，研究编制完成《长治教育“十三五”发展规划》，协调相关部门推进《城镇中小学建设专项规划（2016—2020年）》编制工作。各县（市、区）结合实际情况，制定了教育专项规划。潞城市、沁源县、沁县、平顺县专项规划已编制完成，主城区和其他县区的编制工作也正在进行之中。

2. 稳步推进招生考试制度改革。2016年，中考全面实现报名、评卷、填报志愿、录取网上操作；中考体育考试增加坐位体前屈为选测项目；首次将理化实验操作和信息技术考试纳入中考科目，并将分数统一计入中考成绩。

（供稿人：王伟）

2016年晋城市基础教育年度报告

□晋城市教育局

2016年，全市教育系统在市委、市政府的正确领导下，深入贯彻落实十八届三中、四中、五中、六中全会精神，坚持立德树人根本任务，不断深化教育领域综合改革，促进义务教育均衡发展，推动校长教师队伍常态化交流，各级各类教育得到进一步协调发展，教育公平进一步实现，教育质量进一步提升，为全市教育事业"十三五"发展奠定了良好的基础。

教育教学改革的顺利推进，有力地促进了教育教学质量的提升，实现了"十三五"教育改革发展事业的"开门红"；2016年全市普通高考二本B类以上达线人数继续攀升，清华北大名校录取人数达25人。

2016年，我市教育发展的亮点：

一是试点推进高平市学前教育试点改革。《高平市关于进一步加快全市学前教育发展的实施办法》已正式颁布实施。其重点内容为按照"保重点、强骨干"原则，采取建立市域内中小学、幼儿园编制长期动态调整和互补余缺机制，统筹其他事业单位空余编制等办法，通过采取面向社会公开招聘，在

“十三五”期间分三步完成公办幼儿教师编制调整及招聘任务，力争使全市公办幼儿教师编制总数达到508名。

二是积极宣传乡村教师从教事迹。在第32个教师节来临之际，为真实记录我市农村教育事业新兴发展态势，展示基层教育工作者无私奉献、默默耕耘的风采，与电视台合作，开辟了“扎根山区、献身教育”专栏，精选了10余名偏远山区中小学教师的先进事迹，老教师30多年坚守山村讲台，年轻教师扎根乡村都在19年以上，为了爱与责任，为乡村孩子撑起来一片蓝天。这些优秀的乡村教师为了孩子，把青春完全奉献给了那些需要他们的孩子，成为我市教师的楷模。此栏目一经推出，在社会上引起了强烈的反响，在进一步弘扬尊师重教传统的同时，鼓励了一批教师积极下乡支教，为我市的乡村教育做贡献。

三是晋城市综合实践基地项目工程已完成三分之二的任务。自2015年12月开工以来，项目累计完成投资约3800万元，主体工程已经完成。项目主体建筑（宿舍用房、餐厅、教工宿舍楼、综合办公楼）等基本建设工程已经基本完工。

项目主要分为室内综合活动区、室外劳动实践区、室外综合训练区、生活区四个区域。室内初步计划布置6个主题馆（防震减灾、生命安全、乡土文化、环境保护、科学探究、创客空间）和15个实践活动室（物联网制作、创意影视、木工制作、陶艺制作、益智游戏、模拟驾驶、智能控制、标本制作、模拟射击、纳米探究、纸艺布艺等），室外有现代农业、户外拓展等项目。基地建成后，不仅可以给全市中小学生提供更加丰富、便捷的实践教育机会，满足我市初中和小学一个年级开展综合实践课程的需要，还能有效拓展学生的动手操作能力、实践能力和创新思维能力，对提升全市中小学生的素质教育、全面发展和健康成长都有着十分重要的意义。

（供稿人：马何义）

2016年朔州市基础教育年度报告

□朔州市教育局

教育是国计，也是民生。

党的十八大以来，纵观朔州市教育改革的发展历程，情系民生、力促教育公平等词汇频繁出现，见证了全市各级党委、政府以及社会各界以民生为重，在激情奋进中走出的一串串铿锵有力的足迹。

5月17日，笔者在朔城区张蔡庄乡中心小学采访时看到，多媒体教学让课堂变得生动有趣，音乐室、舞蹈室、美术室等现代教学设施一应俱全，孩子们在环境优美的校园里快乐地学习、玩耍。

这是我市义务教育发展的一个缩影。

教育公平，民心所向。近年来，市委、市政府坚持把教育摆在优先发展的战略地位，坚持“政府主导、以县为主、统筹城乡、区域推进、分类指导、分步实施、强化督导、务求实效”的原则，通过加大教育投入、加快学校建设、加强资源配置等措施，校际差距逐步缩小，优质教育资源日益扩大，一个个薄弱学校被救活了，一个个新学校建起来了，农村孩子也享受到了优质教育资源。

一、加大教育投入，着力改善办学条件

沿着晋西北典型的乡间小路颠簸前行，道路两侧农家平房错落。这条路，通向朔城区张蔡庄乡中心小学。学校距市城区20千米，坐落在山野深处。校园内，没有破败、不见枯色，琅琅书声里，整洁的校园、粉刷一新的教学楼、多彩的校园文化墙……彰显着生机与活力，孕育着朝气与希望。

这是一处“希望之地”。几年前这里曾是朔城区最差的农村小学，自学校维修改造后，一跃成为当地条件最好的农村小学。“这些都是‘全面改薄’带来的巨变，朔城区张蔡庄乡中心小学只是其中的一个缩影。”朔城区教育科技局局长闫泽亮介绍。

兵马未动，粮草先行。在千方百计改善办学条件的过程中，市县各级教育行政部门想方设法筹措资金，保证项目的实施。我市市直6所初中、9所小学大部分建于二十世纪八九十年代，校舍相对陈旧。为解决这一问题，市教育局召开专门会议进行研究，局班子成员带队深入市直学校进行逐一摸底，按照能由学校挤出经费解决的问题由学校自行解决；能利用社会力量和驻地单位帮助解决的问题，由市教育局出面协调驻地单位如国有大型企业帮助学校解决；一些需要解决但眼下可暂不解决的问题，暂缓解决；一些必须解决且通过自己努力无法解决的问题，再逐项核实费用设法统筹解决的原则，有效改善市直学校的基础设施。市教育局和市直学校自筹资金1 200余万元为市二小、市四小、市七小、市八小粉刷了教学楼，为市二小、市八小等5所学校校园进行了硬化、美化、亮化、绿化，对市直9所小学和4所初中校园文化进行了建设。市第四中学通过协调中煤平朔公司帮助解决了236套教师教学用计算机、218套衣柜和部分办公桌椅，市五小、市六小、市七小、市八小通过协调中煤平朔公司和神头电厂帮助解决了240台计算机和部分教师更衣柜、办公桌椅及小型维修。

此外，六县区、开发区也积极对基础设施进行了维修，全市各级各类学校校容校貌焕然一新，基本达到了区域内最漂亮建筑的学校目标。

近年来，我市不断完善义务教育经费保障机制，在教育经费全额足额保障的基础上，积极探索向农村薄弱学校倾斜的经费保障机制。各级政府不断加大对义务教育经费的投入力度，生均公用经费（农村小学每生每年530元、初中730元，城市小学400元、初中600元）得到全面落实；农村和城市义务教育阶段教科书全部免费；农村义务教育家庭经济困难寄宿生生活费补助标准逐年提高（小学每生每年1 000元、初中每生每年1 250元），学校办学经费得到进一步保障。朔州市教育局局长刘贵龙说："近几年，我市通过全面实施农村中小学危房改造工程、寄宿制学校建设工程、农村中小学现代远程教育工程，重点推进中小学校舍安全工程、农村中小学图书仪器体育器材充实工程以及城镇义务教育学校扩容改造工程等，为大力推进我市义务教育均衡发展奠定了坚实的物质基础。"

二、加强队伍建设，提高均衡发展水平

教育资源要均衡，教师是关键，而"名师"是育"名生"和创"名校"的重要条件。近几年来，全市有180多所城市学校与乡村学校结成了帮扶对子，有720名教师到薄弱学校进行了支教。尤其是近几年来，我市参与援疆支教的教师有10余名，市城区义务教育学校交流教师有130多名。目前，我市教师交流逐渐成为一种趋势，并且由"被动交流"转变为"主动交流"。

多年来，教师结构性矛盾突出，教师配置不均衡，教师学科配置不合理，教师补充机制也没有正常建立起来。造成优秀教师流失较多，教师进出渠道不畅；农村中小学教师队伍年龄老化现象严重，山区教师待遇差且不稳定，存在隐患；教师交流、调配与职称评定等管理职能没有得到很好的落实等问题。针对这些问题，根据省教育厅、财政厅、人社厅、编办《关于实行中小学教师"县管校聘"管理改革全面推行县（区）域内义务教育阶段学校校长教师交流轮岗工作的意见》（晋教师〔2015〕21号）文件精神，研究起草了《关于在全市公办学校优化教育资源实行"县（局）管校聘"管理体制改革的实施意

见》。这个意见的核心内容是：在编办对教师编制进行总量控制下，由教育部门有计划地对校长、教师进行交流、调配，并报组织人事部门备案，学校经费投入在财政部门做出总的预算安排后，由教育部门根据各学校实际，做出各学校具体计划，再由财政部门下拨，同时，对教师职称评定、绩效工资发放也有针对性地提出了一些改进办法。

在促进教师资源均衡发展方面，我市既想办法让教师交流起来，又狠抓教师队伍培训，促进教师的专业化成长。通过实施“农村教师素质提高工程”“名师名校长培育工程”“国培省培市培计划”“骨干教师培训计划”等，进一步提高了教师队伍的整体素质。

我市坚持课程改革，规范办学行为，开齐开足国家规定的课程，减轻学生负担，保证学生每天有1小时的校园阳光体育活动，重视学生的心理健康教育，丰富学生课外生活，培养学生的爱国主义情怀和社会实践能力。近年来，我市相继涌现出了如市实验小学的校园文化建设、市第四小学的活力篮球操、市第五小学的大课间韵律操、市第六小学的书香校园、市第八小学的星卡评价、市第一中学的学生自主管理和养成教育模式、开发区一中的乡村少年宫等一批特色学校。

三、坚持问题导向，突出抓好两个“整顿”

针对教育系统工作中存在的实际问题，从2015年开始，我市教育局突出抓了两个“整顿”：一个是对全系统教师队伍和教育局机关干部队伍的整顿，一个是对民办幼儿园和民办非学历教育培训机构的整顿。

对教师队伍和机关干部队伍的整顿，市教育局适时出台了《教育系统纪律作风集中整顿意见》（朔教发〔2016〕56号），同时配套出台了四方面的制度规范，即四个“十条”：《中小学校规范办学行为“十条”规定》，主要从学校层面做出规范；《中小学教师从教行为“十不准”》，主要从教师层面进行了规范；《中小学教学常规管理“十条”规范》，主要是从教学常规管理做出具体规定；《局机关内部管理“十项”制度》，主要是对局机关工作人员的行为进行了规范。

这四个“十条”主要是按照市委、市政府的要求，解决校风、师德师风和工作作风问题。在整顿过程中，清退了多年来借调到局机关的30多名工作人员，并狠刹乱补课、乱办班、滥订资料的歪风。市直学校的所有教师还全部签了承诺书。通过整顿，机关干部队伍和教师队伍的精神状态和工作作风有了明显的好转。

这几年，随着城市化进程的加快，民办幼儿园和民办非学历教育培训机构遍地开花，多数未经审批，基本处于一种失控和半失控状态。这种状况不仅存在极大的安全隐患，而且严重地干扰了正常的教学秩序，也为乱补课、乱办班在客观上提供了条件。对此，市教育局从2016年5月份开始，对全市民办幼儿园和民办非学历教育培训机构集中进行清理整顿，出台了《关于开展全市民办幼儿园和民办非学历教育培训机构集中清理整顿工作的意见》，并专门制订了市区范围专项整治工作方案，严格按照规范一批、整改一批、取缔一批的原则，积极协调公安、工商、食药、卫计等相关部门和朔城区、开发区抽调力量，全面进行整改，并及时将整改结果在朔州教育网向社会进行了公布。

四、关爱弱势群体，体现教育公平原则

近几年来，我市认真贯彻落实国家、省有关进城务工人员随迁子女入学政策和规定，按照“以流入地政府为主、以公办学校为主”的要求，简化手续，完善服务，做到了“应入尽入”。据统计，目前全市进城务工人员随迁子女已入学人数有1 300余人。

为加强对留守儿童的管理，在生活方面，狠抓农村寄宿制学校建设，尽量满足农村留守儿童的寄宿需求。在日常管理方面，通过实施“代理家长”制度、家校联系制度、与留守儿童谈心制度、开展“手拉手”活动等，加大了对留守儿童的帮扶力度。不断改善特殊教育学校办学条件，形成了特殊教育学校和随班就读相结合的特殊教育办学格局。

"以深化教育改革为中心，以推进义务教育区域基本均衡为重点，以实施义务教育学校标准化建设为抓手，积极推行校长、教师交流轮岗和学校之间的结盟发展，统筹城乡义务教育资源均衡配置，探索招生和考试制度改革，健全对家庭经济困难学生的资助体系，构建利用信息化手段扩大优质教育资源覆盖面的有效机制，逐步缩小区域、城乡、校际差距，破解择校难题。"谈起今后一个时期我市推进义务教育均衡发展的基本思路，朔州市教育局局长刘贵龙说："在朔城区、平鲁区、山阴县、应县、右玉县接受并通过国家验收评估的基础上，怀仁县力争在2017年通过验收评估，实现比全省提前一年完成验收的目标。"

五、电脑均衡编班，沐浴教育平等阳光

实现教育均衡发展就是要让孩子们有一个公平的起点，享受到公平的教育。2016年秋季学期，市直9所小校一年级新生入学率先实行了电脑均衡编班、均衡配备教师，解决了学校和家长最头疼的难题，也将我市义务教育均衡发展、公平发展推上一个新高度，极大地缓解了教育资源的不均衡分配，为我市进一步实现教育均衡发展奠定了良好的基础，得到了社会各界的一致好评。

为了让每一位学生都能平等地共享优质教育资源，2016年，市教育局出台了电脑均衡编班的新举措，在做好义务教育阶段学生"划片、免试、就近"入学的同时，通过租赁、合作办学的模式，设法"扩容"和"挖潜"。2016年，小学一年级市城区内共增加31轨，这不仅缓解了学校不足带来的就学压力，也解决了市城区学校的"大班额"问题。为消除群众顾虑，在2016年秋季新生入学时，在市教育局纪检组、人大代表、政协委员、新闻媒体等部门工作人员及各学校分别选出的学生家长代表与教师代表共同监督下，市直9所小学的所有一年级新生全部参与现场随机编班，这样既确保了教育的公平公正，又为全面推动义务教育均衡发展迈出了坚实的步伐。

"请朔州市第二小学录入原始数据，大家可以看到该校参与编班的新生有

295人，确定。”

“现在进入随机编班环节，小学一年级起止班级号为1至6。”

“请朔州市第二小学学生家长代表上台操作。”

“开始编班，确定开始，大家可以看到，系统随机生成6个学生组合。”

“现在导出数据。”

仅几秒钟，电脑软件便自动生成分班结果。会议室前方的电脑屏幕上随即显示出分班情况。

为了保证招生工作公正、透明，在操作员演示完分班操作程序后，市直9所小学的学生家长代表一一走上讲台，手握鼠标参与分班程序。

按照“免试、就近、划片”的原则进行招生工作，统一采用电脑随机派位的分班管理系统。根据学区划分，计算机先将市直小学一年级新生基本信息录入系统，根据男女、户口等因素，将这些学生进行电脑随机分班，分班结果自动生成，各班级名单现场打印。

接着，朔州市第二小学一年级6个班的“新生编班花名册”现场打印出来，一式三份，加盖教育局公章。学校负责人、市教育局领导分别在花名册上签字。

“电脑分班真的是公开、公平、公正，目睹了电脑编班的全过程，我们做家长的就放心了，不用再考虑孩子分不到优质班。”应邀参加现场会的朔州市第四小学一年级新生家长代表李慧丰说道。

“鼠标轻轻一点，几十个孩子的命运便与我紧紧联系在了一起，我们感到沉甸甸的责任，我们有信心把他们带好。”朔州市第五小学副校长田玉明说道。

电脑阳光均衡编班即将市直9所小学一年级全部新生名单及有关情况录入计算机，通过计算机随机编排，使所有义务教育阶段学校起始年级学生按照学校轨制数实现均衡编班，使同一学校内各班级教师配备一样，班容量一样，管理水平一样，实现学生在同一起跑线平等就学的目标。

电脑均衡编班让每一名学生都能享受公平教育的温暖，让每一名教师都有一个公平的工作平台。均衡编班工作涉及千家万户的切身利益，是维护教育公平的有力举措。市教育局以此为契机，立足于教育教学改革，尊重每一个孩子，对每一个孩子一视同仁，努力让每个孩子都能在公平的起点上健康成长、全面发展。在教学管理中，用规范管理维护教育公平，提升教育均衡化发展水平，让朔州教育这一名片绽放出绚丽的色彩，为朔州在全省率先实现教育现代化做出新的更大的贡献。

教育问题是重大民生问题，教育公平是社会公平的起点，人民群众对于教育公平的期望远远高过其他领域。这就要求我们对教育的认识提高到关乎国计民生、坚持科学发展观的高度上来，站在人民群众寄予厚望的基点上来，站在促进地域经济和社会发展的高度上来，维护教育公平和均衡发展，让每个孩子享受平等的教育，确保发展依靠人民、发展为了人民、发展成果由人民共享的理念在教育领域落到实处。

市委、市政府把促进教育公平作为推进“两大任务”、走出“五条新路”，建设美丽朔州和“塞上明珠”的大事来抓，作为最大的民生工程来抓，从解决人民群众最关心、最直接、最现实的问题入手，千方百计解决教育民生中的热点、难点问题，强力推出多项举措，促进教育公平和健康发展。

教育公平是社会公平的基石，是人生公平的起点。促进教育公平，让孩子们同顶一片蓝天，平等享有受教育权利，这是办好人民满意教育的必然要求，也是惠及千家万户的幸福工程。

百年大计，教育为本；国家兴盛，教育为先。实现教育公平，是每个家庭的共同心愿，是党和政府做出的庄严承诺。可以预见，随着教育改革发展步伐加快，教育公平的阳光将普照朔州大地每一枝祖国的花朵，温暖每一个学子的心灵。

（供稿人：秦华　刘晓宇）

2016年忻州市基础教育年度报告

□忻州市教育局

2016年，在市委、市政府的正确领导下，全市教育系统深入学习贯彻落实党的十八大和十八届三中、四中、五中、六中全会和习近平总书记系列讲话精神，紧紧围绕市委、市政府“1661”重大战略部署，以提高质量和促进公平为核心深化教育领域综合改革，以精准扶贫和民生实事为重点，着力推进各项教育事业健康发展，努力工作，奋力拼搏，圆满完成了各项工作任务，为实现全市教育“十三五”规划迈出了重要步伐。

一、加强党风廉政建设，推动反腐败斗争的深入开展

一年来，市教育局党组认真贯彻落实中央、省委和市委关于全面从严治党的安排部署，忠实履行管党治党责任，严守政治纪律和政治规矩，严格党内政治生活，从严管理党员干部，不断改进作风，把党风廉政建设和反腐败工作纳入教育工作全过程，以党风促政风、带教风，有力地推动了教育各项工作的顺利开展。

（一）狠抓理论学习，进一步增强党风廉政建设自觉性

“两学一做”活动开展以来，局党组认真学习习总书记系列讲话，学习《党章》《中国共产党廉洁自律准则》和《中国共产党纪律处分条例》等党内法规，学习十八届六中全会、省十一次党代会和市第四次党代会精神。为了深化学习效果，我们认真制订了学习教育实施方案，不断创新学习方法，通过以上率下带头学、支部小组集中学、按照计划坚持学、联系实际自己学、人人授课相互学、正反典型对比学、专题讨论促进学、紧跟形势及时学、检验效果激励学等方式以保证学习效果。通过多种形式的深入学习，进一步提高了我们对于党中央关于全面从严治党、加强反腐败斗争战略部署的认识，进一步增强了我们坚定理想信念、严守政治规矩、坚决抵制各种不正之风、开展反腐败斗争的自觉性和积极性，进一步强化了政治意识、大局意识、核心意识和看齐意识，确保全市教育系统思想统一、政治团结、行动一致。

（二）强化“两个责任”，狠抓反腐败各项工作措施的落实

一年来，局党组始终坚持把党风廉政建设与反腐败工作扛在肩上、拿在手上，始终保持反腐高压态势，以“零容忍”惩治腐败，狠抓教育政治生态。通过制订责任制，分解、细化、明确了各位党组成员的责任，形成了一把手负总责，分管领导各负其责，不仅抓业务工作，更要抓廉政建设工作的新格局。第一，严格遵守“八项规定”，坚决防止“四风问题”反弹。领导班子以身作则，改进工作作风，轻车简从深入调研，心贴心、面对面与群众交流、谈心，倾听群众意见建议，解决群众关心关注的教育、扶贫等难点热点问题。第二，加强廉政风险防控。认真制订工作方案，对内设机构和工作岗位的权力、职责认真进行研究梳理。第三，坚决查处违反“八项规定”和“四风”问题，坚决查处侵害群众利益的不正之风和腐败问题。开展了系统内资金管理使用自纠自查活动，共向廉政账户自觉缴纳13.84万元。第四，坚持抓早抓小，认真查办各类违规违纪案件。围绕教育“三乱”和师德师风问题重拳出击，下大力气进

行整治。2016年，我们受理电话举报16件，办结14件。信件举报4件，办结4件，网络举报3件，办结3件。处分8人，其中行政警告处分4人，党纪处分1人，降低岗位等级处分2人，1人停职反省。

二、以优化结构和促进均衡为抓手，圆满完成了各项重点工作任务

（一）大力发展学前教育

今年在继续实施第二期学前教育行动计划，圆满完成全省第二个学前三年行动计划冲刺年目标任务的同时，主要从“一硬一软”两个方面加强了学前教育工作。从“硬”的方面讲，主要是建设、整顿并举，努力扩大优质学前教育资源，解决入公办园难、进民办园贵、无证园乱问题。第一，巩固新建、改（扩）建公办标准化幼儿园项目任务，由市政府投资新建的实验幼儿园完成了年度建设任务，预计2017年秋季可以投入使用。总投资3 531万元，由省政府下达的新改扩建21所农村幼儿园任务全面完成，建筑面积26 377平方米。城镇住宅小区配套建设幼儿园有了新成果，按照规划，忻州城区新建住宅小区2014—2017年配建的幼儿园有8所，其中市财政投资配建的民心家园小区幼儿园已全面完工，可交付使用。忻禄苑小区配建幼儿园目前主体已完工。第二，加大力度清理整顿无证办园。2016年全市摸底排查无证幼儿园232所，依法取缔11所，经过整改已颁证8所，无证办园乱象得到有效遏制。第三，开展普惠性民办幼儿园认定和奖补工作，扩大公益性、普惠性学前教育资源覆盖面。按照《忻州市普惠性民办幼儿园认定与管理办法》，目前全市已有7所民办幼儿园申报，认定后，可为更多的城市、农村幼儿提供优质普惠的服务。从“软”的方面讲，主要是强化管理，着力帮扶，努力提升幼教工作水平。为此，我们先后出台了《关于进一步加强幼儿园管理规范办园行为的意见》《忻州市幼儿教师日常职业行为十一条不准》，加强规范幼儿园管理及幼儿教师职业道德行

为，深化保育教育改革，防止和纠正幼儿园教育“小学化”，以整体提升我市幼儿园办园水平。出台《忻州市教育局关于开展优质园帮扶活动的方案》，以“稳步推进，共同进步”为目标，在全市开展优质园精准帮扶活动。计划集中三年时间，改善和提高乡镇园、农村园、民办园、薄弱园、新建园办园质量。

（二）稳步推进义务教育

1. 加快义务教育标准化建设进度。按照“县建设、市验收、省督查”的工作机制，市教育局分年度对义务教育学校标准化建设完成的县（市、区）进行了验收。全市14个县（市、区）和15所市直学校全部实施了义务教育薄弱学校改造工程，并通过了义务教育学校标准化建设市级验收。定襄、五台、繁峙、宁武、忻府区今年接受了义务教育标准化建设省级督查，为2017年通过国家均衡发展评估认定做好了准备。至此，全市12个县（市）通过了省级督查确认，义务教育学校标准化建设取得了阶段性成果。

2. 努力推动“义务教育发展基本均衡县（市、区）”国家督导评估认定工作。为确保代县、原平市、河曲县、五寨县通过国家义务教育发展基本均衡督导评估认定，我们早谋划、早动手、勤督促、勤检查。经过县级自评和三轮市级复核专项督查，上述四县（市）公办义务教育阶段均达到省定办学基本条件督导标准要求，县域内义务教育校际教育资源配置8项指标综合差异系数、县（市）政府推进义务教育均衡发展工作情况得分以及五个一票否决指标均达到教育部要求。省级评估后，省政府教育督导委员会办公室召开全省通报会，评定忻州市的县级政府推进义务教育均衡发展努力程度均分全省排名第一，认为忻州市2016年推进义务教育均衡发展工作取得明显成效。11月20日~25日，国家教育督导检查组对山西省申报的33个义务教育发展基本均衡县进行了督导检查。从目前了解的情况看，我市四县（市）均达到国家规定的义务教育发展基本均衡县评估认定标准。

3. 继续推进“改薄”任务。2016年，河曲县、代县、五寨县三个项目县开展了改善贫困地区义务教育薄弱学校改造，校舍建设项目竣工率、设备购置完成率均达到了省定标准。截至目前，国家已对我市累计投入资金3.77亿元，有6个县完成全面改薄任务。到2018年，全市所有义务教育阶段学校办学条件将全部达到省定办学标准。

（三）高中教育、特殊教育有了新发展

今年，高中教育稳中有进。普通高中办学条件标准化建设工作得以推进，通过评估验收，全市8所省级示范高中办学条件标准化建设基本达标，11所县（市、区）普通高中学校中2所达到优秀，7所达到合格，2所基本合格。普通高中课程建设及教育教学改革的扎实开展，促进了高中教育特色发展，全市高中教学质量和办学水平有了新的进步。通过认真落实《忻州市特殊教育提升计划（2014—2016)》，各县（市、区）大力改善办学条件，努力提高办学质量。市特教学校增设了高中部，原平、五台特教学校扩大了招生规模，定襄、代县、繁峙建好了特教资源教室。各县还认真制订残疾儿童、少年随班就读方案，落实残疾儿童少年“一人一案”，开展义务教育阶段适龄重度残疾少年儿童送教服务。全市共有近200名残疾少年儿童在特殊教育学校接受教育，700余名残疾少年儿童在普通中小学随班就读，具有学习条件的残疾少年儿童义务教育普及率达到93%。特教教师特殊教育津贴提高50%，生均公用经费提高到6 000元/年。

（四）加快发展现代职业教育

一是开展资质清查，调整布局结构，进一步规范中职学校办学行为。今年共对全市41所中等职业学校进行了资质清查，31所院校具备中等职业学历教育办学资质，8所限期整改，2所则被停止招生。

二是进一步推动了全市职业院校教育教学改革，初步形成“教师与师傅合一、学生与员工合一、课堂与车间合一、作品与产品（商品）合一”的“四个合一”教学模式。学生的职业素养和职业技能得到进一步提高，在今年5月举办的山西省第十届职业院校技能大赛中，我市推荐的171名学生、16名教师共取得一等奖6个，二等奖20个，三等奖28个。在全省第八届中等职业院校文明风采大赛中，有15名选手获得了一等奖，22名选手获得二等奖，35名选手获得三等奖，另有12名教师获优秀指导教师奖。2016年，全市中等职业学校共招生9 755人，其中中专1 930人，职业高中7 825人。在全省中等职业学校对口升学招生考试中，全市4 038名考生，本科录取1187人，专科录取1 678人。

三是加强实训基地建设。2016年完成了原平农校的果树花卉与生产技术实训基地、忻州市工业学校的煤矿安全实训基地、保德职业中学的汽车运用与维修实训基地等6个实训基地的年度建设任务，并对2005年以来获得中央财政、省财政支持的24个实训基地项目进行了专项检查。

四是积极开展各类职业培训活动。今年依托乡镇、农村成人文化技术学校和各类教育培训机构，以培养“新型农民”为目标，完成培训任务18.02万人次。创建学习型街道（乡镇）32个，学习型居委会（行政村）92个，学习型企业18个，学习型社区12个，其他学习型组织66个，完成了20万人次的社区教育培训任务。

三、以提升质量和促进公平为核心，不断深化教育改革

（一）落实立德树人根本任务，促进学生全面发展

今年，我们着力推进中小学德育工作精细化改革，进一步完善了德育评价机制。深入开展了以“立德树人”为导向，以培育和践行社会主义核心价值观为核心的示范校创建工作。“少年传承中华美德”“传统文化进校园”等活动在全市中小学开展得有声有色，促进了学生的全面发展。青少年校外活动场所建设，推动了校外教育与校内教育有效衔接。全面开展青少年校园足球活动，今年又有16所学校被教育部确定为“国家级校园足球特色学校”，全市校园足球

特色学校增加到46所。认真开展了第二十八个爱国卫生月活动，“世界艾滋病日”宣传教育活动，“老师您好　我的好老师”主题演讲等活动。参加了山西省第五届“雏菊奖”青少年艺术大赛，并全部获奖。“语言文字规范化示范校”和“书写教育特色校”的创建工作也取得了新成绩。今年全市有4所示范校和9所特色校申报了省级创建。在第十二届全省自制教具评选活动中，我市有19件自制的教具参赛，其中教师获一等奖1名、二等奖1名、优秀奖12名，学生获二等奖1名、三等奖1名。

（二）加强教研教改和教师队伍建设，努力提升教学质量

在教研教改上，多方面、多措施、多形式、大力度进行了扎实深入的推进。一是开展课题评审“两优”活动，共立项市级教科研规划课题97项。创新开展“三优工程”评选活动，所评优质课、优秀教研活动案例、优秀评价方案全部上传网络平台评选，共评出优质课一等奖149节，二等奖129节，三等奖53节。组织第十一届中学教学能手评选活动，评出市级中学教学能手177名。二是创新联片教研机制，全市已形成“校本研训、区域教研、网络研修”的基本框架，呈现“高目标、长规划、重落实”的良好态势。为实现育人模式的突破，我市积极推进创新育人模式试点任务，目前已有9个县（市、区）、41所学校制订了方案、组建了队伍、启动了实验研究，其中12个单位完成了课题立项。三是加快学业评价体系建设，加强命题队伍建设，提高评价效度。对全市中小学进行学生学业测试题（卷）的评估，撰写试卷评估和试题红黑榜报告，对优秀试题、问题试题进行了详细点评。四是进一步提高校园宽带网络接通率，增加“班班通”设施配备并推进应用，完善了“三通两平台”的建设与应用。加强“网络学习空间人人通”建设与应用，开展“一师一优课、一课一名师”活动。目前，全市开通学校空间的学校有746所，开通率近80%；开通网络学习空间的教师有26 414人，占教师数的80%；开通网络学习空间的学生有219 479人，占学生数的63%。全市中小学学校开通教师终端19 598台

(个)，开通学生终端22 017台（个)，推荐省优课206节。

加强教师队伍建设，始终是提高教学质量的关键环节。一是认真落实边远贫困地区人才支持计划，进一步提升贫困地区农村教师队伍整体素质。2016年，为11个国家级贫困县选派189名支教教师，帮助受援学校开展教学教研工作；为8个国家级贫困县农村义务教育学校招聘特岗教师396名，3年服务期满特岗教师连续3年留任比例均在90%以上，为农村学校补充了较多的高水平骨干教师。招聘国家免费师范生36人，省属免费师范生招聘35人，与45名省属免费师范生签署了就业协议。二是严格教师任职资格条件，开展面向社会认定教师资格工作。2016年，全市认定各类教师资格4 938人，对促进教师队伍质量的整体提升起到了积极作用。三是落实教师激励机制，为乡村学校从教30年教师发放荣誉证书15 950份，督促6个国家集中连片特困地区落实乡村教师生活补助，全市有10个县50名教师获得第二十一届“晋绥儿女支持老区教育奖”。四是推动义务教育学校教师交流工作制度化、规范化。全市共交流教师860名，交流比例为10.73%，交流校长52名，交流比例为16.15%。五是积极开展智库建设工作。制订下发《忻州市教育局关于建立中小学名师名校长储备库的通知》，明确了名师、名校长储备的标准和培养目标，建立了由中学100名、小学150名，中小学名校长50名组成的全市“名师名校长”储备库。六是大力开展教师培训工作。全年组织市、县教研室主任，骨干教师，学科教师共2 300人次参加国家和省级、市级培训。本着“面向全员，突出骨干，重在农村”的原则，通过网络培训、函授辅导、集中面授、校本培训、个人自修等多种形式，有组织、有计划地对全市2万余名中小学幼儿教师进行全员培训72学时。选派1 584名教师参加“国培计划”。完成省级骨干教师和学科带头人考核续聘工作，共考核学科带头人86人，骨干教师218人。

（三）稳步推进考试招生制度改革

根据我市考试招生制度综合改革的安排部署，稳步推进考试招生制度改革，继续做好义务教育招生入学和高中招生考试工作。一是坚持“划片就近免试”入学，切实解决义务教育阶段“择校”问题。根据城区生源变化情况，协调忻府区政府、忻府区教育局征求相关部门意见，出台《忻州城区义务教育学校招生实施办法》，全市义务教育阶段学校2016年招生入学工作平稳有序完成。二是不断完善政策措施，圆满完成高中考试招生工作。先后印发了《关于做好2016年高中阶段教育学校招生考试工作的通知》《关于认真做好2016年初中学生毕业升学加试理化实验操作和信息技术考试工作的通知》等文件，在工作中严格执行优质高中指标60%到校政策，取消普通高中择校招生计划，中考成绩公布后考生网上填报志愿，实行网上录取。严格按照招生计划，考生志愿、划定分数线择优录取。严格普通高中新生备案手续，凡未经中招录取的学生一律不得备案。整个过程继续实施“阳光工程”，做到招生政策公开，招生学校资格公开，招生计划公开，录取程序和结果公开，考生咨询及申诉渠道公开，主动接受社会各界的监督，提高了人民群众对高中考试招生工作的满意度。2016年的其他各类考试工作通过规范运作，也都圆满完成任务，各级领导和社会各界也给予了充分肯定。三是注意做好进城务工人员随迁或同住子女接受义务教育工作。按照“以输入地政府为主，以全日制公办学校为主，简化入学手续，保证同区域同待遇”。今年全市共指定30余所就读学校，由县级教育行政部门按照“相对就近的原则”，全部安排按时入学，确保其顺利完成义务教育学业。据统计，2016—2017学年全市共有义务教育阶段在校学生270 865人，其中进城务工农民工随迁或同住子女15 429人，占到在校生总数的5.69%。

四、以民生实事和精准帮扶为落点，充分发挥教育扶贫基础性、先导性、可持续性、根本性作用

为了切实做好教育精准扶贫工作，实现“不落一校、不落一户、不落一

生”的总要求，我们将教育扶贫政策“四到位”真正落到实处。一是拟定出台了《忻州市教育扶贫专项规划》《忻州市教育扶贫行动方案》《忻州市2016年教育扶贫行动计划》《忻州市2017年教育扶贫行动计划》，细化分解扶贫任务，拟定时间表，规划路线图。二是与扶贫办、民政局合作，全面排查摸底，精准识别扶贫对象。全市共建档立卡贫困学生40 736人，其中幼儿4 343人，小学生16 647人，初中生8 949人，高中生8 760人，高等职业学校学生2 037人。三是认真落实各项资助政策。为落实好国家的各项资助和免补政策，我们以应帮尽帮、该补则补，确保帮扶不遗漏、资助不冒领为标准，健全了以学籍为基础的全市学生资助管理信息系统，加强部门信息系统对接，完善多部门合作机制，完成了各项资助工作。2016年，全市各项资助受益人数56 924人，受助资金约1.1亿元。其中学前教育资助受助幼儿10 825人，资助资金1082.5万元。中等职业教育免学费享受人数24 070人，资金5 726.95万元。享受中等职业教育国家助学金人数6 924人，受助资金1 384.8万元。普通高中享受资助人数为12 101人，受助资金2 420.2万元。有787人享受到高校新生入学资助，资金57万元。高等教育资助全年受助学生2 217人，受助资金381.33万元。“两免一补”下拨资金1 650.69万元，受助人数14 210人。普通高中免学费受益人数8 760人，免学费资金390.47万元。此外，全市还为40 383名贫困大学生办理了生源地信用助学贷款，贷款合同资金2.5亿元。农村义务教育学生营养改善工程推进顺利。全年安排中央资金7 957万元，县级资金1 088万元，全市农村义务教育学生营养改善计划共6个国家级试点县、7个地方试点县，涉及1 090所中小学（含教学点），105 468名中小学生受惠。

五、以改革规范发展为主线，激发创新活力，教育迈出新步伐（亮点工作）

为认真落实市四届党代会和人代会精神，以市委提出的坚持以改革、规范、发展为主线，提升教育惠民的覆盖面和满意度，为全面实现“十三五教育事业发展目标任务”起好步，我们创新性开展了以下工作：

（一）在市直公办中小学校进行教育教学管理改革试点，实行教师岗位绩效考核奖励制度。制订了《市直中小学校教师教改绩效考核奖励试点实施方案》，从2016—2017学年度开始实施。（二）全面落实国家精准扶贫、精准脱贫基本方略及省、市脱贫攻坚决策部署，根据国务院和省政府有关文件，以市政府“振兴忻州教育年”的工作部署，结合我市实际，起草了《切实办好贫困地区农村学校、振兴忻州教育的实施意见》。（三）实施“初中教育强腰工程”。把初中发展列为教育年度目标责任考核重点，把师资配置和投入保障作为振兴初中教育的重点，采取联盟校、集团化办学模式改革，促进均衡发展，着力解决优质初中短缺、小升初择校现象严重、公办初中与民办初中发展不够均衡、整体教育质量不高、上学难、上学远的问题。建立目标明确、推动有力、检查到位、考核严格、奖惩分明、公开问责的发展推进机制，增强初中教育活力，提高初中办学质量。（四）按照市委、市政府主要领导提出的“市直学校先行改革试点”的指示精神，今年秋季开始在市直学校先行改革试点增加学生免费辅导时间，以解决小学放学时间与家长下班时间不一致，初中学生学习自觉性差、青春期逆反等问题。小学下午放学后增加一小时在校免费托管时间，初中、高中周一至周五每天增加早、晚自习各一个课时，高中毕业年级节假日增加70天，每天六个课时免费辅导。坚持学生免费和自愿的原则，与家长签订《一小时免费托管协议书》《增加早、晚自习和节假日免费辅导知情同意书》。在增加的一小时托管时间内，小学一、二年级学生在教师的管理下以课外活动、游戏活动为主，三至六年级学生在教师的辅导下完成家庭作业、进行自主学习、组织社团活动等。初中、高中除了根据教学需要进行必要的学科教学检测和练习辅导外，还根据中学生生理发育和心理健康特点，有针对性地组织开展各种类型的学生喜闻乐见的系列活动，引导学生积极向上、全面健康发展。增加课时计入教师工作量，超工作量补助由地方财政列入预算，拨付学校。从目前看，这两种办法已取得了明显效果，得到了学生家长和社会各界的普遍认可。大家一致认为，市委、市政府为人民群众办了一件好事、实事。（五）进行质量检测，强化质量考核，促进教学质量稳步提升。为不断完善中小学教学质量检测制度，充分发挥评价对促进学生发展、教师提高和改进教学实践的功能，从2016—2017学年度开始，对市直中小学进行质量检测，并进行详细的学科教学质量分析。定期召开教育教学质量分析会和中考质量分析会，分析通报教育教学质量工作。对教学质量好的学校进行表彰鼓励，对教学质量下滑严重的学校进行通报批评。（六）市、县两级努力工作，各项工作都涌现出优秀典型。我市2016年推进义务教育均衡发展工作取得明显成效，县级政府推进义务教育均衡发展努力程度全省排名第一。2016年10月，全省优质园帮扶推进会在孝义召开，我市河曲县的幼儿园帮扶工作被列为优秀，并选派代表进行发言交流。五寨县科学规划，有序推进，本着“兜底线、保基本、补短板、强管理、不浪费、促长远”的原则，坚持项目规划、资金用途、时限质量“三不变”，在规划中坚持实地考察、实地调研、实地规划，针对辖区内人口流动实际情况制订规划，保住底线，力求发挥资金最大效益。在2014年完成投资90万元的基础上，2016年继续完成投资12 064 084元，全县所有学校焕然一新，设施设备齐全，教师配备合理，所有的孩子都能就近入学，享受优质均衡的教育资源，“全面改薄”工程成效显著。河曲县在“全面改薄”工作推进中，努力遵循“12345”五个工作方略，认真摸底排查，编制改薄规划，借鉴外地经验，统一装备标准。对全县18所义务教育学校食堂、澡堂全部进行改造并投入使用，彻底改善了农村学校的生活设施条件，将实事办实、好事办好，整体提升了全县义务教育办学水平和档次。代县把教育信息化作为推动教育工作的突破口，2016年为教育信息化工程投入2 783.78万元，（计划再投960万元）实现宽带网络校校通、多媒体、优质资源班班通、学习空间人人通。建起了教育资源公共服务平台；为全县专任教师每人配备了一台办公电脑，共计1 823台；为每位校长配备了一台笔记本电脑，共155台；为所有中小学和教学点安装了多媒体设备468套，移动多媒体设备51套，实现了多媒体班班通；为学校和教学点安装了21个网络计算机教室、42个网络云教室平台；在联通公司机房建起了代县优质资源公共平台。对所有中小学和85个教学点的网络由原来的最低2M提高到现在的最低20M，加快了网络应用能力。建起了56个校园网站和代县教育网、微信公共平台。举办一师一优课培训4次，并在教育频道开办了优课展播节目。五寨县2016年投资581.175万元，添置计算机1 645台，实现教师人手一台计算机（上网）100兆；投资49万元配备多媒体31套；投资78.975万元新建计算机房10座、投资89.01万元新建录播教室2座。繁峙县从2012年起出台整体推进课改战略，组织实施了“四大工程”（视野开放工程、教师大培训工程、优秀教师培养工程、教科研提升工程）和“三项大活动”（教学观摩赛讲、课改实验校交流展示、课改现场推进会），形成了以课改促管理、狠抓教育教学质量的良好局面。2014年5月，全国区域推进课堂教学改革交流与研讨现场会在繁峙县召开。全国17个省（市、区）、42个县（市）、213个教育行政部门和中小学校，总计466名代表前来参会观摩。组织全县范围内的教学观摩赛讲活动，每年评选出20名“繁峙名师”，每人每年奖励10 000万元，连续奖励3年，评出的课改引头人奖励5 000元。顶层设计、整体推进，是繁峙县课改的主要特色。经过几年坚持不懈抓课改，繁峙县的高考达线人数逐年攀升，中考成绩连续提高，繁峙教育正在成为全市教育的标杆和榜样。今年，繁峙县提出“打造繁峙教育品牌，建设晋北教育强县”的宏伟目标，决定大力实施教育质量提升工程。9月22日，召开了“教育质量提升工程三年行动计划”项目启动大会，省教育厅张卓玉厅长、省教科院马玉玺院长到会指导，繁峙县与省教科院签订了《繁峙县教育质量提升工程项目》协议，计划依托省教科院的支持，采取三年行动，实现全县教师队伍、校长队伍、教研员队伍三支队伍素质整体提升；实现基础教育课程改革深入推进，中小学办学效益、教育教学质量大幅提高；实现义务教育、高中教育全面发展，农村教育、城镇教育均衡发展，实现全县教育事业内涵发展、创新发展、绿色发展。宁武县对中小学人事制度进行改革，理顺了教育人事运行机制，促进了义务教育均衡发展，教师队伍的战斗力大大增强，教育环境得到明显改善。

六、加强学校安全工作，维护教育系统安全稳定

今年，全市教育系统不断强化安全意识，提升安全管理水平，形成了安全工作人人有责、齐抓共管的良好格局。本着“预防为主、加强监管、落实责任”的原则，在全市开展了校舍安全、消防安全、食品卫生安全、交通安全等常态化检查。进一步完善了安全隐患排查、登记、上报、整改、督办、销号的全过程管理，确保安全隐患得到整改，安全工作上了一个新台阶，保证了教学秩序的正常进行，全年没有发生重大校园安全事故。

一年来，市教育局在市委、市政府的高度重视和正确领导下，在省教育厅和社会各界的关心支持下，各项工作都取得了新的成绩，有了新的进步。但是，我们也仍存在一些不可忽视的问题，如党风廉政建设工作还有待进一步加强；人民群众关心的“择校热”“上好学难”等问题还没有得到根本解决，教育结构和布局还不尽科学合理；教育保障能力有待进一步提升；教师特别是农村教师整体素质有待进一步提升等。这些问题都需要我们在今后的工作中予以认真解决。

（供稿人：梁伟）

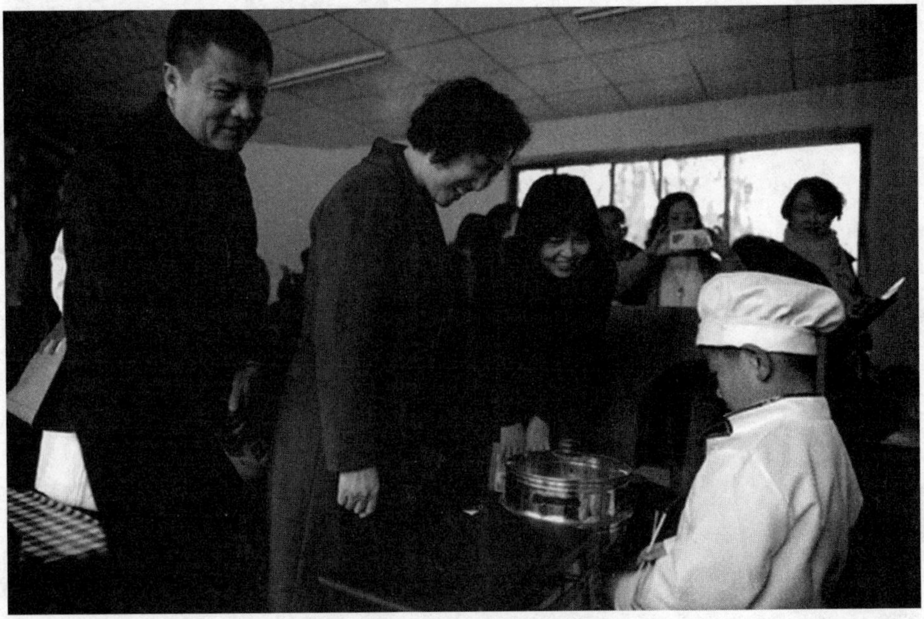

第三部分　专题研究

- 城乡接合部义务教育改革和发展战略问题研究报告
- 以11个县为例的全省义务教育学生流动调研报告
- 山西省2015年优质高中“指标到校”政策绩效研究报告

城乡接合部义务教育改革和发展战略问题研究报告

□课题组

改革开放以来，我国的城镇化进程不断提速，大数据显示，1990—2002年，我国城市化水平从18.96%提高到39.10%，平均每年增长1.68%，进入21世纪以来更是达到了日新月异的境界。2015年，我国常住人口城镇化率达到56.1%。《国家新型城镇化规划（2014—2020年）》为规范健康可持续的城镇化路径选择提供了政策导向和行动指南。在高歌猛进的城镇化道路上，城乡接合部呈现出的种种问题逐步推到了我们的面前。为此，我们基于《城乡接合部义务教育改革和发展战略问题研究》这一课题，密切关注了城镇化发展视阈下城乡接合部经济社会发展的诸多问题，特别聚焦了作为公共事业的基础教育发展现状及未来走向，并提出了我们的政策建议。

一、哲学思考与理论分析

城乡接合部是一个动态的范畴，它并不是经济发展过程中暂时形成的区域，而是经济社会发展中长期存在的一种独特区域。在相对缓慢的城市化发展时代，城乡接合部始终以一种不被人察觉的渐变性存在，当然，也很难成为学者们特别关注的课题。

西方发达国家的快速城镇化要早于我国，城乡接合部问题的研究也先于我们，其中，地理学家、经济学家、社会学家各自以独特的视角审视这方特殊的领地，形成了至今仍对我们具有借鉴意义的丰厚成果。站在巨人的肩膀上，循着前人的研究思绪，我们或许可以豁然开朗。

（一）城乡接合部及其发展态势

1. 关于城乡接合部

城乡接合部（the urban-rural fringe）这个概念，在学术界有多种表达方式，诸如“城市边缘带”“城乡连续区域”“城乡交错带”“城乡过渡带”“城乡接合部”等，不一而足，但使用频次最高的称谓就是“城乡接合部”，遵循约定俗成的准则，本着便于交流的原则，本研究选用这一更为通俗的概念表达。

当然，对于这一概念的界定，学术界同样也是见仁见智、异彩纷呈。“城乡接合部，顾名思义是指一种城市与乡村相互结合的特殊经济地理单元。该经济地理单元既不同于单纯的城市区域，又不同于纯粹的农村区域，而是既有城区风貌，又有乡村特点的一种经济地理空间。”（胡碧波、罗福国《山西建筑》2006.2），而湖南师范大学的陈珍珍在2014年第4期《绿色科学》杂志（Journal Green Science and Technology）中对这一概念有一个更为详尽的阐述：“城乡接合部处于连片的城市建成区与纯农腹地之间，该区域范围内城镇人口与农村人口混合居住，人口增长较快且流动性较强，居住者大多从事非农职业；城乡接合部的内部空间景观混杂，农田和建筑并存，城乡景观随机融合，生态系统脆弱复杂，土地利用模式混合多变，土地市场秩序混乱，公共服务设施随机分布，其经济、政治、文化等方面都具有城市和乡村的双重特征。”这一概念的陈述具有极强的描述特点，又富有时代特征，形象生动、便于理解。

我们认为：城乡接合部就是人类社会发展过程中自然形成的城市与乡村的

交汇区，它是不同于城市社区和乡村社区的独特区域，但它又没有严格的城乡界限。它是一个动态发展的地理单元和社会空间，它的基本发展态势就是由城市向农村逐步拓展延伸。

至于城乡接合部的特殊性和独特性，同样也是视角各有不同，表述各有千秋。概括现有的研究成果，可以形成如下结论：

（1）活跃性，该区域是一个稳定性差、变化迅速的区域，土地使用性质变化更快，街市和道路变动多，经济生活丰富多样，就业岗位和发展机会多。

（2）流动性，人口流动频繁，中心城市迁居于此的居民和外来寻求发展的务工者在这里集聚或回旋，大学毕业就地寻求发展机会的青年人，构成了这里变化无穷的人潮。

（3）无序性，由于变化快和人流大的特点，往往导致这一区域的公共设施不足和杂乱、公共服务的缺失和随意、公共管理的缺位或品质低下。

（4）随意性，该区域的私人用地和公共用地常常界线模糊，商业布局很不规范，村镇的集贸市场和临街商铺随意分布，不法投机商和无证经营者也时常混迹于此。

（5）边缘性，城乡接合部具有“边缘社区”的特征，随着城市的拓展和延伸，城乡接合部永远处在一个不断演变的动态过程中，今天的城乡接合部是昨天的“准乡村”，又会成为明天的中心城区。

（6）滞后性，基于以上原因，也源于政府相关部门对这一区域发展的重视程度不够，城乡接合部的科学规划和有序管理往往跟不上其快速发展的步伐，呈现出鲜明的滞后性特点，因而，各种各样的经济社会发展问题在这里叠加累积，也往往成为突发事件的高发区。

为此，我们需要重新评估城乡接合部的良性发展对城市和乡村协调发展所具有的独特价值，进而改变传统的规划思路和经营模式，以更为主动和超前的姿态统筹协调规划城乡接合部的经济社会发展方案，以此促进这一发展特区在城乡一体化发展中独特价值的充分释放。

2. 城乡接合部的战略地位和发展意义

传统意义上的城乡接合部是环绕在城市中心区的城市外围部分，这里没有整齐的街道，也没有大型购物和娱乐场所，居民住宅区也多为低矮的平房，且缺乏科学的规划和布局……从这里向城市边缘，很快就会看到蜿蜒的土路、成片的农田、随意分布的树林等乡村景观，伴随着城市的缓慢发展，这片区域逐渐向离城市更远的外围延展。

本课题中城乡接合部问题的研究是基于我国近20年来快速城镇化背景展开的，而城镇化是一个多学科综合研究的比较复杂的话题。

人口学视野里的城镇化是农业人口转化为城市人口的过程，即以农村人口不断向城市迁移和聚集为特征的一种历史过程；

地理学语境中的城镇化是农村地貌转变为城市景观的过程；

社会学家关注的城镇化主要是城市文明覆盖农村，农村生活方式向城市生活方式转变的过程；

以经济学角度看，城镇化则是由农村传统的自然经济转化为城市社会化大生产的过程。

总之，城镇化一方面是人口由农村向城市迁移聚集的过程，同时又表现为地域景观的变化、产业结构的转变、生产生活方式的变革，是人口、地域、社会经济组织形式和生产生活方式由传统落后的乡村型社会向现代城市社会转化的多方面内容综合统一的过程，是一个国家或地区经济社会发展进步的主要反映和重要标志。

那么，城乡接合部在我国有序推进新型城镇化进程中，具有怎样的意义和价值呢？

首先，城乡接合部是城市有序扩容、健康发展的广阔空间。由于长期发展的积累，中心城市公共设施密集，商业机构和金融机构密布，交通网络纵横交错，居民住宅区稠密杂乱，极大地影响了人民生活出行的舒适度，城市版图向四周延展是客观必然，城乡接合部担负起承接中心城市超负荷运转诸多要素有序疏散的责任，吸纳剩余劳动力，转移商业中心区，分散公共服务设施，缓解道路交通压力，疏解过度拥挤的老式住宅区，让城市更美好。

其次，城乡接合部是外来人口创业就业、实现梦想的重要平台。那些来自农村腹地的人们，怀揣着对城市生活的美好向往，涌向大城市，城乡接合部又担负起接纳这些创业者与“追梦人”的职责，还有那些信奉“知识改变命运”的青年学生，大学毕业留在城市寻求发展，城乡接合部是他们的栖息地或筑梦园，这里生活成本较低，创业和就业门槛低、机会多，一代又一代“新市民”从这里起步，在改变自己的同时也改变着一座城市。

再次，城乡接合部是现代城市发展过程中难得的城市“后花园”。城乡接合部靠近乡村的部分，有山水、有农田、有树林，成为涵养城市小气候的绿色屏障，城市是财富积累的黄金地，是现代优裕生活的体验园，是建功立业的竞技场，但是，城里人也会活得很累，在交通便利又远离喧嚣，可以偶尔闻得到泥土气息的城乡接合部，是拼搏者放松心情、调节情绪、缓解压力、积蓄能量的最佳场所，当然也是儿童和老人感受大自然、丰富生活体验的绝佳去处。

总之，在新型城镇化步伐不断加快的今天，城乡接合部的战略意义更加凸显，因此，我们必须正视这个亦城亦乡又非城非乡的空间形态。

3. 国外城乡接合部发展经验和研究成果给我们的启示

发达国家城乡关系的演进大体经历了如下六个阶段：乡村孕育城市——城乡分离——城市统治和剥夺乡村，城乡对立——城市辐射乡村——城市反哺乡村，乡村对城市产生逆向辐射——城乡互助共荣与融合。这实际上是一个漫长而艰难的变化过程，在这个过程中，有各方利益的博弈和角逐，有城乡撕裂带来的社会阵痛，有盲目发展付出的巨大代价，有理性思考后的逐渐回归。

破碎、混杂、凌乱、冲突，这是中外城乡接合部共同的景观特征。然而，与西方发达国家相比，我国大中城市的城乡接合部在快速城镇化的背景下，土地扩张更加迅猛，空间变动更为剧烈，利益冲突更加激烈，而且我国城乡接合部形成和发展又有着自己独特的国情与制度背景。

西方发达国家经历了漫长的城市化进程的实践探索和理性思考，达成了普遍的共识，那就是“抵制工业景观，恢复或塑造自然的、优美的、整洁的、田园的景观”。更有观点认为“应把城乡接合部变成景观优美的儿童开放地或教育基地，以及环绕城区的绿色园地”。（刘玉、郑国楠/中外城乡接合部发展比较研究/《国际城市规划》2013.No.4）

前车之鉴，后事之师，我国新型城镇化进程中，应该吸取别国曾经的实践误区和开发教训，借鉴各国探索和研究的经验和成果。特别是我国人口数量大这一国情必将是影响城镇化的一个永远绕不过去的课题，也是城乡接合部建设和发展过程中必须审慎对待的问题。

4. 城乡接合部健康发展的理论构想

首先，以稳健的速度系统规划、理性开发。历史经验和发展事实一再提醒我们，快速推进甚至加速发展并非最佳选择，特别是以“运动式”推动的社会改造和建设项目，往往会广受诟病甚至造成无法逆转的硬伤。城乡接合部是城乡联系的纽带和桥梁，既是城市持续发展的预备空间，又是乡村健康发展的前沿阵地。保持适时适度发展的态势，避免刚建就拆，拆了再建的盲目投资和资源浪费，才能够做到科学规划、精心设计、反复论证、从容应对，才能够体现经济效益与社会效益兼顾，才能够兼顾眼前利益与长远利益的平衡，才能够广泛听取各方意见和建议，充分考虑利益攸关方的合理诉求，理性评估各种备选方案的利弊得失，从而做出最优化的决策并付诸实施。

其次，以协调的理念综合考量、全面提升。协调发展就是要兼顾各方、统筹协调。前些年的城镇化进程中，从经济效益出发，关注“地”过多，关心“人”欠缺，新型城镇化要从重地轻人的误区中走出来，充分体现以人为本的理念，突出强调民生大计。城乡接合部是城镇化发展的核心区域，在以往的开发和建设中，突出了土地的规划利用，重视了经济开发区的布局，主抓了道路交通网建设，这些无疑是必要的和必需的，但公共服务设施科学配建的滞后，文化教育设施合理布局的迟缓，特别是公共管理机制的缺位甚至停摆，导致了经济社会发展的不平衡和不协调，加剧了城乡接合部社会景观的无序和混乱，人为导致了城乡接合部的“城市烂边”现象突出（刘杰/我国城市化进程中城乡接合部功能定位分析/贵州社会科学2013.4）。因此，硬环境和软环境的同步协调，是城镇化背景下城乡接合部发展的必然选择。

再次，以长远的眼光科学布局、优化发展。协调发展、绿色发展、可持续发展，是新型城镇化的关键词，建设环境友好型、资源节约型社会关乎人类社会的长治久安，关乎子孙后代的幸福安康。因此，城乡接合部的规划要体现“城”与“乡”的协调融合，大城市不能简单地继续“摊大饼”，城镇化也不意味着“消灭乡村”和“圈地造城”，城乡接合部应该形成环绕大城市的“新型卫星镇”格局，镇与镇之间则是乡村气息浓郁的景观带和休闲区，城市空间的拓展不是对原有建筑的简单拆除和鳞次栉比的摩天高楼的成片建造，而应该有意保留一些具有历史文化标签意义的建筑，并顺势设计和营建一些集中绿地和城乡公园，特别是成片的古建筑群周边更需要科学规划，以保持区域景观的一致性和协调性。城市小气候的优化需要绿地和湿地的拱卫，久居城市的人需要有交通便捷的踏青游玩场所。因此，城乡接合部保留尽可能多的成片林地和适当的阡陌纵横的乡村景观，绿化隔离带还可以起到改善空气质量的作用，对未来城市生活的质量提高无疑具有十分重要的意义，而且独具魅力的城乡接合部风貌会吸引城里人前来定居，以有效疏解过度挤压的城市空间。

总之，城乡接合部虽然被认为是城市的末梢同时也是乡村的末梢，但换个角度看，它又是城市明天和乡村未来的交汇点，在城镇化背景下认真审视这一特殊区域的发展问题，具有伟大的现实意义和深远的历史意义。

（二）城乡接合部义务教育良性发展的提出背景

在城镇化背景下关注和探讨城乡接合部义务教育改革和发展问题，为该区域基础教育的健康发展和可持续发展厘清思路、指点迷津，具有特殊的现实意义和时代价值。

1. 问题提出的时代背景

（1）城镇化进程的持续提速

城镇化发展的快速推进使城乡接合部渐进式发展的格局被打破，增加了这一区域经济社会发展的“变数”。进入21世纪以后，最初十多年“重地轻人”的城镇化推进模式，导致了各层面、多领域的不平衡和不协调。2014年启动的新型城镇化，突出了“人”在城镇化进程中的核心地位，明确了城镇化首先是人的现代化的基本思路，由这一思路导引的发展路径就是要强化城镇化进程中的“人文关怀”，要关注利益格局的调整、公共服务设施的完善、公共管理机制的优化等与民生密切相关的领域。教育事业是准公共事业，义务教育是纯公共事业，应该也必须成为政府推进经济社会和谐发展的重中之重。城乡接合部是城镇化发展的前沿阵地和集中展示区，在城镇化视野中的城乡接合部必然经历各种变化和多重调整，如何让这些变化成为有利于社会公众期待、有助于教育事业健康发展预期的变化，是城乡接合部发展棋局中不能忽视的一环，况且教育是一项具有效果“滞后性”特点的社会活动，更需要超前筹划、科学运作。

（2）义务教育改革和发展的不断推进

改革开放以后，我国基础教育改革和发展持续发力，到20世纪末，城市义务教育阶段学校的办学条件和现代化水平有了质的飞跃，于21世纪初启动的基础教育第八次课程改革更是推动了基础教育的内涵发展和品质提升。与此同时，城乡教育的差距日益凸显，农村义务教育办学条件亟待加强，以“农远工程”（2004）、“薄改计划”（2011）、“全面改薄”（2014）、“义务教育学校标准化建设”和“义务教育均衡发展”等以国家高层顶层设计、中央财政全面支持的系列项目为载体，持续推进城乡义务教育阶段办学条件的不断改善，有效提升义务教育学校的信息化和现代化水平，在硬件建设方面从根本上缩小了城乡差别。与此同时，以“特岗计划”（2006）、“免费教育师范生”（2007）政策、“国培计划”（2010）为杠杆的面向农村教育的教师资源优化行动，有效缓解了乡村学校教师在数量和质量方面的压力。

在中心城市和农村腹地都借力、发力改善了办学条件，提高了办学水平以后，城镇化背景下的城乡接合部义务教育学校却成为被遗忘的角落和被忽视的“洼地”，现在是时候关注和解决这一问题了。

（3）城乡义务教育均衡发展的现实选择

“以县为主”的义务教育经费保障政策背景下，县域是我国义务教育发展的基本管理单元，县域内城乡教育的均衡发展是确保基础教育整体良性健康发展的关键所在。城乡接合部是城市周边的特殊发展区域，一般为处在中心城市边缘的县级城区建制，近年来持续升温的城镇化建设使这些区域始终处于快速变化过程中，它一方面要接纳来自城市以外的寻求创业机会和就业岗位的“新城市人”及其子女，另一方面要承载不堪重负的中心城市疏散出来的“新居民”，更要安置这里土生土长的“原住民”，这一动态变化中的群体，不仅挑战着这一区域的住宅条件、就业岗位、生活设施和服务质量，也对该区域的基础教育供给数量和质量提出要求。城乡教育的均衡发展在这里是一个独特的类型，它不同于纯农村县区的均衡发展问题，也有别于中心城区的协调发展问题，需要有关部门进行专题研究和特殊设计。

2. 问题提出的现实背景

（1）城乡二元结构的惯性思维和发展定势

我国在改革开放之前长期处于城乡二元结构的发展框架中，而且相当长的时间中都是以牺牲乡村发展利益实现城市的不断发展。改革开放以后，改变这一持续扩大城乡差别发展模式的呼声日见强烈，但从思想的改变到行动的落实需要一个漫长的渐进过程。由于这一发展模式的长期作用，特别是在改革开放后的二十世纪八九十年代，城市学校得到了绝佳的发展机遇，“实验学校”“示范学校”云集，更有在“锦上添花”行为惯性支配下的“窗口学校”成为许多城市学校向往的殊荣和追逐的目标，城乡之间的基础教育形成了巨大的反差，甚至是“鸿沟”。近15年来，政府一直在致力于缩小差别、补齐短板的工作，农村腹地义务教育阶段学校的办学条件得到了根本性的改善，“城”与“乡”的基础教育学校在办学条件方面的差距大大缩小。但非城非乡又亦城亦乡的城乡接合部，既没有搭上中心城市教育发展的快速列车实现跨越，也没能充分享受到支持农村教育提速增效的政策优惠，从而一再错失发展机会，如今成为基础教育发展中的一片不为人关注的“洼地”。

（2）教育发展过程中的“边区效应”

大量事实证明，在经济社会发展过程中，“边区效应”是一个普遍存在的隐形法则，城乡接合部既是城市的边缘也是农村的边缘，不论是在城市高速发展时期还是在农村快速提升期，城乡接合部的区位特点就决定了其被“边缘化”的命运。国家发展政策的导向就是政府利益补偿的方向，而执行者往往采取划定政策享用者边界的办法来缓解成本压力，边区必然成为那颗被踢来踢去的皮球，最终与每一次本应可能拥有的发展机遇都巧妙地擦肩而过。我国历来就是穷国办大教育，有限的资源投放不可能满足所有需求者，结果往往是处在不利地位的“边缘地带”，与机会失之交臂。城乡接合部之所以会出现“烂边效应”，其根源之一就在于此。

（3）城镇化进程中的“阵痛效应”

城乡接合部是城镇化首当其冲的发展区域，对于这一区域而言，或许会出现“成也萧何，败也萧何”的局面。“整村改造”，大面积的拆除、大规模的建设、大幅度的调整，原有的学校布局被打乱，未来会怎样不明了，大量外来务工人员涌入，学龄儿童激增，学位供给不足，城中村集中搬迁，有了钱的农民希望给孩子以更好的教育，学生大批量地离开曾经的母校，“麻雀学校”甚至“空心学校”出现，曾经静谧安详、书声琅琅的乡村学校从教育的版图上消失，学生们不得不另觅他处……城乡接合部经历着浴火重生的阵痛，这就是城乡接合部为着城市生活更美好所付出的代价。在承受这一切绕不过去的发展过程时，我们能否给这些支撑基础教育大厦的“小”学校多一份理性的关照，为今天的孩子们，也为明天的这片天地。

（三）城乡接合部义务教育健康发展的必要性、可行性分析

“短板”可以存在也完全可以补齐，“洼地”能够形成，也就有办法填平。

1. 城乡接合部义务教育健康发展的必要性

“城乡接合部地区的环境既没有城市的秩序井然，也缺少传统农村的乡邻互助，它既受农村文化的影响，也受城市文化的冲击。道德的力量、政策的力量都难以统领本地文化，而学校可以通过双方共同关心的学生个体，将其凝聚成追求较高精神价值的共同体。”（方艳/城乡接合部学校建设思考/郑州铁路职业技术学院学报）

城乡接合部的基础教育办好了，既可以支持中心城市向外围疏散人口的现实需求，又可以满足“新市民”随迁子女接受良好教育的诉求，为他们安心定居解决后顾之忧。可以说，提升城乡接合部基础教育的品质是促进新型城镇化的一种独特力量，是提升城乡接合部文化软实力的有效举措。

城乡接合部离中心城区最近，在交通更加便捷的今天，如果当地学校不足以留住本区域学生的话，学生势必大量流向中心城区学校，从而造成流入地学校的生源压力和学位的紧张，这样会加剧学校发展的不均衡，还可能引发相关的社会问题。

城乡接合部又是城镇化发展的核心区，新型城镇化理念特别强调城镇化首先是人的现代化，无论是“原住民”还是“新市民”，都有一个从传统农民向现代市民转化的过程，教育在这一转化过程中起着不可替代的塑造和催化作用，城乡接合部在城镇化进程中的和谐共建离不开教育的浸润。

各级政府一定要重视处在夹缝中的城乡接合部学校建设，因为，学校没了，精神家园就荒芜了，人心也就散了。

2. 城乡接合部义务教育健康发展的可能性

美国著名哲学家、伦理学家约翰·罗尔斯的“补偿利益原则”可以作为关注弱势群体、实现均衡发展的重要依据。其“最大最小值”规则认为：在尽可能平等地分配基本权利和义务的基础上，如果某一种不平等的分配能够给那些“最少受惠者”带来利益补偿的话，那么，这种不平等的分配就是公平的。

前些年国家针对农村义务教育相对薄弱的现状采取的措施就是遵循了这一法则，解决城乡接合部的“洼地”问题同样可以遵循这一基本原则。

在经济社会发展的特定阶段，政府通过政策导向和制度安排向发展的薄弱区和短板项倾斜，以此促进该地区和领域的快速发展，这一举措不仅有助于支持“最少受惠者”提升，也有利于社会的公平和正义。

法国经济学家佩鲁（Francois Perroux）首创的发展极理论（增长极理论）强调：增长是以不同的强度出现在一些部门，借助不同的渠道向外扩散，进而对整个经济产生不同的终极影响。毋庸置疑，经济领域很多问题的解决可以为教育事业的发展提供理论借鉴和政策参考。

中国基础教育的发展走到今天，可以选择以城乡接合部为“极点”来撬动整个基础教育的发展。一方面，这样的发展格局可以有效缓解中心城区生源拥挤、优质教育资源供不应求的局面；另一方面，以此“发展极”为中心可以辐射和带动远郊农村基础教育的发展，从而实现城乡一体的目标。

“二战”以后的1950年，德国赛德尔基金会首倡“城乡等值”的实验，主张农村与城市生活虽不同但是等值。这一思想一经提出便引发了广泛的关注，城乡接合部的地理特征是城乡“接合”，城乡“交错”，“城”与“乡”是否等值，在这里会形成一目了然的景观和泾渭分明的对比。因此，当今中国，我们必须思考在城镇化这盘“大棋”中，城乡接合部基础教育如何形成“城”与“乡”各不相同又各有优势和特色的态势，让这里的基础教育学校也同样具有等值的品质。只有这样，公众才可能无需择校、不想择校。

综上所述，基于现实的教育发展“瓶颈”，借鉴科学研究的理论成果，合理构建和布局发展思路，理性选择和设计行动路线，就可以实现城乡接合部基础教育的有序健康发展。

二、现状调查与问题剖析

——以太原市小店区、晋源区、尖草坪区为例

本课题研究选择了太原市小店区、晋源区和尖草坪区作为样本，因为这三个区是具有城乡接合部典型特征的省会城市太原市属的县级区，也是快速城镇化发展的重点区域。为了全面了解这三个区义务教育发展的现实情况，我们进行了全方位、多层面、广角式的调查研究。

（一）调查内容、范围与方法

调查内容：

1. 义务教育阶段学校的公用经费和办学条件；
2. 义务教育学校的内部管理体制和管理现状；
3. 义务教育学校的生源结构和学生管理与教育情况；
4. 义务教育学校教师的配备与教师专业发展情况；
5. 义务教育阶段学校的家校沟通和联系情况；
6. 近年来学校内涵发展方面主攻目标和成效；
7. 城镇化建设对学校发展产生的影响及其应对策略。

调查范围：

小店区、晋源区和尖草坪区，三个区教育局下辖的义务教育阶段的所有学校，每个区随机选择了5所学校（3所小学，2所初中）作为重点研究的样本，

对三个区的15所学校进行了深入的调研。

调查方法：

本课题研究主要采用了田野调查和大数据支持的方法展开调研。

1. 以发放调查表搜集信息的方式对三个区义务教育的总体情况进行了调查；

2. 查阅太原市教育局2015年和2016年全年教育事业发展情况的统计数据；

3. 对三个区义务教育阶段学校的所有校长进行了问卷调查；

4. 在三个区随机选定的共15所学校的校级管理者或职能部门的管理者中间进行了深度访谈；

5. 实地考察了三个区15所学校（9所小学，4所初中，2所九年一贯制学校）的校园环境和办学设施设备。

（二）调查结果与数据分析

1. 基本区情分析与比较

三个市辖区在1997年之前，分属于太原市的北郊区和南郊区，应该说在传统意义上就是太原市的城乡结合区域，只是在20年前，其“乡”的部分要远远大于“城”的部分，在人们心目中，这里就是农村，这里人的身份也是“农民”。

城镇化进程加速以后，这里发生了前所未有的变化。从2013年的统计数据来看，三个区的国土面积相差不大，但人口数量却有很大差距，小店区、尖草坪区和晋源区的六普人口分别为75万、41.6万和22万。经过近年来持续的城镇化发展，目前，小店区已经成为省会太原新都市圈的重要组成部分，区域内有高新技术开发区等一大批新兴经济发展的“增长极”，经济生活异常活跃，流动人口数量庞大，房地产开发持续高热。晋源区则承袭传统优势，成为省会太原最重要的“菜篮子”基地和“花卉苗木”栽培基地，再加上这里半山半川的地理特点和古晋源历史文化遗迹，具有生态观光和文化旅游的双重优势，未来的晋源，应该是都市后花园的定位。尖草坪区在改革开放以后迅速发展起来的以建材和家装为主的产业群和小商品批发产业已形成规模和完整的产业链，目前传统农业和现代商业并存，有待进一步统一整合和有效融合。

2. 义务教育发展基本格局

表1 小店区、尖草坪区、晋源区义务教育基本情况

项目 区名	义务教育阶段学校数	义务教育阶段教师数	备注
小店区	小学62所，九年一贯制学校3所，初中13所。	在编在岗教师3 683人，临聘教师770人。	没有教学点。
尖草坪区	小学40所，九年一贯制学校1所，初中9所。	在编在岗教师2 244人，临聘教师274人。	20个小学教学点。
晋源区	小学36所，九年一贯制学校1所，初中6所。	在编在岗教师1 424人，临聘教师340人。	一个小学教学点。
备注	与《太原市教育事业统计提要（2016）》略有出入。		

由表1可以看到，义务教育规模和该区的常住人口数是相匹配的，小店区的义务教育体量最大，尖草坪区次之，晋源区最小；目前各区均有相当数量的临聘教师，这是值得关注的问题之一；总体而言，三个区的九年一贯制学校数量并不多，这也是有待探讨的一个问题；三区相比，尖草坪区的小学教学点数量可观，这也是需要给予重视的问题。

表2 小店区、尖草坪区、晋源区义务教育基本情况（续）

项目 区名	“百校兴学”项目校数	近三年教师入编数	备注
小店区	2008—2011年共66所	2015年200名小学教师	
尖草坪区	新建、加固共68所（含教学点）	2016年85名小学教师（小学75人，初中8人，高中2人）	
晋源区	共16所	基本没有	

从表2中我们可以看到，进入21世纪太原市最大规模的一次改善办学条件的工程中，城乡接合部学校也获得了政府提供或筹措的投资红利，目前许多学校的校舍就是当时新建、改建或加固的。从2014年到2016年的三年间，中小学补充新教师的力度明显减弱，招聘入编的新教师数远远跟不上义务教育发展的速度，因此，大量使用临聘教师也就在所难免了。

3. 义务教育发展总体情况

问卷调查的问题从“目前学校发展面临的最大困难和瓶颈”“目前学校发展的主攻项目和主抓工作”“学校生源结构情况”以及“在校生人数呈增加还是减少趋势”等维度进行了设问。发放问卷191份，收回有效问卷175份，其中小店区62份，尖草坪区70份，晋源区43份。

表3　问卷调查统计结果一览表（第1题）

选项 区名	A	B	C	D	E	备注
小店区	15/24.2%	8/12.9%	3/4.8%	29/46.8%	7/11.3%	
尖草坪区	30/42.9%	9/12.9%	1/1.4%	28/40%	2/2.9%	
晋源区	11/27.5%	1/2.5%	9/22.5%	8/20%	9/22.5%	2人表示没有困难和瓶颈。
备注						

从问卷调查结果来看，“办学经费紧张”和“生源质量差”是两大困扰学校发展的难题和制约学校发展的瓶颈，就办学经费的紧张程度来看，存在着区域间的差别，小店区在这方面的困难相对小一些，尖草坪区和晋源区显然更为突出；农村校长们对生源结构和生源质量的抱怨已经是一个尽人皆知的事实，在这个问题上三个区基本没有差别。

虽然义务教育经费保障机制已建立多年，但“以县为主”的教育行政体制在具体的运行过程中仍然有进一步完善的空间，对于经济基础较弱的县区而言，充分保障学校教育工作的良性运作还是显得力不从心。至于生源基础问题，对于面向所有适龄儿童的义务教育，原本对每一个孩子接受教育的"初始状态"没有理由挑剔，但当社会的评判取向和教育内部的评价尺度有了偏差时，一切就变了，彻底改变这种基于功利的价值取向，需要多方面的持续努力。

表4　问卷调查统计结果一览表（第2题）

区名 选项	A	B	C	D
小店区	30/48.4%	26/41.9%	4/6.5%	2/3.2%
尖草坪区	44/62.9%	17/24.3%	5/7.1%	4/5.7%
晋源区	35/87.5%	3/7.5%	0/0%	2/5%

从表4中可以看到，"附近居民和村民子女"和"外来务工人员子女"是义务教育阶段学校生源的主要成分，这与城乡接合部的区位特点和城镇化发展的现实有密切关系。相比较而言，晋源区外来务工人员子女明显少于其他两个区，这从一个侧面反映了晋源区城镇化发展进程要稍慢于其他两个区，高达87.5%的学校，其学生以当地居民和村民子女为主，颇有农村学校原生态的风貌。

表5　问卷调查统计结果一览表（第3题）

区名 选项	A	B	C	D	E	备注
小店区	19/30.6%	11/17.7%	5/8.1%	15/24.2%	12/19.4%	
尖草坪区	17/24.3%	29/41.4%	7/10%	5/7.1%	12/17.1%	
晋源区	14/35.9%	7/17.9%	6/15.4%	5/12.8%	7/17.9%	1人没有填写。

从统计数据中可以看出，“改善办学条件”仍然是许多学校摆在首位的工作（A项），除此之外，小店区和晋源区各学校在“推进课程和教学改革”“强化学生管理和德育工作”“特色建设和文化建设”等方面也呈现出多点开花的内涵发展态势，而尖草坪区高达41%的学校把工作重心落在了“推进课程和教学改革”方面。这与各区域整体推进教育工作的切入点和着力点不同有关，值得关注的是“促进教师专业发展”（C项），是所给选项中选择人数相对较少的，而且三个区表现出了高度的一致性。

表6　问卷调查统计结果一览表（第4题）

区名 / 选项	A	B	C
小店区	40/64.5%	6/9.7%	16/25.8%
尖草坪区	31/44.3%	28/40%	11/15.7%
晋源区	19/47.5%	7/17.5%	14/35%
备注			

表6的统计数据呈现的是近年来各学校在校生人数的增减情况，统计结果表明，学生数不稳定、多变化是城乡接合部学校普遍存在的现象，呈增长趋势的学校总体上占优势，但各区之间又存在一定差异。尖草坪区学生数增长和减少的学校比例很接近，而小店区和晋源区各学校学生的减少情况要远远小于增加情况，这与各区经济社会发展的现状以及城镇化的进程有一定关系。

问卷的第5题和第6题是两道开放性问题，第5题为“城镇化发展和城中村改造对贵校的生存和发展有无影响？主要表现是什么？”第6题是“您认为与中心城市学校相比，贵校发展的最主要问题是什么？”

经过梳理以后得出的结论是，城镇化发展对学校发展的影响具有一定的普遍性。

“我校地处赵庄村中心，由于政府修路以及城中村改造，学校操场已经全部被占，学生没有可以正常活动的场所。”

“我校地处选煤厂宿舍最南面，由于移交产生的历史原因，至今学校操场仅能满足现状，学生生源增加后，正常活动的场所将不足。”

“城镇化发展对学校的生存和发展有影响。目前在拆迁改造建设时期，学校生源骤减，师生上下学路上有安全隐患，学校基础设施（供水、供暖）不完善。改造建设好以后，学校在生源等方面会改善。学校前景是好的。”

“城镇化发展促使人口流动情况加剧，村里年轻人相对减少，导致生源萎缩。”

“城镇化发展导致我们学校人数越来越少，条件好的家庭都去市区买房或租房了。”

“经济条件好的家庭多数把孩子送往条件好、规模大的学校就读，大量人口向城市集中，农村居住人口减少，很多年轻人在外打工，孩子跟着在城市学校借读，学校生源大量减少。”

“西高庄小学地处山区，近年城镇化发展和城中村改造加快，很多村民在其打工的地方购置了房产。（本校）学生数在逐年减少，留下的学生整体水平较低，教学较为困难，部分家长在外打工无暇顾及孩子，对孩子的课业不关心。”

“农村办学条件有了较大的改善，但农村办学条件还是无法与城镇学校相比，教师短缺、师资结构不合理，教师观念落后、主动发展意识不强，学生择校问题没有得到根本扭转。”

“家长为了孩子的发展，越来越多地选择将孩子送到城中村学校或发展规模较大的学校，造成农村（学校）学生数量的减少以及质量的下降。”

“人数增长速度较快，导致校舍严重不足，师资力量匮乏。”

“我校为小规模学校，现在随着外来务工人员子女的进入，学校规模有所扩大，但随着城中村改造，可能会消失。”

“教师思想不稳定……教学条件相对滞后。”

“我校地处城乡接合部，外来务工人员子女占大部分，城改时，学生人数会呈减少的趋势。”

以上是校长们就问卷第5题所描述的场景和表达的想法。概括起来有以下几个突出问题：第一，大拆大建导致学校周边的环境混乱且存在安全隐患，甚至导致学校的运动场地和学生的活动空间被占用。第二，农村青壮年携儿带女大量流向中心城市打工，或购房或租房，导致乡村学校人数锐减，学校快速萎缩。第三，大量外来务工人员到省城谋生发展，其随迁子女需要接受义务教育，部分学校学生数因此大量增加且处于波动状态，而办学条件未能及时跟进。第四，大规模的拆建，导致学校发展前途未卜、去留难测，引发教师的忧虑和思想波动，也给学校的可持续发展带来影响。

“消失”，一个略显悲凉的字眼儿，的确，已经有一些具有历史文化地标意义的学校在教育的版图上消失，这样的剧情还在继续上演，许多校长和教师都在揣测：也许下一个就是我们。

对于城乡接合部学校与中心城市学校的差异（问卷第6题），校长们给出了如下的描述，也表达了他们心中的感慨：

“与中心城市学校相比，主要存在的问题是：教师教育理念上的差距和教师外出学习观摩实践的机会少，导致课改进程较慢。”

“其一，学校校舍陈旧，硬件设施不具备。其二，面对学校90%的外来务工人员，家长层次不一，孩子素质不同，老师们要寻求适合不同层次的孩子的教育方法，强化学生管理和德育工作，在教育好学生的基础上积极课改。其三，是教师观念相对滞后。”

“最主要的问题是音乐、美术无专职教师。”

“学校发展的主要问题来源于教师的编制不足，教师人员短缺，特别是音乐、美术、英语等专业教师短缺，导致整体教学质量与中心城市学校有差距。”

“学校地处农村，属于城乡接合部。家长都是农民，还有好多外来务工人员，素质比较低，对于学生的学习质量要求不高，家庭管理效果不佳，基本全靠学校教师管理，家长配合不到位，导致学生学习成绩差，学生各方面的能力相对也比较差。”

“教师老化，师资力量短缺，虽然学生少，但每门课程都开，教师一天都在教室那个累！再加上学校没有先进的教学设备，即使有了，教师也难以操作。我们的老师真的难呀！”

“生源减少，地域环境较差，教师队伍不稳定、不安心，学科教师专业性差，特别是小科目专业教师缺乏，课程与教学改革很难推进，更谈不上特色建设。”

“学校发展面临的主要问题是所处地区经济落后，发展速度较慢，交通不便，留不住教师。即便是现在本校服务的教师，高额的交通费，也让教师们深感生活的艰辛，久而久之，教师心里产生波动，离开是迟早的事情。总之，师资力量不足、工作量大，是我们遇到的最大的问题。”

“我们把更多的精力投注在对学生良好习惯的培养上，这对我们的教学质量影响很大。”

“最主要的问题是，顶层设计重视城市、轻视农村，办学经费紧缺，师资力量不足、不强……，办学条件亟待改善……，农村学校办学条件无法吸引教师扎根农村教育。”

“专职音、体、美教师缺少，教师年龄偏高，没有专业引领。”

“农村教师待遇太差，留不住素质高的人，临时代课为主力军，稳定性极差。”

“最主要的问题是：教师自身专业发展。”

关于城乡学校之间的差距始终是一个令农村学校校长无奈又无语的话题，综合来自校长们的观点，可以聚焦为以下几个问题：第一，学校办学条件改善总是无法跟上城市学校发展的步伐；第二，教师队伍的整体现状和专业素质差距很大，而且结构性的短缺成为农村学校永远的痛；第三，城乡接合部学生家长的素质也是校长们谈论的一个敏感话题，在提倡现代学校多元治理体制建设的今天，家校联手已经是一个重要的教育支点，但在这里，学校确实步履维艰；第四，这里的教师工作辛苦、工作负担普遍较重，因而职业认同感和幸福感低，更难有职业成就感，想方设法调离或许是他们无奈之下的选择，即使留下也没有激情去支持工作。

4. 城乡接合部义务教育发展的深度观察

在实地考察调研的过程中，我们就三个区义务教育的发展现状进行了更为近距离的深度了解，在此基础上也做了区域间的比较，特别是在一些关键点上给予了重点关注。

总体而言，在进入21世纪之后的最初十多年里，为了实现高质量的“普九”目标，在众多“国家项目”的有力支持下，义务教育学校的办学条件和硬件设施有了质的改变，所到学校、教室、各类功能室和专用教室都比较完善，图书、实验仪器设备和运动场地器材也基本达标，可以说就办学条件而言，兜住底线已没有问题。

在办学条件得到根本性改善的同时，各区义务教育学校也转型进入了注重内涵发展的轨道。

小店区，在刚刚过去的三年，通过北京师范大学专家团队的专业引领和理论指导，以一年一个主题的推进策略，从“特色学校建设”“学科教学改革”和“现代学校制度建设”等三大主题切入，全面提升学校的教育品质，产生了明显的发展效果，对于这一举措所产生的积极意义，受访校长众口一词表示首肯。2016年，小店区又被省教育厅确定为《义务教育学校管理标准（试行）》省级试验区，在义务教育学校内涵发展方面又增加了一个着力点，目前这项工作也在有序推进。

尖草坪区教育局与山西省教育科学研究院合作，于2015年启动为期三年的“教育质量提升工程”，以课堂教学改革为支点和抓手，整合省内理论专家和优秀的一线校长、教师资源，促进区域义务教育学校教育教学质量的全面提高，目前进展良好。

晋源区晋源街道中心学校与太原师范学院于2015年签订院校合作协议，并制订了三年行动方案，开辟了“U—S联合工作坊”，以一对一“贴身指导”的模式全方位促进义务教育学校的内涵发展，在2016年合作的开局之年，收获了令人欣喜的成果。

2014年秋，太原市教育局小学“特色学校”示范校评估认定工作强势启幕，小店区有北京师范大学专家团队指导下的先行一步，自然是独占先机，尖草坪区和晋源区也积极跟进、借力发力，以“特色学校”建设为支点，撬动义务教育阶段学校教育品位的整体抬升。

各区教育行政管理部门近年来致力于招生政策的微调，通过合理划片和科学调配，采用“盘活存量，适度增量”的办法为大量涌入的外来务工人员子女安排学位，在一定程度上保证了区域内学校在校生人数的均衡，遏制了非理性择校行为带来的教育乱象，许多学校校长对此给予了充分的肯定。

但在调研过程中，我们也敏锐地觉察到了城乡接合部义务教育发展过程中面临的挑战以及由此产生的困惑。

（1）区域内办学条件的不均衡依然存在

如前文所述，表示“办学经费紧张”并把“改善办学条件”作为主要工作的学校仍然占有相当的比例。我们仔细做了观察和分析，这些学校主要是以相对偏远的乡村学校为主，以小店区为例，地处东南边陲与榆次区张庆乡接壤的北格镇的16位受访校长中有13位都强调办学经费紧张的问题，而且有10位校长把改善办学条件作为首要工作，同时这些学校也是教师队伍不稳定、学生流失现象比较严重的学校，许多家长把孩子送往靠近中心城市的条件更好的大规模学校读书，留在当地上学的孩子越来越少。小店区近年来在太原市各县区

GDP排名中总是名列前茅，教育投入的力度也可称得上“豪华”，仅与北京师范大学合作一项，三年就是3 000万元，但仍然有学校为生存而发愁。

（2）乡村学校快速萎缩现象触目惊心

在三个区调研的过程中，所到乡村学校，在校生人数大多呈减少趋势，尽管这里的学校在办学条件改善方面较前些年相比已经有了很大改观，但当地老百姓很少进行纵向比较，而习惯于和城市学校做横向比较。比较的结果是，他们更愿意为孩子选择离城近的大规模学校或民办寄宿制学校，况且，对于城乡接合部的多数“村民”来说，在城区购房或租房并非遥不可及、力不能及的事情，因此，乡村学校正面临被慢慢抽空的局面。

尖草坪区柏板中学，目前全校只有36名学生。因为在校生人数极度萎缩，已无法正常办学，这所学校在几年前原本是要被撤并的，但迫于部分村民的强烈要求和苦苦挽留，才坚持到今天。在这里就读的学生大部分属于家庭困难、没有条件迁入城市、也没有能力送孩子去寄宿制民办学校就读的附近村民的子女。不过，坚守在这个孤岛上的校长和教师表现出了格外的“安逸”，甚至这些教师并不愿意去往那些大规模学校工作，因为这里清闲自在。我们进校考察走访时，恰逢学校申报获批的太原市“十三五”教育规划课题举行开题论证，老师们悉数参加，教室里的孩子们围坐一圈正在自主合作学习，一切井然有序。

（3）城边学校不断膨胀情况十分明显

与乡村学校相反，地处城乡交界线上的学校，由于边远乡镇村民子女想方设法进入，再加上外来务工人员子女的大量涌入，出现学校校舍紧张，功能教室和专用教室被挤占的窘境。如小店区李家庄中心小学，原本就是一所设计规模不大的为当地村民子女提供服务的农村小学，不过学校的校容校貌和设施设备在农村学校属于上乘，近年来的教育教学质量也深得社会公众认可，有许多学生来自本区南端的北格镇和刘家堡乡，同时还需接纳大量的外来务工人员子女。全校750名学生中，本村学生只有90名左右，由于学生人数不断增加，原先按照标准化学校建设要求配置的专用教室和功能教室不得以被挤占，学校的正式教师数量不足，临聘教师非常不稳定，每学期开学初都要为教学工作安排发愁，学校超负荷运行，深感力不从心。

（4）学生数量波动现象普遍存在

我们在走访学校的过程中发现，几乎所有学校各年级的轨制都不一样。这与传统意义上的学校管理常态截然不同，按照惯例，中小学校的设计规模轨制都是相对稳定的，各年级的班级数整齐，班主任和任课教师的安排就能够合理搭配，教师的工作量分配也可以比较均衡。学生数和班级数频繁波动正是城乡接合部、特别是城镇化发展较快的城乡接合部学校的普遍现象，这为学校教育教学和管理秩序的稳定带来了困难。

晋源区五府营中心小学在2016年9月开学季就遭遇了学生人数突然增加，学校紧急补充新教师，培训新教师，安排教学工作，整个开学初的工作处于紧张的应急状态。之后又面临生均占地面积不足等困扰，总之是问题接踵而来，各项工作仓促应对。

（5）临聘教师成为亟待解决的突出问题

各区义务教育阶段的学校都有相当数量的“临聘教师”，这些教师有一部分是通过政府购买服务的方式解决待遇问题，还有一部分需要通过其他变通的形式支付薪酬，也有使用公用经费聘用临时代课教师的情况。这部分教师整体素质好、学历起点高、多数胜任能力强，但普遍存在稳定性差的问题，由此引发的学校管理问题也是多方面的，教学工作的连续性受到影响，教师梯队建设无法规划和实施，甚至引发家校之间的矛盾和纠纷。

草坪区双语实验小学是位于城乡交界线上的一所发展势头较好的学校，随着外来务工人员源源不断落户周边，进入该校就读的学生人数不断增加，教育供给压力很大，教育行政主管部门希望学校能为政府分忧。但学校目前在编教师并不能全部在岗工作，学校还有特色发展的现实需要，不得已使用10多名临聘教师。每年用于临聘教师工资的费用使得学校经济压力很大。

为了拓展研究的视野，我们关注并走访了太原市迎泽区处在城乡接合部区域的学校。松庄小学和朝阳街小学也面临同样的发展困扰。

（6）教师结构和整体素质都有待改善和提高

多数受访校长坦言，教师整体素质不够理想，教育教学观念落伍，特别是偏远乡村学校，教师年龄结构不合理，平均年龄偏老（多年没有新教师入编），这在一定程度上影响了学校的发展活力。在随机访谈和课堂观察中，我们也不由得为部分在任教师的教学方法单调、专业知识浅薄感到深深的担忧。有校长谈及近年来学校教学质量保持不错势头的原因时说："就是靠老师们肯下功夫、乐于奉献，课堂上连讲带背。"由此可见学校管理者和一线教师在观念和行动上与新课程理念的距离。

但令人费解的是，一方面，校长们感慨教师队伍质量不尽如人意，另一方面，在"促进教师专业发展"方面又普遍没有行动。分析其原因，一方面是观念问题，多数校长认为好教师是分配来的而不是培养成的；另一方面，乡村学校的确是没有能力为教师的专业素养提升给予有效支持。

（三）归因分析与案例评析

1. 城乡接合部义务教育学校办学条件差办学经费不足的原因

（1）区级财政实力薄弱

"以县为主"的义务教育经费保障体制在具体操作层面面临的问题就是，县域经济基础薄弱、县级财政收入偏低的县（市、区），在充分保证义务教育投入方面显得捉襟见肘。以晋源区为例，政府财政收入在太原市一直是处于偏低的位次。这里的许多学校，特别是乡村小校弱校，整个一年都在为经费不到位而发愁。

（2）城乡二元结构的惯性思维

在支持义务教育学校均衡发展的问题上，重城市、轻乡村的潜意识会构成政府分配教育经费的隐形障碍，而且长期以来形成的“窗口学校”情结也是教育投资天平倾斜的心理诱因。总之，锦上添花是长期以来各级政府更愿意做的事情。在校长们眼里，同属一个区的城里学校已经是“国际化水平”，而乡村学校却相去甚远。

（3）教育行政管理体制机制障碍

在深入基层学校走访和观察的过程中，我们也发现，造成校际发展不均衡还有一些非系统性的原因，由于地方性政策不够完善或制度设计存在漏洞，还有人为因素的干扰，导致同一区域校际差距十分明显。

【案例1】城镇化发展过程中遭遇的尴尬

MJ学校是一所区直属九年一贯制学校，前身为企业子弟学校，2007年1月1日正式移交地方政府管理。目前，小学轨制不整齐，一、二年级是双轨，三年级以上为单轨，七、八、九年级为双轨。以前为一所规模稳定的双轨制学校，在隶属关系变更过程中学校发展受到一些影响，近年来由于当地外来务工人员增加，学校生源有所回升。

2010年，学校列入太原市“百校兴学”计划项目，建成一座五层新教学楼。2014年，太原南站建成启用，太原市扩容，基础建设项目全面启动，因为修路，学校教学楼被拆除，校址被占用，当时承诺给学校选址建校，但至今没有着落。学校目前租用一企业仓库办学，外部环境和内部条件都不利于学校的良性发展和学生的健康成长。现在区政府的思路是借城中村改造的东风，采用PPP模式解决这一问题，但仅仅是设想，并没有时间表。

这是一个特殊事例，也是一个典型案例。透过此事，我们也能够发现城镇化发展对学校教育正常秩序带来的负面影响，重视城市发展过程中的基础设施建设无可厚非，但关乎儿童、少年健康成长的基础教育同样是不容忽视的。

【案例2】拥有豪华设施的小规模学校

LC小学是该镇唯一的一所中心小学，1~3年级双轨，4~6年级单轨，在校生人数为347人，1/3为进城务工人员子女。2014年以后，学校条件大为改观，校门外的泥土地得到了硬化就是最直观的表现。学校服务区为周边的四个村庄，周边村拆迁，外来务工人员增加，他们的子女就近就学，学生人数有所增加。

目前，该校是太原市“人人通”基地校，同时也是中央电教馆项目基地校。现代教育技术装备非常先进，学校建有一个录播室，计划2017年实现学生人手一台平板电脑（学校统一购置）。目前，语、数、外三门课每班每科每周上一次“包包课”（电子书包），学校购置两套课程资源供教师选用。从效果来看，学校高层反映：教学效率高、课堂容量大，教师可以及时了解学生学习情况的反馈信息。

近期目标是：推行“一课一名师”，把所有的课都录下来，作为资料保存，并提倡和指导老师们进行数据分析，以大数据分析的方式服务教学。另外，学校目前有9台3D打印机，还购置机器人制作材料，尝试“创客教育”，打造“智慧校园”，培养学生的创新精神。

如果在城乡接合部的所有学校都能有这样的现代设备和技术支撑下的教育发展环境，应该是可喜可贺的事情，但与这所学校形成鲜明对比的是，同在该区域的乡村学校连正常的教学楼维修都很难及时完成，差距之大令人瞠目。

2. 城乡接合部义务教育学校内涵发展水平偏低的原因

这里的“低”有两层含义。其一是城乡接合部学校与中心城市学校相比总体有差距，其二是城乡接合部区域内各学校之间也存在差距。

（1）客观条件的制约和制度设计的缺失

总体而言，城乡接合部学校与中心城市学校相比，存在历史性和现实性的双重发展劣势，作为“准乡村”的城乡接合部，在长期的发展进程中欠账太多，具体表现是管理者与一线教师的教育、教学和管理观念落后，教育、教学和管理方式简单粗放。在20世纪90年代中后期，当中心城市学校进入了改革和发展纵深地带的时候，这里的发展节奏只是表面跟进，并没有根本上的改观，在进入21世纪的最初十几年间，中心城市学校围绕课程和教学改革进行全方位提升的时代，城乡接合部学校也缺乏实质性的变化。

比如，太原市教育局从2014年开始采用专家评估认定的方式强势推进特色学校建设工作，中心城区的多数学校在此前已经通过多种渠道了解了这一改革和发展的新要求，也走访观摩过国内一些成功的范例和经验，更有部分学校已经先行一步进行了探索和实践。而处在城乡接合部的多数学校，无论是管理层还是一线教师，对这一新思想几乎是一无所知，又没有条件走出去参观学习，对这样的评价和认定工作，这些学校可以说是无从下手，但行政推动下的工作还必须去做，那只好做一些应景的表面文章。类似的工作有很多，每一项工作都只能是依葫芦画瓢地牵强为之，积累下来的就不可能是厚实的发展轨迹。

再比如，为了推进义务教育的均衡发展，近年来各地持续推动教师的校际流动，这一举措就设计理念而言是一项具有多重管理学意义的策略，它通过可流动资源有规律的交流，在一定程度上实现了优质教育资源在强校与弱校之间的共享，同时给每一位教师提供了在不同特质学校获得职业体验的机会，从而促进了教师的专业成长。这一机制促成了各学校教师群体的动态优化，在一定程度上给择校热降了温，让学校的均衡发展有了深层次的保证。实践证明，无论是中心城区还是农村腹地的县域都有成功实践这一理念的先例。但这次在太原市城乡接合部的三个区调研的过程中，我们发现教师交流机制在具体运作层面存在诸多瓶颈和困惑，并没有能够很好地发挥它应有的价值和作用。

【案例3】教师交流：如何让学校和教师获得双赢？

HF中学是位于尖草坪区最南端的一所初级中学，由于地处城乡接合部，且紧邻中心城市，在生源竞争方面处于不利地位，但对于教师而言，这所学校拥有交通便利和工作环境相对优越的特点。本区共有9所初中学校，相邻的3所学校组成发展“共同体”，相互之间进行教师交流，周期为3年，且参与交流成为教师晋升职称的条件之一。但这样的地方性政策在具体实施过程中却遭遇了一些困难，首先是来自教师个人的生活困难，由于工作单位地处城乡接合部，这里的教师多数都住在中心城区，如果交流到离城市更远的学校势必带来时间成本的增加，因此，交流出现了不对等的情况，偏远学校的教师乐于来离城近的学校交流，而离城近的学校的教师并不情愿去更远的学校。如此一来，交流出现了“梗阻”，无法顺畅循环；其次，城乡接合部的学校大多规模比较小，小学科教师的数量有限，教师交流很难在同学科教师中间对等互动，客观上加剧了教师“教非所学”的局面，教师的学科背景与所教学科不匹配的现象不同程度地存在，势必会影响教育教学效果；再次，交流教师面临着无法融入新环境的心理困境，我国长期形成的单位所有制的人事格局，客观上造就了人们对组织的依附感和对同事群体的心理认同感，临时交流带来的人际交往不适是需要给予特别关注和高度重视的管理问题；最后，流动教师在个人待遇问题上面临流出学校和流入学校之间的推诿扯皮，这种情形对教师管理中的人文关怀无疑是致命的干扰。有教师流出学校的校长甚至振振有词：“他（她）还不知道在为谁受呢！我为什么要给他（她）发奖金？”而流入学校的校长也颇感为难，交流教师的人事关系不在本校，如若发奖金或福利，与体制又不太顺。此外，教师个体在交流期间的评价问题也是值得高度重视的。作为区人大代表的HF中学校长曾经就这一问题提交提案，但并未引起相关部门的重视。由于以上诸多方面问题的出现，目前，教师交流工作并没有呈现良性态势，似乎仅仅是想要评聘职称教师的功利需求和个人行为，而非实现教育公平的有力举措。

本案例暴露出的主要问题是县域教育行政主管部门在制度安排和政策制定

方面的简单和疏漏，其中的一些问题是和其他地区同样面临的共性问题，也有一些是城乡接合部区域所特有的操作难题，需要有针对性的制度设计和政策引导。

概括而言，有四个关键性所在：其一是从教师资源的合理配比和均衡布局着眼；其二是在运行机制上的人文关怀设计上着力；其三是强化学校管理层的大局意识和教师文化的动态优化能力；其四是通过营建良性的竞争机制和激励机制润滑和催化这一策略的有效实施。只有这样，才能够真正盘活现有教师资源，提升教师参与交流的心理认同度，以“交流”为支点促成学校的均衡发展。

（2）主观努力的程度和行动策略的选择

同在城乡接合部区域，同样拥有发展的诸多不利因素，但不同学校的发展状态也各有不同。

【案例4】凭借专家引领实现持续发展

BY小学是小店区的一所紧邻中心城市的学校，虽然学校经过多年积累已跻身于太原市优质小学行列，但学校管理层仍不敢稍有懈怠。为了保持学校发展的强劲动力，近三年来，学校与师范院校教育专家建立了长期的合作机制，通过持续性常态化的“贴身指导”，有效促进全体教师特别是青年教师的专业成长，并在学校内涵发展的关键点上进行积极超前的引领，目前学校的发展态势良好，社会影响力和美誉度不断提升，公众的满意度也呈上升趋势。

改革开放近40年里，伴随着我国基础教育改革的持续深入和发展的不断提速，“专家引领”已越来越被中小学管理者认同，许多赢得了可持续发展优势的学校借助专业和学术的支撑力量进入了良性发展的快速道。与此相反的是，有些学校将引入专家力量支持学校发展作为一种偶尔为之的“形象工程”或临渴掘井的“应急措施”，缺乏持之以恒的意识和长期合作的机制，因而其效果也会大打折扣。

【案例5】借力发力，有效提升学校发展的内动力

尖草坪区HF中学地处城乡交界线上，虽然在本区属于办学条件较好的学校，但学校也有致命的短板，就是没有户外体育活动场地，因此在与周边城市学校竞争中有着强烈的危机意识。几年前，该校的在校生人数少，显现出发展动力不足的颓势。近几年来，学生人数持续攀升，社会声望也节节提高，其中除了外来务工人员数量增加带来的充足生源以外，也与该校注重练内功、提质量有着重要的关系。首先，在区教育局借助省教科院的专业力量推进课程教学改革的大背景下，该校积极行动、主动参与，以力推“课改”促教师观念转变，以强化“教研”促教师专业成长，并且顶住压力、持续发力；其次，该校利用与省电化教育馆是邻居这一得天独厚的优势，充分利用区位特点和资源优势，借助专业人员的指导力量开展网络环境下学科教学改革的尝试，让“电子书包”进课堂，助推教学改革的深入；再次，高度重视和加强“家校合作”，努力将外来务工人员普遍无暇顾及孩子发展这一短板加长，积极引导家长改变家庭教育理念，努力形成家庭和学校的教育合力，以此改善教育的品质。经过不懈努力，目前学校逐步进入了良性发展的轨道，可谓好风凭借力。

由此可见，校际发展水平的不均衡不仅有办学条件的因素、历史积淀的因素，也有学校管理者理念的差距和发展路径选择上的差异。

若干年前，时任国家教委副主任的柳斌先生特别强调：一个好校长就是一所好学校。实践证明，在办学的基本条件一定的情况下，学校管理层，特别是校长的眼界和思路，的确具有特殊的影响作用。

【案例6】从一所村办小学的发展轨迹看城乡接合部学校的变迁

晋源区WJB中心小学里属于晋源区义井街道，也是眼下该街道唯一的一所学校了。

这所学校原本是当地吴家堡村的村办小学，由于地处晋源区的最北端，成为城镇化的桥头堡，当时整村改造时，学校采用了先建后拆的策略，搭乘太原市改善中小学办学条件的顺风车，打响了晋源区“百校兴学”的第一枪，建成了晋源区“百校兴学”第一楼，成功实现了平稳过渡。

之后，附近南堰村拆迁，南堰小学并入，从新校址落成，到兼并另一所乡村学校，硬件设施的不断完善，学校文化有效整合，科学规范管理机制逐步建立，每一步都十分艰辛。

2016年，学校发展又迎来了新的机遇，现在的操场新建一座教学楼，南侧扩建新的运动场，学校规模将扩大至8轨。在内涵发展方面，引入中心城区优质学校的管理团队，借助传统名校的品牌力量，进一步提升办学品质，下一步学校可能会成为本区直属小学，发展前景令社会各界看好。吴家堡中心小学毗邻太原市的新地标——长风商贸区，区位优势十分明显，社会资源也特别丰富，有望成为新城区的现代学校。

晋源区地广人稀，学校规模都不大，按照现在的城镇化建设态势，吴家堡中心小学的蜕变之路很可能就是许多乡村学校今后不得不面临的选择。

有意思的是，无论是官方还是民间，都迫切希望学校拥有一个洋气一些的新校名，那些承载着厚重历史和教育过往的“土”校名恐怕就会成为尘封的历史了。

（四）基于现状的对策建议

县域内义务教育整体发展水平和学校教育品质的提升是一个长期积累的渐进过程，因此，促进教育事业的持续发展需要从长计议、持续发力。

1. 政府在制度设计和政策导向方面要有所作为

“以县为主”的现行教育行政体制将义务教育的办学权和管理权锁定在县一级政府，比较此前的“分级办学、分级管理”，“县、乡、村三级办学，县、乡两级管理”的体制，县级政府的责任更大也更明确了，这一调整是基于当下中国农村经济社会发展的现实需要和未来走向启动的，具有历史的必然性。在此体制框架下，如何更科学地规划县域基础教育的整体布局和发展思路，充分体现义务教育政府管理的现代社会治理理念，关系到一方百姓的福祉和社会的和谐。

首先，在规划区域发展的整体方案时，政府要将教育作为其中重要的组成部分进行谋划，特别是处在城镇化建设前沿阵地的城乡接合部，无论是基础设施建设还是“城中村”改造，无论是工业园区建设还是房地产开发，无论是“招商引资”还是土地使用性质变更，都必须考虑到对现有教育布局和相关学校的影响，通过有效的途径进行评估，并据此做出具有前瞻性的抉择。

其次，在教育经费的划拨和使用程序方面，政府要科学安排、合理分配，把有限的教育经费资源盘活用好，特别要重点扶持偏远薄弱的乡村小规模学校，努力缩小校际差距，使所有学校各得其所、各有千秋，让大学校有大学校的品质，小学校有小学校的气象，每一所学校都具有现代基础教育应有的办学实力。

再次，要为基础教育事业的发展营造良好的外部环境，义务教育是植根于基层社会的公共事业，是惠及千家万户的基本公共产品，既需要政府的有效治理，也需要社会公众的支持和参与，县域政府应通过社会治理渠道和舆论平台加以规范和引导，在乡镇和乡村社区培育关心学校、重视教育的良好风气，使校长和教师拥有宽松和谐的工作环境。

2. 教育行政主管部门在区域教育战略发展中要有大智慧

首先，要利用好每一次大区域中的教育改革和发展机遇。城乡接合部区域虽然处在城市边缘，但比起农村腹地，还是有着“搭乘”改革发展顺风车的便利，作为省会城市的城乡接合部地区，在跟上全市基础教育改革和发展步伐方面要争取主动、抢抓机遇，而不能自我“边缘化”，要力求做到不仅跟上，更要做精做实。这样，经过几个回合的“组合拳”之后，就可以变被动为主动，逐步积累起良性发展的基础和实力。

其次，要利用好周边的高等教育资源和教育科研力量。省会城市大学云集，教育研究机构也不少，可以利用的学术资源很多，城乡接合部区域可以根据自身教育发展的现实需要，有选择地与相关机构和专业人士建立起切实可行的合作关系，借助学术力量改善和提升区域教育品质，特别是促进中小学校长和一线教师的专业成长。

再次，要未雨绸缪，适时推进区域教育的整体改革和发展项目。省内外大量成功的实践证明，以市域或县域围绕某个主题整体推进教育的改革和发展，通过科学论证、周密部署和持续强力实施，特别是在专业团队的指导之下的稳步推动，可以有效地改善和优化教育发展的相关要素，提振和强化内涵发展的动力系统，激活可持续发展的内部造血功能，使区域教育进入良性运行轨道。

就以上三个方面，小店区近年来的做法是值得借鉴的。

最后，要把每一项改革和发展项目设计精细、操作到位。客观地讲，有些工作没能做好，既不是资金的问题，也不是基层的原因，而是缺乏科学精致的顶层设计。例如，“教师流动”既是一项具有重大战略意义的重要工作，又是一项涉及各方面利益的系统工程，就必须做好周密的制度安排和相应的政策保障，设计好科学的操作流程并严格按照既定程序运行。有序的管理势必带来良好的效果，每一项工作都尽可能做到规范严谨，教育品质的提升当然也就在其中了。

3. 学校层面在提升质量办出特色方面要有所担当

首先，要立足当前，建立规范有序的运行机制。学校规模大有大的运行规则，小有小的运转秩序，城乡接合部义务教育学校的校长应因校制宜设计各自学校的管理机制，努力按照现代学校制度建设的要求，逐步形成学校科学管理的制度体系。在此基础上逐步实现管理的制度化、规范化、标准化、程序化和自动化，以有序的常规管理支撑学校的健康发展。

其次，要以点带面突破学校发展的成长上限。学校的健康可持续发展是一个渐进的过程，既不可能一蹴而就，也不可能齐头并进，因此，“切入点”的选择至关重要。学校管理层应审时度势，基于校情，找准“突破口”，努力将资源优势转化为发展优势，力争以点带面，在凸显亮点的同时带动全局，在补齐短板的同时盘活全局。

再次，要选点定位形成学校发展的核心竞争力。在学校发展中，企业管理中的“差别化战略”值得借鉴，将学校发展过程中积淀而成的传统优势或强项做成品牌，进一步夯实、拓展和升华，力求在内涵和策略方面精益求精，鲜明的特色就会成为学校的文化标识，进而成为学校不断发展壮大的强大引擎。

三、宏观分析与政策建议

在“以县为主”的教育行政体制背景下，县域基础教育是一个相对独立的运行系统，这一系统可以通过多种方式实现不断的优化升级。但是，这个系统又是一个开放系统，不可能完全凭借自身力量实现良性发展，因为它会受到其他相关因素的干扰或制约。所以，我们需要将一县一区的基础教育放在更大的社会系统中去考量和审视，更需要以系统的思维去解决义务教育整体发展中的局部矛盾和微观问题。

城乡接合部区域义务教育面临的现实发展问题，是整个社会大系统转型发展过程中遭遇到的挑战中不可分割的一部分，只有与新型城镇化背景下的诸多社会问题的解决方略同步考虑、协同解决，才是制胜之道。

另外，城乡接合部与中心城区之间在空间上的毗邻和在交通上的便利，客观上加剧了这一区域义务教育发展的变数，将城乡接合部和中心城区义务教育问题放在同一个棋局中谋划，才能够从根本上化解城乡接合部义务教育当前面临的困境。

（一）教育经费保障与办学条件改善要关注细节

1. 关于经费的提供和拨付

“以县为主”的教育行政管理体制和义务教育经费保障机制已实施多年，

这一体制在原有“分级办学分级管理”的体制背景下，着力解决了义务教育经费保障机制重心偏低，客观上增加农民负担的问题。重心的上移给村和乡卸掉了很难承担的办学重负，县一级政府当然地成为县域义务教育的办学主体。但是，我国县一级政府的财政状况存在很大的差异，而且，这种差异还会随着经济社会的发展情况和国家宏观经济政策的调整发生波动，这就在客观上导致了义务教育经费的保障存在着县域间的差别和诸多不确定性。

从宏观视角考察，“义务教育的纯公共产品属性决定了义务教育消费不能收取任何费用，应当由政府直接提供或通过政府购买服务予以保障，所需经费由政府通过多种渠道予以筹措提供。同时，由于义务教育具有国家和地方共同受益的特征，属于准全国性公共产品，因此，义务教育保障的职责应由中央和地方共同承担。”（海南省义务教育学校布局调整研究/曾维陆/硕士论文），对“以县为主”体制进行调整的研究也是近年来国内许多学者关注的一个热点话题，一些业内资深的学者和新锐研究者都积极支持各级财政共担义务教育办学经费的思路，并且提出了“省级统筹”的政策建议。华中师范大学范先佐先生提出：将义务教育经费保障机制由县级财政为主过渡到省级财政统筹安排，这是解决农村教育均衡问题的根本性措施之一。近年来，中央财政以大型项目推进的方式为义务教育，特别是中西部农村义务教育的条件改善和内涵发展提供了有力的支持，产生了持续优化的叠加效应，但义务教育学校正常运行的日常维持很难通过阶段性的项目支持不间断地予以保障，因此，从根本上解决经济发展薄弱县域义务教育学校公用经费紧缺问题，还需要来自国家层面的政策和制度保证。

从中观层面考虑，“我国目前义务教育拨款方式大都是生均定额加专项补助的方法，这一方式存在的主要问题是：考虑因素单一，与学校成本状况并不相适应。”（关于城乡接合部义务教育支出绩效评价的建议——以闵行区中小学为例/复旦大学公共经济学系民生财政支出绩效审计研究课题组），这项研究关注的问题的确具有一定的普遍性，它聚焦了经费拨付中的定额标准问题。城乡接合部区域小规模学校居多，按照这一方式拨付的经费很难维持学校的良性运行，甚至还容易助长一些学校在数量上的盲目扩张。除此之外，在拨付方式上，县域教育管理体制也不同程度地存在着一些掣肘因素，如，原有的乡（镇）教育管理机构的权限和职能的界定，“县财校用”如何在操作层面理顺仍是一个悬而未决的问题。从“分级办学，分级管理”到“以县为主”，乡（镇）一级教育行政管理由实到虚，身份十分尴尬，运行也特别拧巴，这样的现实在经费拨付和使用方面暴露出的问题就是：这个管理机构自身的公用经费怎么核算？在学校教育经费拨付和使用过程中，这个机构扮演怎样的角色？目前，有些农村县域取消了乡（镇）教育管理机构，所有学校都成为县直学校，由县教育局直接管理。然而，实际情况是县域面积广阔，义务教育学校布局分散，交通也不及城市发达，往往导致管理上的真空。由此可见，乡（镇）教育管理环节的存在就目前中国农村现状而言有其必要性和合理性。城乡接合部介于农村腹地和中心城市之间，在城镇化进程中，许多乡（镇）变更为街道办事处，但还有沿袭至今的“教办”存在，如何根据现实发展需要进行调整，明晰管理职能，理顺经费来源，既有利于乡（镇）中心学校功能的充分发挥，也有助于义务教育学校经费的核定和拨付。

就微观角度而言，义务教育经费拨付和使用制度的规范执行也有待于持续完善和不断强化，尽管国家在执行“县财校用”政策方面有明确规定，以减少中间环节的迟滞和截流，有效避免人为因素的干扰，但在实际操作层面，重视优校大校和城镇学校，忽视弱校小校和乡村学校的情况时有发生。对此，人们往往显示出集体无意识状态和习以为常的姿态，这也是导致县域校际差别难以消除的重要原因之一。

北京师范大学袁桂林教授认为，在起点严重不公平的条件下，如果我们仍实行教育投入分配的无差别对待，实际上是一种严重的不公平。因此，在教育经费分配过程中，适度向小校弱校倾斜，就可以抬升区域义务教育学校办学条件的底线，最终走向均衡。

2. 关于办学条件的改善和提升

正如前文所述，国家和各级地方政府近年来在改善义务教育学校办学条件方面持续发力，特别是义务教育学校标准化建设工程，促成了原有办学条件落后学校的有效改善和提升，这主要表现在校舍的新建、改建、维修和加固方面，教育设施设备的更新换代，特别是现代教育技术的引入，专用教室、功能教室建设和相关设备的配置，图书及实验设备的补充完善，体育运动场地建设和器材、设备的提供等。

但我们实地调查发现，许多学校配置时间并不太长的设备已经无法正常使用，形同虚设。我们现场勘察也发现，农村学校各种配置的标准本身就与城市学校有差别，后续的维护和修补又不能及时跟进，这就是为什么在我们看来应该没有问题的办学条件部分，在调查中却获知仍有很多令人意想不到的问题的原因所在。

更为重要的是，老百姓对学校条件的认知往往是横向比较的结果，因为，城乡在各方面的优劣比较，最容易在城乡接合部突显，进而造成多种要素的反向流动。城乡接合部学校的条件是否令公众满意，能否被家长接受和选择，是在以大量的中心城区学校为“参照系”的基础上确定的，这无形中标高了该区域办学条件的底线，一旦老百姓认为不满意，他们自然就会选择“用脚投票”的办法，对此学校实属无奈。

鉴于上述现状，我们的建议是，首先，上一级政府和教育主管部门应通盘考虑，特别是对于城镇化进程中的新建学校和迁建学校，在制度和政策体系设计上，要从这一区域城市化之初就将该区域内的学校进行升级改造，将城乡接合部学校和中心城区学校在办学条件方面存在的落差尽量缩小，以避免给在“夹缝中”求生存的城乡接合部学校留下后续发展的隐患。其次，对那些列入城镇化建设蓝图的学校要给予重点关注甚至政策倾斜，保证这些学校办学条件不受影响，避免这些学校在将改未改中成为难以为继的孤岛，在企业学校归并社会的过程中就有许多口碑很好的学校被“蹉跎”得一蹶不振，希望这样的悲剧不要重演。再次，应科学研判和重新评估城乡接合部义务教育学校硬件建设的标准，与其低标准重复投资，倒不如一步到位高标准规划。这样一来，所有老百姓家门口的学校都有办学条件无差别的学校可上，费心费力去择校的学生就会大大减少，义务教育均衡发展的物质前提就真正有了保障。

（二）义务教育学校布局的调整要有战略思维

当前，区域义务教育发展已进入“后撤点并校”时代，但城乡接合部是一个例外，因为大规模的开发兴建和人口流动，学校布局的调整几乎成为常态，这也给该区域基础教育的健康稳定发展提出了挑战，甚至带来了难题。

1. 义务教育学校布局波动的现状

（1）城市基础设施建设导致义务教育学校迁址

城市有计划的扩容是城镇化进程的应有之义，基础设施建设也是城市持续发展和品质提升的必然选择，但因此而引发的学校迁址问题必须慎重处置、妥善安排，否则将可能引发相关的社会问题，或为教育的健康发展留下隐患。

（2）“城中村”改造导致乡村小学撤并或随迁

“整村改造”是城镇化进程中系统提升城市品位的有效措施，在这一复杂的过程中，学校教育的合理调整应纳入有效考虑的范畴，因为它涉及很多家庭众多学生的就近上学问题，成功的案例就是“先建后拆”，村民的安置房和配建学校有了着落，后顾之忧就自然消除，这不仅有利于教育事业的稳定，也有助于社会的稳定。

（3）房地产开发导致学校格局的调整

大规模的房地产开发是目前城镇化发展的重要举措，也是确保经济发展速度在合理区间运行的有力保证。城乡接合部自然是房地产开发的集中区域，无论是与“整村搬迁”相配套的安置房，还是商品化提供的住宅小区，都不可避免地涉及学前教育和义务教育场所的搬迁或配建问题，也就意味着原有学校需要撤并或搬迁，还有新建学校在区域教育地图中的合理布局。

（4）人口的自然流动引发偏远乡村学校消亡

我国城市化进程提速以后带来的最引人关注的问题就是大量农村人口进城，乡村常住人口锐减，农村学校在校生人数极度萎缩，甚至出现“人去校空”的局面。城乡接合部区域既方便村民进城居住，又是中心城市务工人员的输出地，大量青壮年人携儿带女离开乡村，学校由大变小、从有到无的情况不亚于偏远落后农村。

以上几种情况在我们所到之处都有不同程度的表现，客观上给相关学校的正常教育教学秩序以及未来发展带来了诸多不确定性和负面影响。

目前，有因为“修路”占地临时租用校舍办学的学校，有因为“造城”暂时与其他学校共用校舍办学的情形，有些学校因为整村拆迁而被注销，有些学校因为“开发”价值大而从原址迁走，有些学校为了给“开发”创造条件强行合并，有些“名校”为了迎合开发商的利益诉求成为“一校多址”的连锁校，有些乡镇则成为没有一所学校的教育荒漠地带。

2. 应对学校布局频繁变化的政策建议

（1）从长计议科学规划

国外学者早有关于关闭学校带来的负面影响的研究成果。首先，在校学生是最直接、最无辜的受害者；其次，在关闭前很长一段时间，学校的正常秩序会因此打破；再次，学校所在社区的居民也会产生不同程度的失落感。因为，学校是社区“适于居住性”（live-ability）的象征。这些影响在我们现场考察和访谈时都深有感触。

基础设施建设、公共设施提供、旅游休闲区规划，这些项目在城乡接合部未来发展中都是必不可少的，因此而占用现有学校的校址也在所难免，但相关部门在进行决策前需要科学论证并形成解决问题的可靠方案，即，方案既要最大限度降低眼前的风险和损失，又要着眼于本区域基础教育协调发展的长远利益。

城乡接合部是房地产开发的热点区域，“万人小区”的规划建设，将改变原有的乡村格局，小区配建现代化的大规模学校，必然要挤压乡村学校的生存空间。拥有多年办学历史、具有独特办学风格的乡村学校“被撤并”，中心城市的优质学校全面进驻城乡接合部，一批拥有深刻历史文化印记的校园和它们的名字瞬间成为历史。这是城镇化背景下城乡接合部基础教育发展的新动态，也是一个值得审慎思考、谨慎选择的发展策略。发生在20世纪末一哄而上的中小学“撤点并校”运动，曾经给基础教育发展造成许多负面影响，这一轮以优质发展为名而展开的撤并不能不令人担忧。

尽管“土地财政”是经济社会转型发展过程中多少有些无奈的选择，但从“经营企业到经营城市”，有些地方政府领导却有些近乎狂热，只注重经济利益而致社会效益于不顾，这种执政倾向亟待纠正。

（2）理性思考精细规划

2016年，教育部就统筹推进县域内城乡义务教育一体化改革发展答记者问时，相关领导明确指出：城市规划要按高限取值，留足义务教育学校发展空间。住建部俞滨洋司长也明确表态：各地要科学预测包括外来人口在内的常住人口规模，适度超前统筹设置中小学校，尤其是在公共空间预留优化格局中，留足、优化、落实好义务教育学校的用地。国家高层的政策导向应该作为地方开发建设中的行动准则。

近年来，PPP模式在新开发区域学校建设中悄然兴起。

PPP模式（Public-Private-Partnership），中文直译为“公私合伙制”。这一模式首用于英国，是指政府与私人组织之间为了合作建设城市基础设施项目，或是为了提供某种公共物品的服务，以特许权协议为基础，彼此之间形成一种伙伴式的合作关系，并通过签署合同来明确双方的权利和义务，以确保合作的顺利完成，最终使合作各方达到比预期单独行动更为有利的结果。

总之，这是一种以“双赢”或“多赢”为理念的合作形式。有学者认为，其总收益最大限度实现了“帕雷托”效应，即社会效益最大化，这显然更符合公共基础设施建设的宗旨。

在我们考察的城乡接合部区域，房地产开发商和政府之间以这种形式合作新建住宅小区配套基础教育设施，应该算是一种有益的尝试。但和国内其他地区一样，开发商为追求经济利益最大化，以当下的“优质学校”为宣传噱头，而政府却并没有从教育良性发展方面明确主张，少数“旗舰店”学校成为房地产开发的金字招牌，许多业界人士甚至一些理性的公众都替那些开盘广告中随处可见的“名校”暗暗捏着一把汗，一校四址，还可能会更多，除了品牌，几乎没有任何配套的措施来保证新建学校和老牌名校能够同步协调发展。

由此可见，新事物不是不能借鉴，而是要用理性的精神和严谨的态度来谋划实施，原本“名校+新校”是一项有助于新建学校高起点发展的积极举措，但如若没有相应的经费支持、人力资源准备、政策保证和必要的制度保障，不仅新校无法快速成长，还有可能拖垮原本口碑不错的老校。

而且，凡事都有限度，运用“1+1”或“1拖2”的策略适度借用传统名校的资源优势带动新校发展，同时兼顾新校的高起点发展和名校的可持续发展，政府再予以相应的扶持，是可行的思路。而一所名校带多个新建学校，且还有空间上的距离，其中的风险系数会大大增加，需要谨慎安排和协调。

（3）未雨绸缪协调发展

北京师范大学褚宏启教授强调：“农村小规模学校也是信息的集散地，为乡土文化传承和社区能力建设提供了重要支撑。从城乡一体化发展视野看，农村小规模学校不仅要保留和恢复，更要高质量地发展。”（《新型城镇化引发的

基础教育变革》,《人民教育》2016.12)

21世纪教育研究院院长杨东平先生也指出:“小班小校还可能是未来学校的发展方向。因为,只有在小班小校的状态下,才更有利于进行人性化、个性化的教学,这就是为什么发达国家都是小班小校的原因。”(《建设小而优,小而美的农村小规模学校》,《人民教育》2016.2)

城乡接合部的城市远端,有一批乡土气息浓厚,小巧精致的乡村小学,它们在支撑着乡土文化最后的辐射源,同时它们也面临着随时都可能消亡的危局,破解这一难题,需要各方努力。

我国是人口大国,所有发展思路都必须加进这一国情去考量,大量农村人口涌向城市,带来了房地产业的繁荣,拉动了内需,激活了市场,但城市人口密度过大会造成什么后果?乡村荒芜凋敝文化衰落又会引发什么效应?这是我们不得不深思的问题。在城镇化进程中,城乡接合部如何适度平衡城与乡的发展,有计划地建设新型的现代化村镇,配以高标准建设的小规模优质学校,应该成为一个可行的选项。

发达国家的发展历史证明,大规模的城镇化之后,人们又会怀念田园生活,向往乡土山林,逆城镇化时代就会到来,因此,城镇化需要拥有回旋的余地,为更长远的人类美好生活留足空间。那些质朴无华的欧洲小镇或许就是经历了现代化洗礼之后人们最渴望的去处。

伟大的先哲马克思认为,现代性包含着深刻的矛盾,它既是一种进步,同时又是一种退步,其中深意需要仔细玩味。(张琳《马克思的现代性思想及其当代价值》,《理论视野》,2011.10)

(三)提升区域学校教育的内在品质要有宽广的视野

相较于“教育经费”和“办学条件”问题,城乡接合部义务教育学校在内涵发展方面的薄弱和落伍,是更令人担忧、更需要关注的问题。

1. 内涵发展方面的短板和弱势

首先，表现在学校管理者和一线教师的教育、教学和管理观念落后。与中心城区学校的管理者和教师相比，这里的多数校长和教师对基础教育改革和发展的热点问题显得很陌生和含糊，即便是眼前正在以区域整体推进的中心工作，虽然大家身在其中，但多数人很难说清楚其核心思想和行动价值。在常态的观课、议课活动中，一线教师由于缺乏清晰的教学思想支持，讨论时的深度和广度明显不足，只能停留在经验层面的交流。

其次，学校各方面工作在策略层面呈现出简单浅近的特征，鲜有创意和突破。特别是在近年来教育界层出不穷的诸如"DIY""创客""电子书包"等项目强势推广的大背景下，一些学校也渴望捷足先登，但由于缺乏对这些项目的深入理解，只能是简单模仿和复制别人的做法，包括特色学校建设和课程教学改革这些风头正盛的项目，许多学校的管理层和教师也只是盲目照搬一些现成的模式，甚至只能就事论事做表面文章，很少形成具有校本特色的操作范例和工作策略。

再次，学校管理体制和管理策略存在先天不足，更缺少科学设计。由于该区域的多数学校都是小规模学校，因此，和中心城区的成建制大规模学校相比，管理机构不完整，管理层次不清晰，管理制度不健全。但与上级教育行政部门对接，又会有大量的"行政"工作要做，因此，这些工作只能由一线教师额外承担，或由校长一人承包，对上级下达的任务，多数学校只能是疲于应付，管理的规范性、科学性当然也很难实现。

总之，太原市城乡接合部义务教育学校虽然隶属于省会城市，但由于历史和现实的原因所致，主观和客观的条件所限，多数学校在内涵发展方面与中心城区学校的落差很大，需要引起足够的重视。因为，均衡的基础是硬件，但均衡的核心却是软实力。

2. 提升义务教育学校软实力的策略建议

如前文所述，城乡接合部区域和中心城区比邻而居，公众很方便通过比较分出各自的高下，因此，义务教育均衡发展如若仅仅局限在县域内部的话，恐难从根本上遏制义务教育阶段学生的跨区择校，也就不可能从根本上解决“城挤、乡弱、村空”的困局。

（1）用系统的思维和策略实现大区域的义务教育均衡发展

2016年新鲜出炉的“北京教育新地图”从思路和举措上给其他城市提供了很好的范例。此前，上海、杭州等地的集团化办学等做法也具有极强的参考意义。

城乡接合部义务教育学校和中心城区优质学校“横向联合”，实现以强带弱、优化供给，以此扩大优质教育资源，整体推进义务教育均衡发展，或者借鉴上海市的“托管制”策略，通过政府购买服务让优质学校与薄弱学校手拉手，借助第三方评价机制促成“以优扶弱”，让老百姓家门口的学校成长为老百姓满意的新优质学校。

这样的策略需要来自上一级教育行政主管部门甚至政府的运筹以及政策和资金的支持，单靠县域自身的力量无法实现。

北京市的另一个经验就是打造“育人全链条”，通过“优质小学增设初中部”“示范初中增设小学部”“优质校联合薄弱校组成九年一贯对口直升学校”等方式，实现义务教育阶段小学和初中两个学段之间的优化组合。“让学生在知识积累和人格形成的初期，在家门口接受连续的教育。”（《人民教育》/2016.16/北京市教育委员会）这就意味着：九年一贯制学校在促进儿童少年全面和谐可持续发展方面的独特价值得到了充分肯定，义务教育作为一个完整的板块，其两个学段实现统整将是未来基础教育的一个重要方向。

目前，太原市中心城区优质学校在城乡接合部建分校，也是一种改善当地教育生态的举措，但在操作层面的设计稍显粗放。而九年一贯制学校的发育同样十分脆弱，不足以发挥其连续性和整体性的优势。

（2）借助“U–S”“U–G–S”多元合作机制提升义务教育品质

高等院校和义务教育学校纵向联合并非没有成功的先例，也绝非高不可攀，“北京教育新地图”中就有“高参小”的项目。在我国高等教育正在走向大众化的今天，大学放下身段投身当下的经济社会生活，中小学主动邀约相关高等院校参与自身的改革和发展，既具有现实的可行性，也具有历史的必然性，特别是地方师范院校本就是为基础教育培养教师的地方，两者的合作必将是一个双赢的局面。

北京市的经验是：打通大中小学之间的资源壁垒，探索“准附属学校”办学模式，在中小学隶属关系和办学性质不变的前提下，高校实质性地参与中小学课程建设、教学改革、师资培训和特色创建。

总之，以高品质大学文化和高附加值的专业资源引领、助力基础教育发展，是以往大量实践证明十分有效的策略，也是今后实现义务教育均衡优质发展的强大引擎。

（3）以“平台+项目”的方式打造城乡接合部学校的“升级版”

近年来，省、市两级教育科学研究机构申领立项有很多教育改革研究项目，但有机会参与这些项目或成为项目试验基地的多为中心城区的传统名校和县城的实验小学，城乡接合部的小校弱校难得有这样的机会和殊荣。

实践证明，参与大型教育科研项目是基层学校锻炼教师队伍、提高办学水平的有效通道，建议省、市两级教育科研管理机构适当进行政策倾斜和业务扶持，给城乡接合部的薄弱学校更多的机会，并以此为支点加大教师培训的力度，借项目研究的杠杆作用撬动学校的整体发展。事实上，地方教育科研院所应该为城乡接合部区域的弱校小校和乡村学校“量身定制”一些助推其优质发展的小课题，并给予持续性的指导和支持。

（四）教育人力资源的优化应持续发力

1. 教育人力资源配置和优化面临的现实矛盾

（1）教师数量不足，学科结构不佳

由于长期积累的历史矛盾，再加上近年来国家政策的调整（本届政府财政供养人员只减不增），所有城乡接合部区域已经多年没有公开招聘和入编新教师，在编在岗教师总数与教育事业发展严重不匹配。同时，许多乡村小规模学校受编制所限，专业教师缺位现象十分严重，音乐、美术、体育、科学等学科缺少有相应学科专业背景的教师执教，不同程度地影响了学科教学独特价值的充分发挥。

（2）无序波动严重，队伍建设失衡

为了补充在编教师缺口，各学校不得不使用"临聘教师"，有些学校的临时聘用教师占到全校教师的一半，而这些教师由于身份、编制、待遇、未来发展等多重原因，稳定性非常差，无序更替成为常态，客观上给学校的稳态发展造成干扰，这已经成为校内教师管理和任用的普遍性难题。与此相联系的就是学校教师队伍的梯队建设，传统意义上的年龄结构、专业结构、职称结构的合理性架构都已打破，教师工作的安排和调整总是处在应急状态。

（3）教师交流受阻，城乡均衡困难

打破校际界限，实现教师流动，是启动于20世纪末的一项旨在缩小校际差别、遏制择校冲动的措施，经过近20年的倡导和实践，积累了很多经验，但也遭遇了许多阻力。在我们走访的城乡接合部区域，虽然都实行了教师交流制度，但由于实施制度不完善，配套政策不到位，保障措施不得力，执行过程不严格，再加上各方面人为因素的干扰，不同程度暴露出了漏洞和短板，特别是优质教师资源向乡村弱校小校的流动几乎是搁浅状态。因此，城乡接合部区域内城与乡之间的师资差别很难缩小，均衡发展面临的多重挑战产生叠加效应，加剧了区域内学校均衡发展的困难。

（4）教师待遇偏低，职业吸引力不足

城乡接合部有许多乡村学校，无论是工作环境还是生活条件，发展机会还是交通条件，都无法与中心城市相比，原本在吸引优秀师资加盟方面就存在先天不足，要想让成长速度快的优秀教师长期留任更加不易。如果在待遇方面有些优惠和倾斜政策，就可以在一定程度上扭转这种被动局面。近年来国家层面也有一些相关政策出台，希望通过适当合理的生活补助发放改善乡村教师的生存现状，以此保障乡村教师队伍的稳定。

城乡接合部是一个“亦城亦乡”的特殊区域，如何执行好国家政策，真正达成相关政策应有的促进效应，其操作程序有待完善。如，城乡接合部区域曾经的乡（镇）变更为街道之后，辖区的交通设施、公共服务体系并不完善，学校的地理位置和景观并未改变，教师的工作环境一如既往，但乡村教师的补助却无法享受，对此，许多老师想不通，一定程度上影响了工作积极性。

2. 破解教育人力资源配置难题的对策建议

（1）合理交流，有效管理

按照理论逻辑推演，在优化教师资源方面，采用“人员关系不变，服务关系流动”的柔性流动策略，能促使义务教育阶段优秀教师资源共享，而且，中小学教师进行校际交流并非一项十分复杂的事情，但在实际操作层面却遇到了种种障碍。由此看来，要想真正实现教师交流的顺畅有效，并且达到通过教师交流助力区域义务教育均衡发展，还需要精心设计、精细操作。

《人民教育》2016年第13期题为《用合理的制度温暖教师的流动之路》的文章就如何增进流动教师的“存在感”“舒适感”和“成就感”为我们提供了一些值得借鉴的管理思路和充满人文关怀的策略选项，它给我们的最大启示就是：既然人是情感动物，对人的管理和调动就不能只有冷冰冰的制度，或许，有“温度”的政策和策略是化解矛盾、优化机制的一剂良药。

（2）平稳过渡，另辟蹊径

通过多方面的调研考察和系统分析，我们清楚地意识到，在义务教育教师队伍建设方面表现出的问题是一个全局性、系统性的问题，国家层面在本届政府坚持“削减政府开支”的大背景下，新教师招聘和入编的空间已很小，只能遵循“退补平衡”的原则实现微循环，传统意义上的“正式教师”有可能成为历史。

目前我们需要面对的问题可归纳如下：

首先，政策环境不明朗，落实措施无法到位。

为了保证实现高质量的“普九”，国家对教师队伍建设有政策导向。2014年11月，中央编办、财政部印发《关于统一城乡中小学教职工编制标准的通知》(中央编办发【2014】72号)，为有序补充农村教师提供了政策支持，特别是充分考虑了乡村小校、弱校的实际情况，提出了综合考虑“生师比”“班师比”和“科师比”，科学合理确定教师编制，从根本上解决教师短缺问题。但是，传统意义上的公办教师属于财政供养人员范畴，在严格控制政府机关和事业单位编制的今天，敞开招聘编内教师已不太现实。

其次，“核编”面临新挑战，应对策略无法跟进。

现有在编在岗教师数量不足，又恰逢国家加大教师培训力度，一线教师阶段性离岗学习必然成为常态，而且随着“全面二孩”政策的放开，女教师短期离岗生育的人数也会增加。另外，新课程背景下，课程门类增加、课程领域拓展，同时，外来务工人员子女不断涌入城乡接合部学校，诸多因素叠加，加剧了教师数量的紧张，如果沿袭传统意义上的核定编制标准，显然无法适应新形势下学校教育教学要求。同样，在本届政府任内不再增加财政供养人员数量的大政策背景下，这个问题几近无解。

再次，“临聘教师”已成常态，规范使用新政亟待出台。

现有正式教师缺口很大，学校教育教学活动还必须维持正常，临时聘用教师不仅教学经验缺乏而且极不稳定，再加上这些教师的薪酬支付也是一个现实问题。因此，临聘教师的使用、管理和培养都遭遇了前所未有的挑战。

客观地分析，随着我国高等教育规模的快速扩大，高等教育的大众化时代已经到来，而且由于历史和现实的多重原因所致，我国的“师范教育”体系非常庞大，目前，职前教师储备量很大，而且其中不乏综合素质和专业修养都较高的后备力量，招聘临时教师的市场发育良好，只是没有相应的政策进行规范和保障。

最后，历史遗留问题未果，教师任用存在隐性矛盾。

基层中小学教师问题是长期伴随我国基础教育，特别是农村义务教育改革发展的一个敏感话题。“民办教师”和“代课教师”曾经以他们并不宽厚的肩膀支撑了基础教育的艰难跋涉。为了实现高标准“普九”的目标，这些历史的符号都将成为过去，但是，由于各方面的主客观原因，有些地方还不同程度地存在着关乎个人利益的遗留问题，从而加剧了当地教师队伍建设的矛盾和阻力。

以上的诸多矛盾对义务教育事业的发展提出了严峻的挑战。

迎接这一挑战需要打破惯性思维探索全新模式。比如，借鉴山东省建立“中小学教师临时周转编制专户”的办法、北京市增加“教师附加编制”和上海市设立“教师机动编制”的方法，以解决教师总体满编、超编但实际有缺口或存在结构性缺员问题，也就是要用足用好现有政策，理顺“临聘教师”招募、任用、管理、薪酬支付等工作，以解决义务教育学校教师数量不足、结构失调的燃眉之急。

更长远的策略将是改革既有的人事管理体制，逐步推行义务教育学校教师“县管校用”制度，实现教师由“单位人”向“系统人”甚至“社会人”的过渡，以最终真正实现可流动教育资源的科学合理流动，从人力资源层面确保义务教育的均衡发展。

但这里就会产生一个新的问题，基础教育特别是义务教育阶段学生的教育和管理有别于大学，教书育人是一项全天候的系统工程，需要有相对稳定的教师队伍来支撑和相对稳定的师生关系来维持。无论是何种意义和形式的频繁调动，客观上都会对教育和管理的连续性和统一性造成影响。

（3）高端培训，激活动力

城乡接合部的义务教育学校在空间位置上的“边缘性”也客观上造成了发展上的“边缘化”。首先，区位劣势带来的吸引和留住优秀教师的难度较大，教师队伍建设的起点就与中心城区有了距离；其次，在省、市两级教育科学研究项目的申领、获批和参与方面与中心城区学校同样存在差距；再次，在派出或选拔教师参加国家级和省级培训学习的机会方面也远不如中心城区学校。日积月累，年复一年，教师整体素质的差距也就越拉越大。

在实地调查中，我们了解到，这些区域的学校管理者和一线教师消息闭塞，许多关乎教师荣誉和进步的省、市级评奖或比赛活动，他们无从知晓也没有参与的自信和热情。久而久之，安于现状，在低层次上重复劳动成为教学工作的常态。

鉴于此，要想改变城乡接合部区域义务教育学校教育人力资源薄弱的局面，需要上一级教育行政主管部门采取“补偿性”支持策略，给该区域一线校长和教师提供尽可能多的系统化高端培训和学习的机会，凭借强大的外力作用冲击他们的精神世界，改变他们的心智模式，拓展他们的知识视野，激活他们的工作热情，通过改变教育人力资源的格局从深层次促进区域基础教育的优质均衡发展。

（4）改善待遇，聚拢人才

城乡接合部作为既不同于“农村社区”又有别于“城市社区”的独特的“第三社区”，其外部景观和社会特征的独特性要求政府需要以独特的方式解决该区域经济社会发展过程中的问题。

在制定和执行相关政策时，要充分考虑其特殊性，尽量避免因为一项政策落实的疏漏而引发相关人员的心理波动。改善待遇除了经济补偿之外，对于该区域的一线教师而言，在职称评聘、荣誉获得等精神支持方面也要强化，以此最大限度吸引和留住高素质教师。

总之，城乡接合部的义务教育发展是宏观教育发展问题中的一个独特领域，特别是在新型城镇化背景下追求该区域基础教育的均衡发展，并且形成与中心城区相辅相成又各具风格的协调发展态势，需要足够的战略制高点和全局观念，更需要有可持续发展的胸怀和远见。在此基础上科学规划和规范运行，让“城”与“乡”今天的教育越来越好，明天的教育好上加好。

主要参考资料：

1. 胡碧波，罗福国：《城乡接合部研究综述》，《山西建筑》2006年2月。

2. 陈珍珍：《城乡接合部中小学教育设施空间配置研究》，《绿色科学》2014年4月。

3. 刘玉，郑国楠：《中外城乡接合部发展比较研究》，《国际城市规划》2013年4月。

4. 刘杰：《我国城市化进程中城乡接合部功能定位分析》，《贵州社会科学》2013年4月。

5. 方艳：《城乡接合部学校建设思考》，《郑州铁路职业技术学院学报》2011年第4期。

6. 曾维陆：《海南省义务教育学校布局调整研究》（硕士论文，知网）

7. 复旦大学公共经济学系民生财政支出绩效审计研究课题组：《关于城乡接合部义务教育支出绩效评价的建议——以闵行区中小学为例》（知网）

8. 褚宏启：《新型城镇化引发的基础教育变革》，《人民教育》2016年12月。

9. 杨东平：《建设小而优，小而美的农村小规模学校》，《人民教育》2016年2月。

10. 张琳：《马克思的现代性思想及其当代价值》，《理论视野》2011年10月。

11. 付承伟，陈明显：《国内城乡接合部研究进展》，《地理科学进展》2010年12月。

12. 金平：《论城乡接合部》，《开发研究》2002年1月。

13. 刘海生：《困境与出路：城镇化进程中城乡接合部学校生存发展的思考》，《教育研究与实验》2012年2月。

14. 兀殿强：《城乡一体均衡发展——威海市环翠区义务教育均衡发展的探索与实践》，《当代教育科学》2008年2月。

15. 李建荣，符丽园：《城乡接合部学校布局调整与资源配置研究——以湖南省株洲县为例》，《中国教育学刊》2010年4月。

16. 马伟娜：《县级市城乡接合部寄宿制中学发展问题研究——以河北省M县级市S中学和Z中学为个案》（硕士论文，知网）

17. 周洪新：《城镇化进程中农村中小学"撤点并校"的问题研究——基于山东省N县的调查分析》（博士论文，知网）

课题组成员：吴丽萍 王金国 梁巧忠 吴丽霞

张嘉豪 宋彦佳 刘雁华 范文杰

执 笔：太原师范学院 吴丽萍 王金国 华南师范大学在读硕士 张嘉豪

以11个县为例的全省义务教育学生流动调研报告

——“学生流动”：城乡义务教育一体化发展水平的试金石？

□课题组

随着全省城乡社会经济文化教育一体化建设的纵深推进，义务教育阶段的“学生流动”也逐渐进入常态化。那么，持续了将近20年的“学生流动”，进入“十三五”以后，又会有什么样的新的常态化特征？为此，课题组经过三个多月的走访和关联研究，结合一年多以来对全省城区教育资源短缺问题实证研究的结果，以全省2001年以来城镇学生规模年增幅为基准，以11个人口规模、地域文化、教育发展等差异较大的县区为例，探讨了义务教育阶段“学生流动”的历程、推动力及其作用和影响，并提出：“未来五年，全省层面义务教育阶段‘1.5%的学生流动规模和需求’基本与全省城镇化建设水平相配套，但119个县区层面，流动规模和需求差异很大，仍然需要政府必要的引导和治理”。

一、全省义务教育阶段学生流动规模的变迁和现实情况

义务教育阶段学生流动一般包括跨区流动（市、县）、县域内流动两类。当前，跨区流动基本得到抑制，因此，此处研究的“学生流动”，仅指县域内义务教育阶段的学生流动，即乡村到县城的学生流动。关于学生流动的衡量，主要选择了“城镇班容量变化，城乡在校生规模结构，11个案例县域近三年学生流动规模、方向和模式三个方面作为定量指标，以此来说明学生流动的规模和方式。

（一） 全省城镇学校班容量的变化与城镇在校生规模的变迁

15年的时间，实现了全省80%的学生在城镇学校就学，实现了全省90%以上的班容量在55人以下。这是具有现代意义的突破。

在过去的15年里，城镇化一直是全省社会经济文化发展的重要特征。学生流动也随之成为全省城镇化建设的典型特征之一，甚至可以说是“突出特征”。从近15年来城镇在校生与城镇人口变化的情况看，教育的城镇化始终领先于社会的城镇化，学生流动成为其中最大的推力。

学生流动推动了城镇学校规模的变化，其中主要标志是班容量的变化。

近15年来，全省城镇班容量变化大体经历了三个阶段：

其一是2001年到2005年的五年间，这是全省经历进城上学最热的时期，各县城镇学位需求猛增，班容量突破70人大关，有的直达100人以上。2001到2005年五年间城镇人口占总人口的比率（人口城镇化）约在40%左右，城镇在校生占总人口的6.60%左右，占到城镇人口近18%，占总在校生（学生的城镇化）近43%左右。城镇在校生占总在校生的比率（学生城镇化率）高于城镇人口占总人口的比率（人口城镇化率）约1.2个百分点。到2005年，城镇小学生达到124万多，初中生近百万。需要注意的是，五年里城镇人口占总人口的比率（人口的城镇化率）逐年提高，年增幅平均为1.4%左右，城镇在校生占总在校生的比率（学生的城镇化率）却经历了增—降—降—增的过程。到2005年年末，城镇在校生占总在校生人数的41%，比2001年低了2.3个百分点。这个阶段的班容量也经历了从最大的120多人到70、60人。这与“十五”期间经济发展走势有关，更与进城务工热有关，也与全国推行的学校布局调整政策有关。

全省2001—2005年城镇人口与在校生关联表

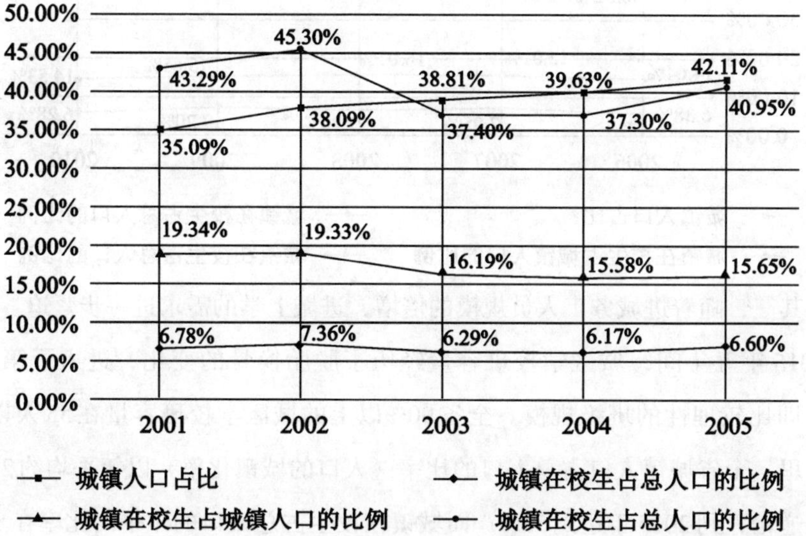

其二，2006年以后全省学校布局调整步伐加快，伴随着农村学校撤并和农村寄宿制学校的新建，全省城镇班容量进入第二个阶段。在这五年里，城区学校班容量逐步稳定在70人左右。2006到2010年五年间，城镇人口占总人口的比率（人口城镇化率）约为45%，城镇在校生占总人口的7%、占到城镇人口近15%、占总在校生近50%。城镇在校生占总在校生的比率（学生的城镇化率）高出城镇人口占总人口的比率（人口的城镇化率）约5个百分点。到2010年城镇小学生近140万，初中生近110万。这五年，城镇在校生占总在校生的比率始终以年平均3.2%的速度增长。到2010年，城镇在校生占比近54%，比2005年增长了13个百分点。截至2010年，学生的城镇化走在了前面，城镇学生突破了全省学生总数的一半。

全省2006—2010年城镇人口与在校生关联表

其三，随着进城务工人员规模的倍增，进城上学的需求进一步紧迫。2011到2015年五年间，城区学校班容量经历了脱胎换骨的变化，进入了第三阶段，即比较理性的班级规模。全省90%以上的城区学校班容量在55人以内。五年里，全省城镇人口占总人口的比率（人口的城镇化率）以年平均约2个百分点递增，到2015年达到55%；而城镇在校生占总人口的年平均比率在8%左右、占到城镇人口年平均比率近15%、占总在校生的年平均比率（学生的城镇化率）达到75%左右。截至2015年，学生的城镇化率高出人口城镇化率约25个百分点。2015年年底，全省城镇小学生近227万，初中生近113万。这五年，城镇在校生占总在校生的比率（学生城镇化率）始终以年平均2.5%的速度增长，2015年达到近80%，比2010年高出26个百分点。也就是说，全省义务教育阶段学生的80%在城镇学校就学，形成了以城镇教育为主、农村教育为辅的学校布局。也可以这样理解，基本上能进城读书的、想进城读书的都进入了城镇学校就学。

全省2010—2015年城镇人口与在校生关联表

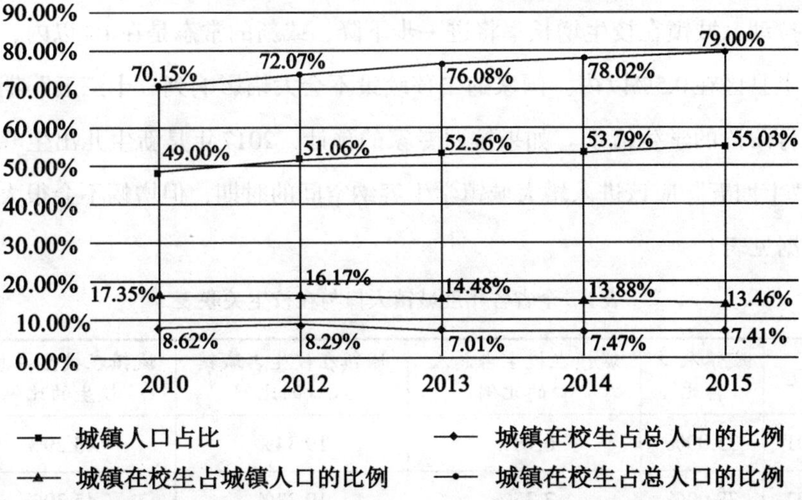

这里需要提出的一点是，2010年以来的三年间，全省学校布局调整力度很大，在2011年一年的时间就实现了城镇在校生占比达到70%的目标，比2010年高出17个百分点。

（二）稳定的城乡在校生规模架构和学生流动率

“八二分成”的城乡在校生架构基本稳定，学生流动率保持在1.5%以内。全省义务教育阶段学生流动进入符合规律的常态中。

“十二五”期间，随着学生城镇化率70%的突破，城镇在校生占城镇人口的比率和占总人口的比率将不会随着人口城镇化率的逐年提高而上升。近三年，城镇在校生占城镇人口和总人口的比率持续下降，2013年为14.8%、7.61%，2014年为13.88%、7.47%，2015年为13.46%、7.41%。2015年城镇在校生占城镇人口比率分别比2001年、2006年、2011年减少了6.18%、1.18%、3.89%。可以这样说，进城上学需求基本饱和，或全省各县区义务教育阶段学生配置规模格局基本形成。从近三年城镇学生占总在校生人数比率（学生的城镇化率）来看，年平均增长率在1.5%左右。有迹象表明，未来几年受全省经济下行、企业持续低谷、流动人口大幅减少、学龄人口减少及城乡一体化建设等的拉动，城镇在校生增长率将进一步下降，或新的常态是在1%以内，甚至有过半县区在0.5%以内。国家的二孩政策不会大幅影响到“十三五”期间义务教育阶段的学生流动。如果按照专家的预计，2017年是新生儿出生峰值的话，“十四五”应该进入增大城镇学生容纳空间的时期，但增幅不会很大。详细数据见表1。

表1　全省各年度城镇人口与在校生关联表

年度	城镇人口占比	城镇在校生占总人口的比例	城镇在校生占城镇人口的比例	城镇在校生占总在校生的比例
2001	35.09%	6.78%	19.34%	43.29%
2002	38.09%	7.36%	19.33%	45.39%
2003	38.81%	6.29%	16.19%	37.40%
2004	39.63%	6.17%	15.58%	37.30%
2005	42.11%	6.60%	15.65%	40.95%
2006	43.01%	6.30%	14.64%	40.32%
2007	44.03%	7.05%	16.01%	46.11%
2008	45.11%	7.23%	16.03%	49.46%
2009	45.99%	7.20%	15.65%	51.66%
2010	48.05%	6.98%	14.53%	53.96%
2011	49.68%	8.62%	17.35%	70.15%
2012	51.26%	8.29%	16.17%	72.67%
2013	52.56%	7.61%	14.48%	76.98%
2014	53.79%	7.47%	13.88%	78.62%
2015	55.03%	7.41%	13.46%	79.90%

（三）11个案例县域近三年义务教育阶段学生流动的规模、方向和模式

这11个案例县来自大同、忻州、吕梁、长治、临汾、运城6个市地，他们的人口、地域文化、经济发展、家庭经济收益格局、城乡教育发展等情况迥异，学生流动规模大相径庭。2015—2016学年度学生流动规模最小，县际之间流动规模差异很大，最大年流动率近21%，最小为0.03%。

1. 从总体流动规模来看，有以下两个特征

从变化趋势上看，有两个明显特点，一是灵丘、阳高、河曲、沁县、沁源、汾西、万荣和夏县8个县近三年呈现“升—降”模式。也就是2014—2015学年度学生流动规模最大，既大于前一年2013—2014学年度的流动规模，也大于后一年2015—2016学年度学生流动规模。二是繁峙、岚县、乡宁为“降—降”模式。就是从2013—2014学年度起，连续两个年度学生流动规模均在减少。无论是哪一种模式，到2015—2016学年度，所有11个县区学生流动规模均呈现下降趋势。这可能与近两年严格的学籍管理、班容量限定及规范办学十二条的落实有关。

从学生流动数量占总在校生人数的比率即我们所定义的流动率来看，近三年均在1%之内的县区有阳高、沁县、沁源和万荣4个县；在1%—1.5%之内的县区有灵丘、岚县 、河曲、乡宁四个县；在1.5%—3%之间的县区有汾西、繁峙2个县；夏县的年流动率在16%以上，2014—2015年度达到21.06%。2015—2016年度9个县的流动率在1%以下，只有汾西（1.43%）和夏县（16.85%）不在此列，但与前两年相比，所有县均为规模最小的一个年度。

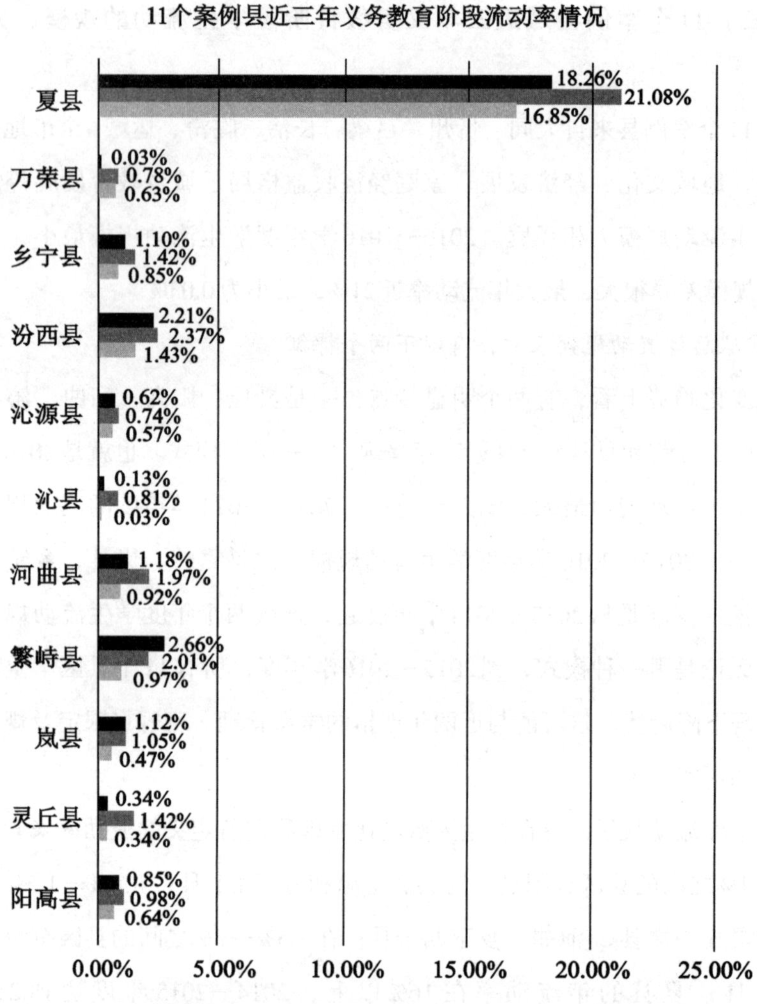

2. 从流动学生的学段来看，表现明显不同

一是总体上初中学生流动率明显低于小学。有9个县不到小学的一半，只有汾西、乡宁初中流动率高于小学。

二是乡宁县2013—2014和2015—2016两个年度小学流动率为0，万荣县2013—2014初中流动率为0。

详细数据见表2。

表2 11个案例县近三年分学段流动率情况

	2013—2014		2014—2015		2015—2016	
	小学	初中	小学	初中	小学	初中
阳高县	1.06%	0.52%	1.33%	0.40%	1.00%	0.29%
灵丘县	0.48%	0.08%	1.88%	0.56%	0.57%	0.10%
岚县	1.43%	0.45%	1.23%	0.67%	0.81%	0.14%
繁峙县	3.66%	0.51%	2.78%	0.35%	1.71%	0.21%
河曲县	1.42%	0.78%	2.13%	1.69%	1.18%	0.67%
沁县	0.21%	0.04%	1.42%	0.06%	0.03%	0.03%
沁源县	0.84%	0.17%	1.01%	0.12%	0.91%	0.21%
汾西县	1.62%	3.40%	1.90%	3.41%	1.44%	1.42%
乡宁县	0.00%	6.57%	0.96%	2.33%	0.00%	1.64%
万荣县	0.04%	0.00%	0.70%	0.46%	0.74%	0.41%
夏县	16.98%	20.77%	20.33%	22.51%	22.43%	11.30%

3. 从流出学校和流入学校来看，11个县平均六成以上流动学生来自村小，平均九成学生进入了公办学校就学

随着老百姓经济条件、生活水平的提高，“迎接互联网，面向优质教育”成为当下农村家庭的潮流。因此，全省原来“炕头小学”意义的教学点基本消失，原有的不少村小变成了新的较大规模的教学点（有的县村小基本都变成了教学点），且这些教学点说到底就是中心校的一个或几个班。因此，此次统计的数据主要是指流向县城的学生数量。农村初中主要是指乡镇初中一种类型。

（1）流动主体为村小，中心校流动数量相对较小。

流出学校包括教学点、村小和中心校，11个案例县中有10个县（除河曲外）学生流动总数的一半以上来自村小，有4个县（夏县、万荣、灵丘和岚县）中心校没有流动，沁县和沁源县流动数量很小。

教学点流动的绝对数量小（以总体为参照），但相对自身规模数量不小。教学点年流动30人以上的县有岚县、阳高、汾西和夏县。最大的夏县教学点年流动量在300~500人。

（2）公立学校是解决流动学生就学的主渠道，但灵丘县三个年度公立学校容纳能力仅有30%。

11个案例县有10个县一半以上的小学流动学生在公立学校上学。从总量来看，公立学校容纳了90%以上流动学生的有河曲、沁县、沁源3个县，容纳了70%~89%的有阳高、岚县、汾西、夏和乡宁5个县，容纳了50%~60%的有万荣和繁峙，容纳量不足30%的是灵丘县。其中，河曲、沁县、沁源和乡宁2013—2014和2015—2016两个年度流动学生均安排到公立学校就学。

11个县公立学校的小学容纳能力平均为80%，但具体各县情况差异较大。公立学校容纳能力最大的是河曲、沁源和沁县，达到99%以上，最小的为20%。近三年，阳高和岚县公立学校容纳能力略显不足，民办学校容纳流动学生的占比持续提高。灵丘将近80%的流动学生在民办学校就学。繁峙基本是公、民办学校平分秋色。汾西、万荣和夏县的公立学校容纳流动学生的能力持续提高，民办学校容纳的数量越来越少，80%以上流动小学生进入公立学校就学。万荣在2014—2015年流动数量激增的情况下，公立学校容纳了60%多，到2015—2016年公立学校容纳能力就达到了83%以上。夏县也在以每年2个百分点的增幅增加公立学校容纳的能力。截止2015—2016年，公立学校容纳能力达到了80%以上。

近三年11个县区流入学校情况表（小学）

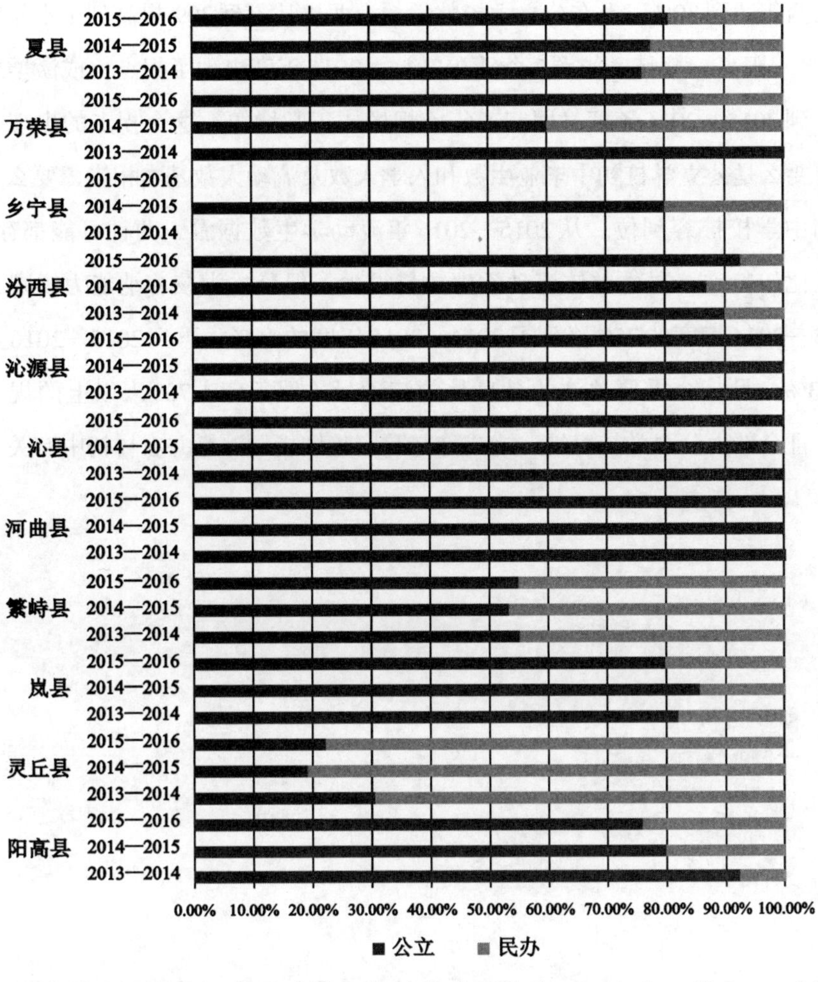

11个县公立学校初中流动学生容纳能力平均为60%左右。其中，9个县一半以上的初中流动学生在公立学校就学。河曲、沁县和夏县3个县近三个年度初中流动学生全部在公立学校就学；乡宁、万荣、汾西和岚县公立学校容纳能力逐年提高，乡宁从2013—2014年公立学校0容纳到2014—2015年的20%、再到2015—2016年的100%；万荣2014—2015年新增流动学生后，公立学校只能容纳约26%，到2015—2016年度公立学校的容纳能力达到63.6%；岚县已经连续两年达到80%以上在公立学校就学。汾西也从不到20%提高到了本年度的34.9%。阳高、繁峙、沁源3个县在2014—2015年度出现了拐点，或激增或剧降，到2015—2016年度又回归三年前规模或正常增幅。这个拐点的出现，意味着要么是公立学校初中毕业生数和入学人数及流动人数基本相当，要么是城区初中学校扩容到位。从2015—2016年流动学生数据看，两种可能都存在。灵丘比较特殊，虽然整体流动学生数量很少，但公立学校容纳能力锐减，从2013—2014年度的75%降到了2014—2015年度的46%，再到2015—2016年度的33%。另一个需要关注的是夏县的流动量，以每年1 700人以上的规模流动，且全部由公立学校容纳。这或许与政府整体规划、撤并农村初中有关。

近三年11个县区流入学校情况表（初中）

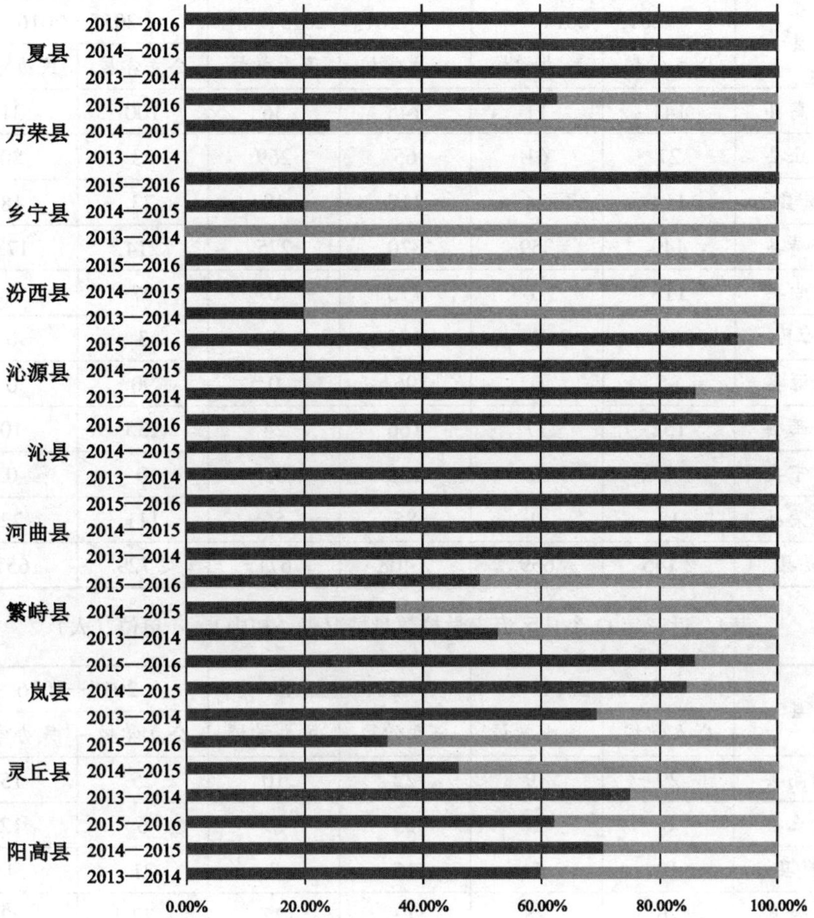

表3　近三年11个县区流入学校数量情况表（小学）　　单位（人）

县	2013—2014		2014—2015		2015—2016	
	公立学校	民办学校	公立学校	民办学校	公立学校	民办学校
阳高县	141	11	145	36	100	31
灵丘县	27	61	65	269	23	80
岚县	114	24	118	19	73	18
繁峙县	449	359	320	275	214	173
河曲县	118	0	170	0	97	0
沁县	21	0	126	1	3	0
沁源县	85	0	96	0	90	0
汾西县	152	17	166	24	135	10
乡宁县	0	0	136	33	0	0
万荣县	12	0	85	56	111	22
夏县	2 145	659	2 408	671	2 729	657

表4　近三年11个县区流入学校数量情况表（初中）　　单位（人）

县	2013—2014		2014—2015		2015—2016	
	公立学校	民办学校	公立学校	民办学校	公立学校	民办学校
阳高县	29	19	22	10	25	15
灵丘县	6	2	25	29	6	12
岚县	12	5	15	3	21	4
繁峙县	26	25	13	22	22	22
河曲县	34	0	77	0	54	0
沁县	3	0	4	0	3	0
沁源县	7	1	5	0	19	1
汾西县	35	142	33	128	52	97
乡宁县	0	299	41	162	272	0
万荣县	0	0	14	40	56	32
夏县	1 744	0	1 767	0	1 711	0

4．“随迁入学和自主选择”是学生流动的主要方式

从六市11个县的数据来看，义务教育阶段非户籍学生流动的主要模式是以随迁入学和自主选择为主、其他方式为辅的五种流动模式。

模式1：随迁入学+自主选择模式，两者基本各占所有流动学生的40%左右，其他流动均在20%以下。大同市的阳高县、忻州市岚县和临汾的汾西县就是这样的模式。

模式2：随迁入学占到流动总数的90%以上。大同市的灵丘县、忻州市的河曲县、长治市的沁县均属于这种模式，近三年沁县学生流动全部为随迁子女，灵丘县2015—2016年度100%为随迁子女，河曲县近三年学生流动中95%以上为随迁子女。

模式3：随迁入学+其他流动模式，两者基本各占40%多，其他不足5%。临汾市乡宁县就是这样的模式。在2015—2016年，其他流动占到所有流动学生的58%。

模式4：自主选择+随迁入学模式，自主选择占到所有流动学生的60%以上，随迁入学在30%左右。运城市夏县就是这样的模式。

模式5：随迁入学+年度发生变异模式。包括两种变异，一是年度变异，一是种类变异。忻州市繁峙县在2013—2014年和2014—2015年度均是以随迁入学+自主选择模式，在2015—2016年突然变异为随迁入学+撤并入学，且两者基本各占到所有流动学生的50%左右。长治市沁源县近三个年度随迁入学比例逐年剧降，从2013—2014年的90%下降到79%、59%，自主选择始终保持在7%~8%之间，而在2014—2015年和2015—2016年分别增加了12%、23%的其他流动，在2015—2016年又增加了10%的撤并流动。详细数据请见附表5。

表5　学生流动的五种模式

		年度随迁入学			年度自主选择			年度撤并流动			年度其他流动		
市	县	13/14	14/15	15/16	13/14	14/15	15/16	13/14	14/15	15/16	13/14	14/15	15/16
大同	阳高	47%	51%	49.4%	35.0%	33.8%	41.3%				18.0%	15.2%	9.3%
	灵丘	95.8%	93%	100%	4.2%	7.00%							
吕梁	岚县	63.1%	47.0%	33.9%	35.9%	47.5%	64.3%				1.0%	5.5%	1.8%
忻州	繁峙	49.2%	41.6%	54.10%	50%	57.9%		1.8%	0.5%	45.8%			
	河曲	94.5%	96.8%	96.7%	4.20%		2%				1.2%	3.1%	1.3%
长治	沁县	100%	100%	100%									
	沁源	90.1%	79.2%	59.1%	7.7%	8.3%	8.2%			10%	2%	12%	23%
临汾	乡宁	37.1%	53.8%	39.4%	3.3%	2.7%	2.4%				47.8%	43.5%	58.2%
	汾西	37%	45%	46.6%	63%	55%	53.4%						
运城	万荣	100%	84%	75%		7.7%	15.2%					8.5%	9.8%
	夏县	36.3%	35.7%	33.5%	62.5%	62.8%	64.1%	1.2%	1.5%	2.3%			1.4%

二、学生流动的目的和推动力：对全省义务教育学生流动情况的定性分析

（一）学生流动的核心追求是“寻找更适合孩子发展的环境、享受更好的学校教育”。

从学生流动的五种模式看，随迁子女和自主选择为学生流动的主体，有5个县近三年存在撤并进城就学的学生，但最大比例仅为2.3%，最小为0.1%。五种模式中乡宁县的模式是随迁入学+其他流动模式，其他流动模式是在自主选择和撤并进城之外的模式，在此没有明示。

从流动模式上，可以判断出学生流动的目的，那就是“享受亲情、浸染现代文明、享受优质教育”。

首先，近三年在务工人口有下降趋势的前提下，随迁子女数量持续增加，表明务工家庭更加注重“亲情、文明环境和好学校”。2013—2014年，11个案例县中随迁入学比例占到总流动规模一半以上的县有6个，最少的也占到了总数的36%。沁县三个年度所有的流动学生均是随迁子女，灵丘和河曲三个年度随迁子女所占比例都在90%以上。

其次，“自主选择”直接指向了“享受好的学校”。11个案例县中有9个县有自主选择，其中三个年度均占到流动总数的50%以上的县有汾西县和夏县，超过30%的有阳高县和岚县。

同时，阳高和岚县自主择校的比例逐年显著提高；夏县自主择校占流动总数的比例约60%多，而且出现了上升势头；万荣在2013—2014学年0自主择校，但在随后两年增加了7.7%和15.2%的自主择校；河曲、乡宁和沁源自主择校比例不到10%，且呈现逐年下降趋势；汾西自主择校占流动总数的比例在50%左右，但出现了逐年下降走势；灵丘和繁峙在2015—2016学年度0自主择校。

数据表明，11个县中有6个县（灵丘、繁峙、河曲、汾西、沁源、乡宁）自主择校走势趋弱，4个县（阳高、岚县、万荣和夏县）走势强劲，沁县0自主择校。这与各县家庭经济状况和价值取向息息相关，也与地域文化密切相关，同时与本县城乡学校差异也有很大关系。

其实，“自主选择”走势强劲是一个好的信号，一是说明山西农村的社会文化、文明程度有重大改善；二是说明家庭资源分配发生结构性变化，重视生活环境和教育成为家庭资源分配的基本导向；三是有利于提高义务教育学校作为社会公共事业的服务水平。更重要的是在选择的过程中，对教育及学校多元文化的形成和社会学校文化土壤积淀有很关键的作用，有利于提高教育及学校的兼容性和适性能力，有利于让教育及学校从象牙塔中走出来融入社会、融入家庭，凸显“社会公共事业”的基本特性。

（二）四个关键性的推动力，让学生流动进入健康的、可持续的常态。

“学生流动”由来已久、诟病已久。五年来，流动的内需和条件环境均发生了大的变化。城乡一体化建设，改变了农村社会事业服务的理念和路径，促进了百姓的小康梦和教育梦；同时，农村寻常人家的信息圈和交流空间进一步拓展，手机的社交功能得到普及，物流、网购进入农村市场，丰富了老百姓的教育视野，打破了城乡学校壁垒，激活了农村百姓望子成龙的思想。

在这个过程中，四个关键推动力，一是内需，即家长和孩子对县城社会文化教育环境的向往和对优质学校的追逐；二是政策平台，即全省城乡一体化建设的政策，户籍制度的改革和随迁子女等学生流动的政策性利好；三是教育的可持续发展，即城乡教育发展的可持续性，抑制了无序的、大规模的学生流动，形成了理性的、适当规模的流动常态。这是所有国家、所有地区教育发展过程中均会有的现象，是有利于教育及学校和学生发展的，是符合教育发展规律的。0流动未必是好事。四是互联网传播技术与社交空间技术，即便捷的网上信息、手机社交应用开放了视野、解放了思想，成为孕育学生流动的思想温床。

有了学生流动的内需，还有政策保障、畅通的路径和开放的引导性信息传输，这种内外因结合推动下的学生流动，是理性的、客观的、适性的，更是水到渠成的。

三、“学生流动”对义务教育学校及教育发展的作用和影响

“学生流动”已经成为义务教育发展过程中的重要因素，无论对社会文化还是学校教育发展都将产生深刻的、潜移默化的影响，“自主选择”可能会在未来十年成为推动优质教育升级换代的最大力量。社会事业最大的发展来源于“选择”的持续升级。

“学生流动”涉及社会的、经济的、文化的、教育的方方面面，其作用可以辐射到三个层面上：教育公平能力的提高、学校质量的提升、城乡一体化建设。

（一）打破城乡阶层壁垒，进一步畅通培养学生的地域性途径，提高教育公平能力。

“水往低处流，人往高处走”，这种积极主动的“上移流动”是城乡一体化发展的正向效应，更是教育作为社会公共事业服务的本能，对形成与全省社会经济文化一体化发展相匹配的教育生态起着关键作用。可以说，“健康的常态化的学生流动”是建立多元、融合教育文化的重要因素。

从这个角度看，太谷县、怀仁县教育的发展离不开20多年来生源的多元配置，正是这种多元配置积淀了丰富的教育及学校文化，提高了教育的责任感、使命感，更提高了教育教学质量和水平。

开放的、多元的教育生态，是教育质量提升的基本土壤。

（二）促进城乡基于学生需求的学校质量建设新动能的形成。

全省各县都存在生源逐年下降的现象，尤其是初中学生。有数据表明，

"普遍二孩政策"对农村家庭影响不大，"生源减少"的现实将是"十三五"期间所有县域学校需要面对的挑战，"学生流动"将在一定程度上促进城乡学校提高质量、增强吸引力。

截至2016年9月份，11个案例县中灵丘县、岚县和沁县3个县的学生流动率在0.5%以内。这三个县的人口均在20万左右，城乡在校生之比分别为53∶47、88∶12、82∶18。学生年流动率能够保持在0.5%以内，实属不易，至少在"缩小城乡教育差异及城乡教育一体化发展"的引领和治理方面积累了一定的经验。

未来五年，生源配置结构的优化最关键的是城乡教育一体化发展的程度和学校适应学生成长需求的特色发展水平和质量。"学校生源吸引"当是各地教育发展的突破口和关键。

（三）最大的、也是最重要的一点是"学生流动"成为促进家庭生活方式和人口城镇化观念的变革。

城镇化发展最大的不是地域的迁移或公共服务设施的更新换代，更重要的是人口的城镇化。"学生流动"的产生，流动过程和流入融入就是一个家庭成员思想观念、行为习惯和社会教育认识水平的城镇化。可以说，"学生的上移就学"本身就是家庭社会经济文化发展的上移，在潜移默化中形成了城乡文化"互哺"的原生力量。这是一种自然进步的力量，对于全省小康社会建设起到了铺垫性的作用。

"适当规模学生流动"影响是深刻的、也是深远的，他不仅仅有利于城乡生源结构的进一步优化，更重要的是促进了教育社会公共事业性质和教育教学服务功能的凸显。

但是，也要关注到119个县非适当规模学生流动的引导和治理，避免出现城乡教育发展两极分化的问题，更要预防过度拉生源竞争带来的急功近利的办学方式。尤其要关注到"流动学生"自主选择比例超出适当数量后带来的问题。

还有因流动带来的一些风险的管控问题，比如，校舍及设施设备的闲置和浪费、大批教师的无岗可上，甚至会出现潜在的辍学或流失等问题。因此，要对“规模过大和增长速度过快的学生流动”引起警惕。

四、关于义务教育阶段学生流动的一些想法

义务教育阶段适当规模的学生流动的作用和影响是把双刃剑，只有在“适当规模”“恰当渠道”“友好方式”“适宜分布”“引导与尊重优先”“认可与被认可”的前提下，才能平衡好“作用与影响”，让学生流动成为义务教育高位均衡、整体优质发展的促进者，避免城乡二元化发展的继续和局部不可持续与整体可持续矛盾的出现。

（一）建立县域“学生流动规模红绿线”治理机制，引导各县以良性互动的方式，制定城乡教育一体化发展行动指南，在战略上有规划，在方式方法上符合当地实际情况，在具体落实方面要有保障机制。同时结合精准扶贫，协力促进义务教育城乡一体化发展，实现城乡学校生源结构的双优化，避免此消彼长式的生源配置结构。

1. 省市教育部门要自下而上地梳理各县流动基数，提出“学生流动规模”红绿线计算模板。

2. 省市教育部门提出“城乡生源配置双优化”指导或指南，为各县制订具体行动计划提供思路和可供借鉴的经验或样板。

（二）畅通“学生流动”渠道，提供多元路径，创造性地引导和激励城乡学生的双向或多向流动，前提是城乡教育特色明显，自主选择更加理性、具体和明确。

1. 倡导各县制订城乡教育服务特色的战略规划，以适应不同学生的成长需要为基本特色，打造确实适合某一类学生发展的学校文化和特色，逐步引导

城乡学生根据自身发展需要选择适合的学校，这样城乡生源互动未必没有可能。

2. 建立学生流动提前半年申请制度，随时把握学生需要，及时反馈、补充完善，早做规划早安排。

3. 政府部门要加强学生流动的引导和治理，在城乡生源结构基本稳定的情况下，引导城乡学生的交流和互动，提高相互认可与被认可的程度，促进学生流动的理性、良性和友好常态的建立。

（三）落实国务院《关于统筹推进县域内义务教育一体化改革发展的若干意见》，结合山西省119个县的实际情况，制定城乡一体化发展的指导意见，在硬件配置基本相当的前提下，进一步提高城乡生源配置结构、师资配置结构，尤其是学校管理团队等的一体化配置水平，以保障“学生流动能够保持适当规模、适当路径”，力争通过学校的特色服务能力来推动学生的双向或多向流动，确实推进“县域义务教育均衡发展和城乡基本公共教育服务均等化”的质量和水平。

“学生流动”是城乡一体化发展过程中必须面对的，如何不让学生流动加剧“乡村弱、城镇挤”的现象，需要各级教育行政部门不断提高“对学生流动行为和选择的引导和影响”，丰富农村学校的可选择度和文化教育附加值，强化城乡教育的合作和共建，强化学校对农村家庭的教育功能和对农村文化的引领作用，尤其要重视留守儿童的关爱教育需求。同时要提高城镇学校的文化包容性和教育教学融合能力，为流动学生的融入提供好的环境。

“良性的学生流动”，或可成为“城乡教育一体化发展”水平的试金石。

（撰稿人：汪华英　王敏）

山西省2015年优质高中“指标到校”政策绩效研究

□课题组

“指标到校”政策持续实施五年以来，全省11个市政策落实的时间、方式、效果及影响差异很大，有不少值得研究的经验，也有需要进一步克服并解决的困难和问题。在大力推动普及高中阶段教育，满足小康社会百姓对优质教育公共服务需求的今天，有必要对这项政策绩效进行细致梳理和深入研究，并从“提高全省普通高中教育质量和品质”的战略高度审视政策的影响和作用，从“互联网+”时代出发、从全球学习组织理论和实践出发，提出有利于全省普通高中学校有质量发展、可持续发展的政策模板和指导性意见和建议。

一、研究的思路和方法

21世纪以来，全球普通高中发展的核心战略主要聚焦为三点：一是“因应学生成长需求的多元化发展战略”；二是“因应学校传统及优势的特色发展战略”；三是“因应学校核心实力的拔尖人才培养战略”。本次政策绩效研究正是从这三个核心战略出发，研究“指标到校”政策如何更好地促进全省普通高中学校的多元发展、特色发展和有质量发展，并从对接国家创新发展战略、顺应高中学生成长特点、发挥学校传统积淀和优势三方面审视，着力培育一批具备拔尖人才培养能力的普通高中学校。

（一） 基本研究思路和出发点

第一，牢固树立、全面贯彻党的十八届五中全会提出的创新、协调、绿色、开放、共享五大发展理念。

第二，更加关注全省普通高中教育更高质量、更有效率、更加公平、更可持续发展。

第三，从入学需要出发，从质量追求出发，从全省11个市普通高中学校的布局结构和公、民办普通高中学校的协调发展出发。

第四，以2015年生源结构为基本抓手，厘清普通高中学校生源结构优化的基本模板，厘清各级各类普通高中学校一体化发展、分层分类供给的基本路径。

第五，探索“指标到校”政策在促进质量提升、效益品质提高、机会均等等可持续发展要素方面的关联作用和影响，厘清政策理应涵盖的范围、指向和服务。

第六，要回答以下三个问题：

1. 2015年全省普通高中学校高一生源结构是否会影响优质学校的发展？

2. 2015年政策落实过程中引起了哪些变化、出现了哪些新态势？

3. 未来“指标到校”政策如何服务，需要跟进什么样的配套举措？

（二）研究的方法和路径

1. 政策文本研究。以全省11个市“指标到校”政策为基本蓝本，研究政策的适用性和科学性。

2. 数据的关联研究。以市为单位研究各市各级各类普通高中学校2015年生源结构的排列和对比。

3. 多维度、多视野的借鉴和类比研究。以全球学习组织理论和经验为基本蓝本，进行国内外相关信息比对、借鉴研究，同时以“互联网+”共享便利创新学校生源配置结构，引入现代学校管理思想和新型教学思想。

二、关于全省11个市地政策文本中需要说明的概念和要点

（一）山西省2015年“指标到校”政策

全省共划定了153所优质普通高中学校，包括省级示范高中、市级示范高中和部分县区一中。所有市地“指标到校”政策明确说明了“指标到校”覆盖全市所有初中，且向薄弱初中和农村初中倾斜。2015年省政策要求最低比例为60%，除太原市执行60%外，吕梁/临汾/运城为65%，大同/朔州/忻州/阳泉/长治为70%，晋城为80%，晋中100%。因此，在后续的分类研究中以此比例进行了分类，也就是60类、65类、70类、80类、100类五种。

（二）本次录取线查询方法和途径

一是从各市招生网公开信息栏中采集；二是与各市招办沟通采集；三是抽样学校进行查询。在公开信息栏中采集到的主要是太原、阳泉、晋城、运城和临汾，从各市招办采集到的主要是晋中和长治，忻州的忻州一中和忻州十中，这两个渠道均未能得到信息的是朔州、大同、吕梁和忻州市的其他学校。

以能够在公开信息中查阅到的462所普通高中学校2015年最终录取线为基本数据，将全省2015年生源录取线区间划分为“晋中市区间”和“全省性区间”两种。其中晋中市录取线区间分为4类：506~558分、451~493分、438~448分、351~434分。全省录取线区间分为八类：600分以上、550~599分、500~549分、450~499分、426~449分、400~425分、300~399分、299~250分。

（三）2015年新生录取办法分类

据统计，2015年新生录取办法可分为两类。一类是官方划定的153所优

质普通高中，执行60%以上的指标分配到区域内初中的“指标到校”+志愿排序相结合的办法，基本生源结构为“指标生+统招生+特长生+小语种、空飞、空乘、爱物、国际课程班+中外合作办学计划生+西藏班计划、藏族插班生计划”。第二类是官方认定的153所优质普通高中之外的346所普通高中的志愿录取法，基本生源结构为“统招生+特长生+空乘班、小语种、空飞、空乘、爱物、国际班、西藏班”。

按照全省中考满分710分、晋中为730分的基本标准，分别将基本及格线426分和438分作为生源基准线。我们假设在基本及格线之上的生源具备了接受基本的普通高中学习的知能。

三、全省2015年“指标到校”的生源配置情况

全省共有499所普通高中，执行“指标到校”政策的学校11个市地有153所优质普通高中学校，其中有90所县区普通高中学校，有1所民办普通高中学校。

462所普通高中学校样本中，有官方划定的优质普通高中学校153所、普通高中学校182所、民办普通高中学校127所。根据所能够采集到的分值信息，分“全省总体情况、各市情况和执行指标到校政策的152所划定的优质普通高中学校的生源配置特点”三部分进行了数据汇总梳理和分析。

（一）2015年全省普通高中学校高一新生中考分值区间分布情况

1. 全省受学生青睐的优质学校总体数量不足3%，高分值区间生源分布不平衡。

按照462所学校的最终录取线统计结果来看，分值区间在600分以上的学校仅有14所，约占到总数的3%。

其中，阳泉、长治、晋中、吕梁和晋城四个市地没有录取线在600分以上的普通高中学校。太原市有4所学校录取线在600分以上，仅有1所为官方划定的优质普通高中学校，另外3所均为民办学校。运城市有3所学校录取分数

线在600分以上。有1所民办学校2015年新生中考分值全部在600分以上，有15所学校30%以上新生中考分值在600分以上。其他8所600分以上录取线的学校分别是大同3所、忻州1所、朔州2所、临汾2所，均为官方划定的优质普通高中学校。

2. 录取线在及格线以下的低端生源学校占到总数的36%。

2015年约36%的普通高中学校录取了及格线以下的学生，其中包含约15%的官方划定的优质普通高中学校。全省50%以上的民办学校录取线在及格线以下。太原市是唯一达到所有普通高中学校录取线均在及格线以上的市地，运城市除一所民办学校之外，所有普通高中学校录取线全部在450分以上。

2015年全省8个录取线分值区间中，有3个区间在426分之下，涉及164所学校，约占到能够查阅的学校总数462所的38%。其中，吕梁71%（29所）、临汾38%（25所）、晋城41%（14所）、晋中23%（7所）、朔州64%（14所）、忻州61%（20所）、长治87%（40所）、阳泉31%（5所）、大同29%（10所）。

有4个市地的28所官方划定的优质普通高中学校录取线在及格线以下。他们分别是长治（16/11）、临汾（12/2）、吕梁（20/13）、大同（16/2）。也就是说，长治官方划定的16所优质普通高中学校中就有11所录取线在及格线以下。太原、阳泉、晋中、晋城、朔州、忻州、运城7个市地所有官方划定的63所优质普通高中学校录取线均在及格线以上。

过半民办普通高中学校2015年录取线在426分以下。全省127所民办学校中录取线在及格线之下的学校达到65所。长治市（8所）和阳泉市（2所）民办普通高中学校录取线全部在及格线以下，朔州、晋中、晋城、吕梁80%以上的民办学校录取线在及格线以下。

有关录取线在426分及格线以下的普通高中、优质高中和民办高中的情况详见附表1。

表1 录取线在426分以下的学校区间分布情况

		合计	400~425分	300~399分	250~299分
太原	优质	0			
	普通	0			
	民办	0			
	合计	0			
大同	优质	2	1	1	
	普通	3	1	2	
	民办	5	4	1	
	合计	10	6	4	
阳泉	优质	0			
	普通	3	3		
	民办	2		2	
	合计	5	3	2	
长治	优质	11	2	8	1
	普通	21	3	13	5
	民办	8		3	5
	合计	40	5	24	11
忻州	优质	0			
	普通	15	1	14	
	民办	5	1	4	
	合计	20	2	18	

		合计	400~425分	300~399分	250~299分
朔州	优质	0			
	普通	5	1	4	
	民办	9		9	
	合计	14	1	13	
晋中	优质	0			
	普通	3	3		
	民办	4	2	2	
	合计	7	5	2	
晋城	优质	0			
	普通	6	1	5	
	民办	8	1	7	
	合计	14	2	12	
临汾	优质	2	1	1	
	普通	12	6	6	
	民办	11	10	1	
	合计	25	17	8	
运城	优质	1	1		
	普通	1	1		
	民办	7	7		
	合计	9	9	0	
吕梁	优质	5	1	4	
	普通	9		6	3
	民办	6		3	3
	合计	20	1	13	6

		合计	400~425分	300~399分	250~299分
总计	优质	21	6	14	1
	普通	78	20	50	8
	民办	65	25	32	8
	合计	164	51	96	17

（二）各市地同等“指标到校”比例下不同的生源分值区间分布

依据各市招生网公布数据，全省11个市地指标到校比例为太原60%、吕梁/临汾/运城65%、大同/朔州/忻州/阳泉/长治70%、晋城80%、晋中100%。下面按照相同比例来研究各市分值区间分布情况。

1. 执行60%“指标到校”政策的太原市区间分布情况

全市2015年普通高中录取线均在426分以上，整个录取线区间学校数量分布呈现“上小下中中间大”的六边形结构，600分以上生源分值区间仅有4所，426~449分区间的有24所，77%的学校生源区间在450~599分之间。具体各类学校区间分布情况可总结为以下两个方面：

一是公、民办普通高中学校录取线区间明显呈现出高位重叠的博弈结构，民办学校分值区间整体上高于公办普通高中学校。

太原市共有94所普通高中学校，位于城区的有83所，依据现有政策和能够查阅到的太原市82所普通高中学校2015年新生录取线区间分为以下5类：第一，4所600分以上，1所为官方划定的优质普通高中学校，3所为民办普通高中学校；第二，17所550~599分，10所为官方划定的优质普通高中学校，2所为公办普通高中学校，5所为民办普通高中学校；第三，20所500~549分，7所为官方划定的优质普通高中学校，5所为公办普通高中学校，8所为民办普通高中学校；第四，17所450~499分，1所为官方划定的优质普通高中学校，14所为公办普通高中学校，2所为民办普通高中学校；第五，24所426~

449分，15所为公办普通高中学校，9所为民办普通高中学校。可以看到，公、民办普通高中学校的录取线区间分布结构差异明显，民办学校生源区间处于中高端，且区间结构属于向上态势。公办学校生源区间主要在中低端，且区间结构趋于下蹲状。公、民办学校生源中高端区间相间重叠、博弈走势明显。有关太原市学校录取线区间分布的情况详见附表1。

表2 太原市学校录取线区间分布的情况

分值区间	公办		民办
	优质	普通	
600分以上	1		3
550~599分	10	2	5
500~549分	7	5	8
450~499分	1	14	2
426~449分		15	9

由以上资料分析可知，太原市高一学生知能结构托底水平较高，中游学校量大定势明显，民办学校博弈能力强大，公办普通高中学校和民办普通高中学校竞争激烈。

二是太原市除古交一中外，其余18所官方划定的优质普通高中学校录取线区间均在500分以上，600分以上拔尖区间只有山大附中1所。

从录取线区间分布看，学生对“优质学校”的志愿程度还是很高，表现在二次录取线明显高于第一次录取线。

2015年，太原市普通高中学校生源分值区间明显高于其他市地，最低录取线划定在426分，是保障所有学生可以顺利进入普通高中学校学习的基础性起点。

总体上太原市普通高中学校生源结构层次不明显，优质、高端生源区间学校数量不足，中低端生源区间学校数量占到70%，这种“小口坛子”形状的生源结构利于稳定发展，但不利于优质、多样化、精进发展，尤其作为山西省的省会城市，优质高端学校数量不足、底座过度庞大，不利于太原市普通高中学校的优质发展和跨越发展，也不利于太原市普通高中尖端生源的培养，不利于太原市普通高中尖端人才、创新人才学校的培育，不利于太原市整体普通高中学校的联动发展。

2. 执行65%“指标到校”政策的吕梁、临汾和运城三个市的区间分布情况

首先，从最低录取线分值区间来看，低于基本及格线426分以下的吕梁有29所，占到总数的71%，其中最低录取线为200分。临汾有25所，占到总数的42%，其中最低录取线为300分。运城2所，占到总数的3%。其中最低录取线为420分。详细数据如下：

吕梁市共有46所普通高中学校，可查阅到的数据资料有43所，且分值区间是按照可查到的统招线来划分的。第一，5所551分以上，且5所学校均为官方划定的优质普通高中学校。第二，8所500~550分，5所优质普通高中学校，1所为民办优质普通高中，2所为公办普通高中学校。第三，5所450~499分，4所为优质普通高中，1所为公办普通高中。第四，5所426~449分，2所优质普通高中学校，2所普通高中，1所民办高中。第五，20所212~426分，5所优质普通高中学校，12所普通高中（表格里只有4个），3所民办高中（表格里有10所）。

临汾市共有61所普通高中学校，可查到相关数据信息的学校有58所，这58所普通高中学校2015年新生录取分数线分值区间大体有五类，分别为：第一，8所551分以上，5所公办优质普通高中学校，3所民办普通高中学校。第二，8所500~550分，3所公办优质普通高中学校，2所公办普通高中学校，3所民办普通高中学校。第三，11所450~499分，2所优质普通高中学校，7所公办普通高中学校，2所民办普通高中学校。第四，6所426~449分，6所公

办普通高中学校。第五，25所300~425分，2所优质普通高中学校（临汾二中、浮山中学），12所公办普通高中学校，11所民办普通高中学校。

运城市共有65所普通高中学校，最终录取线区间可分为五个区间：第一，7所551分以上，2所优质普通高中学校，1所公办普通高中学校，4所民办普通高中学校。第二，13所500~550分，3所优质普通高中学校，5所公办普通高中学校，5所民办普通高中学校。第三，34所450~499分，18所优质普通高中学校，11所公办普通高中学校，5所民办普通高中学校。第四，9所426~449分，1所普通高中学校，8所民办普通高中学校。第五，2所420~426分，2所民办普通高中学校。

其次，从官方划定的优质普通高中学校录取线区间分布来看，这三个市所划定的优质普通高中学校录取线区间分布与其他普通高中学校相间相融，没有明显的高低之分。但各市特点不一。

吕梁市的21所优质普通高中学校中有1所民办普通高中学校，且录取线在426分以下的有5所优质普通高中学校，约占到所有优质普通高中学校的24%。21所优质普通高中学校中有17所县区学校，占到总数的81%。由于无法采集到每个学校的最终录取线，此次数据使用的是公开信息中的统招线。如果按照吕梁市指标到校政策降分要求后，实际21所优质普通高中生源区间就可能会全部向后移动1~2个区间，也就是说生源在551分以上的优质普通高中学校将大幅减少，后三个区间的生源区间学校数量将增加，426分以下区间优质普通高中学校将另有增加。

依据现有信息推算，我们认为吕梁21所优质普通高中学校中可能有不少学校无法落实指标到校，因为放开录取都无学生填报，因此他们的录取线普遍在300~400分。

临汾市优质学校录取线差距大。全市共划定12所优质普通高中学校，最终录取线区间低于426分的学校有2所，且优质学校校际录取线区间差距显著，最高的临汾一中607.5分，最低的浮山中学390分。校内分值差距较小。12所优质普通高中学校中有9所为县区学校，占到总数的75%。

运城市优质学校量足、面广、质好。全市共划定23所优质普通高中学校，其中15所学校高一新生分值区间在600分以上的占到2015年本校总招生人数的30%以上。这15所学校基本覆盖了市区及临猗等9个县（市、区）。同时优质学校校际统招线差距显著，定向线差距明显缩小。校内生源分值差距显著。23所优质普通高中学校中有21所学校是县区学校，占到总数的91%。

高分值生源量足、面广。23所优质普通高中学校中，2015年新生中中考分值在600分以上的学生过半的学校有5所，海泉中学100%（民办），盐化中学98%（普通），运康中学85%（民办），康杰中学占到78%，运城中学占到51%。超过30%的有10所，运城学院附中44%（民办），临猗中学/河津中学/永济中学40%、芮城中学39%、新绛中学38%、闻喜中学/垣曲中学37%、稷王中学33%、万荣中学32%。23所官方划定的优质学校中涑北中学、永济三中和夏县二中三所学校没有录取到600分以上的学生。

校际最终录取线差距不大，校内差值较大。所有官方划定的优质普通高中学校的统招线和定向线均在460分以上，但涑北中学、夏县二中、绛县中学和平陆中学四所学校没有招录到定向生。校际统招线差异显著，达到174分，最高的运城中学统招线为634分，最低的夏县二中/绛县中学/平陆中学统招线为460分。定向线差距不大，最高的运城中学最低录取线为564分，最低的闻喜二中录取线为460分。校内最高最低录取分值差距显著，差距最大的永济中学为226分，最小的夏县二中为110分。

最后，三个市地普通高中学校的整体分布态势。

吕梁市普通高中学校生源区间分布界限分明，民办学校数量不大，中高端学校数量不多，吕梁市直和离石区直高端学校数量不足，低分值区间学校数量过大，联动发展难度大。

吕梁市46所学校，可查阅到的42所学校中，其中包含民办学校5所。统招线在600分以上的仅有孝义中学1所，在550分以上、600分以下的学校仅有4所，其中的3所为县区学校，两者加起来仅占总数的12%。录取线在426分以下的学校有20所，占到总数的48%，其中有3所学校为民办学校，其余17所学校均为县区学校。

临汾市公办、民办、优质和普通高中学校一体化发展趋势明显，中高分值生源充足。民办学校量足、竞争力强。录取线未达及格线的学校数量占到总数的40%多。

各级各类普通高中学校2015年最终录取线界限不明显。中高分值生源学校数量占到总数的近30%，生源总值占到40%。低分值学校数量占到总数的40%多，生源总值不到30%。全市校际录取线差距较大，校内生源分值差距较小。民办学校数量占到了总数的1/3，且近40%的民办学校录取线在500分以上。

依据可采集到的56所学校的数据来看，全市最终录取线最高分为临汾一中607.5分和临汾三中603分，仅占到总数的3.4%。有8所学校录取线在600分以下550分以上，占到总数的14%，这其中包括3所民办学校，2所县区学校。全市录取线低于426分的学校有25所，占到总数的41.6%，其中有11所民办学校、13所县区学校（包括1所官方划定的优质学校）。12所优质普通高中学校的录取线区间界限分明，最高和最低录取线之间相差217分，但校内生源分值差距不大，比如临汾一中、三中、翼城中学、师大实中、襄汾高中和乡宁一中等6所优质普通高中统招线与指标生线差距在20~30分。

整个生源分值区间相对集中，分类发展基础好。500分以上的前两个区间的学校共有17所（占总校数的28.3%），录取了前四成的生源（计划数占总计划数的39.6%）。426分以下的最后一个区间学校共有25所（占总校数的41.6%），却只录取了后三成的生源（29.8%）。

全市共有19所民办学校，其中有6所学校录取线在500分以上，占到总数的32%，有11所学校录取线在426分以下，占到总数的58%。

运城市普通高中学校录取线普遍在450分以上，高分值生源学校量大、面广、生源足。校际录取线差距不大。民办学校发展规模大、生源好。

2015年录取线高于全省其他市。全市有招生计划的65所普通高中学校中，23所为官方划定的优质普通高中，18所为普通高中学校，24所为民办普通高中学校。23所优质学校最低录取线均在460分以上，只有绛县中学补录了10位420~460分的学生。18所普通高中学校录取线有17所在450分以上，只有绛县实验中学在450分以下426分之上。24所民办普通高中学校15所录取线在450分以上，有8所录取线在450分以下426分之上。

高分值生源数量多。全市2015年招录到过半600分以上新生的学校有6所，海泉中学100%、盐化中学98%、云康中学85%、康杰中学78%，运城中学51%。超过30%的有9所，临猗中学/河津中学/永济中学40%、芮城中学39%、新绛中学38%、闻喜中学/垣曲中学37%、稷王中学33%、万荣中学32%。全市60%的学校2015年新生中有600分以上的学生。

录取线普遍较高，“宁缺毋滥”的生源质量意识强。在官方划定的23所优质学校中，有涑北中学、绛县中学、平陆中学和夏县二中4所学校未能如愿执行指标到校，他们的最低录取线为460分。另外17所公办普通高中学校录取线均在450分以上，最低为运城三中453分，最高为盐化中学610分。23所民办学校中有22所录取线在430分以上，最高为海泉中学618分，最低为万荣县育才中学430分。李文中学是唯一一所低于426分的学校，录取线为420分。

县区学校量足、生源好。全市招生的63所学校中，有50所县区学校，占到总数的79.4%。其中，600分以上新生所占比例超过30%的学校有海泉中学100%、临猗中学/河津中学/永济中学40%、芮城中学39%、新绛中学38%、闻喜中学/垣曲中学37%、稷王中学33%、万荣中学32%等10所。有30所县区学校2015年新生中有600分以上的学生。县区学校最终录取线基本在460分以上，有10所民办学校在430~460分，有1所民办学校录取线为420分。

民办学校量大、生源稳定、层次多样。全市共有23所民办学校招生，民办学校数量占到总数的37%，招生计划数占到总数的1/4。

3. 执行70%指标到校政策的大同、朔州、忻州、阳泉和长治5个市地的区间分布情况

（1）大同市区间分布情况

2015年，大同市普通高中生源配置区间差距较大，且官方划定的优质普通高中与其他普通高中间生源分值区间分布虽有差异，但不像其他市区那样泾渭分明，仍有相间重叠或仅是略有优势的特点。民办普通高中多数处于较弱区间中。

一是全市2015年学校生源区间呈现“梯形状”，低位生源区间学校数量占到65%。

大同市共有46所普通高中，其中可以查阅到相关数据信息的有34所，2015年新生录取线分值约有四个区间，分别为：

6所550分以上，均为官方划定的优质普通高中学校；

6所500~550分，4所为官方划定的优质普通高中学校，2所为公办普通高中学校；

10所426~500分，3所为官方划定的优质普通高中学校，3所为公办普通高中学校，4所为民办普通高中学校；

12所367~426分，6所公办普通高中学校，3所官方划定的优质普通高中学校，3所民办普通高中学校。

二是普通高中学校总体上优质数量不足，低位数量过大，导致联动发展难度大。从全市普通高中学校生源分值区间分布来看，中高分值生源区间学校数量不到80%，低位生源区间学校数量较大。

（2）朔州市区间分布情况

2015年朔州市普通高中学校生源分值区间呈现“上小下大中间细”的结构，六成多学校（64%）的生源分值区间在426分以下。

朔州市共有22所普通高中学校，其生源分值区间可分为三种类型，分别为：

5所550分以上，3所为官方划定的优质普通高中学校，2所为公参民普通高中学校（城区一中的敬德学校和怀仁一中的云东校区）；

3所426~550分，2所为公办普通高中学校，1所为民办普通高中学校；

14所350~426分，8所为公办普通高中学校，6所为民办普通高中学校。

从全市普通高中学校生源分值区间分布来看，中高分值生源区间学校数量不到四成，低位生源区间学校数量较大，联动发展难度大。

（3）忻州市区间分布情况

2015年忻州市普通高中生源分值区间少，分值相对集中。60%的普通高中学校生源分值区间在367～426分之间，薄弱学校群比较庞大，是典型的“下底是上底的4倍的等腰梯形”结构，同时依然传承了“东强西弱”的生源区间分布特征。

一是分值区间比较简单、集中，低端生源区间学校过大，公办、民办学校发展一体化特征比较明显。

忻州市共有35所普通高中学校，可查阅到相关数据信息的有33所学校，在2015年实际录取分数线有三个区间，分别为：

5所550分以上，5所均为官方划定的优质普通高中，其中的忻州市实验中学是忻州一中的公参民学校，忻州师院附中为民办学校。

8所426~550分，4所为普通高中学校，3所为官方划定的优质普通高中学校，1所为民办普通高中学校；

20所380~426分，14所为公办普通高中学校，6所为民办普通高中学校。

二是从全市整体生源分值区间分布来看，低分值区间学校数量多，录取线在426分以下的学校生源超过六成，14个县（市、区）就有8个县一中在低分值区间，西八县除了河曲中学均在此区间内，东六县只有代县在此区间。

三是550分以上的5所学校数量占到总数的15%，招生规模是全市总数的25%。而380~426分的20所学校数量占到总数的60%，招生规模是全市总数的47%。

表3 忻州招生情况

5所550分以上	忻州一中	实验中学	师院附中	忻州十中	原平范亭中学	合计			
招生计划	1 700	900	700	1 000	1 000	5 300（25%）			
8所426~550分	原平一中	创奇综合高中	忻州三中	定襄中学	河曲中学	忻州二中	五台中学	繁峙中学	
招生计划	1 000	300	700	800	700	550	900	900	5 850（28%）
20所380~426分	14所为公办普通高中学校，6所为民办普通高中学校。								
招生计划	9 875（47%）								

这种分值区间分布结构优势在于高分值生源区间集中，校内生源差距不大、不足拉大了县市与校际差距，存在跨县区求学的隐患和风险，同时可能会进一步加剧整个市高低端生源的两极分化，加剧就学需求的无序流动，挤压了县区学校的发展空间。

另外，由于高端生源区间的5所学校数量小、生源规模大，低端生源区间的20所学校数量庞大、生源规模小，以高端学校拉动低端学校的联动发展模式操作起来很吃力。如何以中高端学校为抓手拉动大面积的县区学校发展，是“十三五”忻州市普通高中有质量、多样化发展面临的最大挑战，也是落实普及高中阶段教育，实现有质量发展最大的瓶颈。

（4）阳泉市区间分布情况

2015年阳泉市普通高中生源配置区间差异不大，公办普通高中学校生源分值区间明显高于民办普通高中学校，两所民办普通高中学校最低录取线分别为380分和300分，低位区间学校数占到总数的1/3多，联动发展优势明显。

一是阳泉市655分的生源区间分布界限明晰，低位分值区间较多。阳泉市共有16所普通高中学校，2015年，新生中考分值区间大体有三个相对独立的分值群，第一类生源区间在500~549分，只有1所学校的生源分值集中在这个区间，为官方划定的优质普通高中；第二类为426 ~ 499分，有8所高中学校的生源分值集中在这个区间，其中5所为优质普通高中，3所为公办普通高中；第三类为300 ~ 426分，拥有三类配置的5所学校，都为公立普通高中学校。

二是阳泉市生源区间学校数量分布呈现“倒梯形”状，上部分较优质学校数量不足，中低端均等分布，这种状态递进发展的指数不大，不利于多样化发展和集约式联动发展。

（5）长治市区间分布情况

2015年长治市普通高中生源配置结构整体呈现“干”字形，全市学校生源区间同质化程度较高，且60%以上的学校生源分值区间在400分以下。校际最低录取线差距不大，但校内生源分值区间巨大。这种状态容易导致学校发展的固化和各自为政倾向，但也容易形成联动攻关、点上突破、面上跨越发展的态势。

一是2015年度学校录取线整体下降，最高录取线473分，最低录取线280分。最低录取线不达400分的学校超过60%。且“优质”“普通”“民办”分值区间差距不大，将近60%学校的录取线不到400分。

长治市共有46所普通高中学校，划定了16所优质普通高中学校，22所公办普通高中学校，有8所民办普通高中学校。46所学校的最后录取线有三个区间，分别为：

5所450~499分，都为官方划定的优质普通高中学校；

1所426～449分，只有1所公办普通高中学校；

29所280～426分，有10所官方划定的优质普通高中学校，16所公办普通高中学校，3所民办普通高中学校。

二是全市校际生源分值区间相对集中、各区间最低录取线均比较低，校内分值区间很大。

全市46所普通高中学校中录取线低于400分的学校就有24所，占到总数的52%，数量较大。所有学校校内分值差距大，平均达242分，校内最高分和最低分之间的差距超过300分的学校有：长治十五中、长治八中、黎城一中、沁县一中、潞城一中、长治皇岗实验学校（民办）、潞城二中（民办）。校内分值差距最大的学校是黎城一中，分差为360分；最小差距是沁县实验中学，分差为85分。

4. 执行80%指标到校政策的晋城市的区间分布情况。

2015年晋城市普通高中学校整体上生源配置呈现低位群体较大的“凸”字形结构，与往年相比，生源分值区间校际差距缩小，校内差距在拉大。

按照晋城市33所普通高中2015年新生中考分值数据和晋城市指标生录取政策，我们将33所学校的所有学生中考分值进行了区间划分，我们发现9所官方划定的优质普通高中统招线在“指标到校”政策后，9所学校的生源盘子发生了较大变化。

一是形成了明显的“凸”字形生源配置格局，60%的学校最低录取线在500分以下，其中36%的学校最低分数线在400分以下。

全市共有33所学校，2015年，新生中考分值区间约可划分为5类，分别为：

6所550分以上，4所官方划定的优质普通高中学校，2所普通学校（高平实验中学和晋城市实验中学）。

5所500～550分，3所官方划定的优质普通高中学校，2所普通高中学校。

8所426～500分，2所官方划定的优质普通高中学校，6所普通高中学校。

14所300～426分，8所普通高中学校，6所民办学校。

二是指标生录取分值区间在统招线下降低的幅度大，形成了校际实际生源分值区间差距缩小、9所优质普通高中校内生源分值区间差距拉大的现象。9所优质普通高中中校内生源最大的相差175分，最小的也有90分差距，差距超过100分的有8所。沁水中学统招线与指标生线相差136分，校内最高分与最低分之间相差175分。

表4　晋城招生录取情况

学校	统招录取线	统招人数	统招人数比例	定向录取分	定向人数	定向人数比例	统招定向分数线差值	录取最高分	录取最低分	录取分数差值
晋城一中	644	233	20.28%	553	916	79.72%	91	689	553	136
高平一中	633	208	20.76%	565	794	79.24%	68	687	565	122
阳城一中	631	238	23.11%	571	792	76.89%	60	679	571	108
沁水中学	608	164	20.25%	472	646	79.75%	136	647	472	175
晋城二中	602	474	52.67%	552	426	47.33%	50	642	552	90
陵川一中	594	184	20.44%	499	716	79.56%	95	643	499	144
高平二中	586	120	20.00%	523	480	80.00%	63	632	523	109
泽州一中	583	273	30.33%	519	627	69.67%	64	621	519	102
阳城二中	573	460	50.55%	521	450	49.45%	52	628	521	107

总体上晋城市普通高中学校生源区间分布层次分明、低位底座庞大、民办学校发展滞后，这种“凸”字形结构在有质量多样化发展背景下会面临学校低端发展包袱过重，联动发展难度较大。

5. 执行100%指标到校政策的晋中市的区间分布情况

2015年，晋中市公办普通高中录取线分值区间较密，438分以上分值区间的学校数量占到全市普通高中学校总数的70%以上、生源数量将近70%。民办学校相对较弱，主要分布在第四分值区间（351~434分）。整体上全市普通高中生源结构多元、稳定，向上态势明显。

一是全市普通高中学校2015年70%以上的学校录取线在438分以上，16所官方划定的优质普通高中学校均在438分以上，5所民办学校中有4所学校录取线在438分以下。

晋中市共有30所普通高中学校，其中16所为官方划定的优质普通高中学校，另外还有9所公办普通高中学校，5所民办普通高中学校。2015年全市普通高中学校录取线中考分值区间分为四类，分别为：

4所506~558分，均为官方划定的优质普通高中学校；

16所451~493分，11所官方划定的优质普通高中学校，4所公办普通高中学校，1是民办普通高中学校。

2所438~448分，1所优质普通高中学校，1所公办普通高中学校。

8所351~434分，4所公办普通高中学校，4所民办普通高中学校。

二是9所公办普通高中学校2015年生源分值区间在450分以上的占到90%。

全市共有25所公办普通高中学校，除了16所官方划定的普通高中学校，还有9所公办普通高中学校，这9所公办普通高中学校生源63%来自城区学校初中、37%来自乡镇初中。500分以上生源占到30%以上。

三是5所民办学校录取线均为350分，450分以上学生占到76%。

5所民办学校共招录了3 096人，600分以上的学生占比为13%。城区初中生源占到81%，乡镇初中生源占到19%。

总体上看，全市2015年普通高中学校基本落实了城乡一体化生源配置，乡镇初中生源比例在“优质、普通、民办”学校分别为38%、37%、19%。生源结构特征基本体现了不同区县义务教育发展状况，体现了所有学校、所有学生平等选择和被选择的机会，且基本形成了阳光绿色的招生录取机制，为所有学校的发展、每位学生的成长提供了平等的可选择入学机会。

（三）执行指标到校政策的152所划定的优质普通高中学校的生源配置特点

根据对152所优质普通高中的统招线、指标到校录取线和录取政策的横向、纵向和市区范围内、县区范围等四个维度数据和信息的关联研究，我们发现，一方面152所优质普通高中生源配置分布在555分以上、500～546分、400～498分、300～390分这四个区间里，且阳泉和晋城两市所有优质普通高中录取线均在555分以上；另一方面生源学习兴趣和能力也是各初中学校比较强的，实际上生源质量处于上升态势，但152所学校的生源结构差异大，校内生源多样化程度明显高于往年。

下面从分值区间、生源地和百姓认可度三个方面来看152所优质普通高中的生源情况。

1. 从生源中考分值区间来研究152所优质普通高中的生源结构

全省共有152所优质普通高中，他们的统招分数线从656分到300分不等，其中统招分数线在600分以上的学校有41所，555~599分的学校共有47所，500~546分的学校有37所，400~498分的学校有22所，300~390分的学校有5所。

2. 152所优质普通高中以本地生源为主体，兼顾农村生源、薄弱初中生源和生源匮乏的初中依据152所优质普通高中高一学籍表和回收的问卷汇总，全省官方划定的优质普通高中2015年招生录取规范，跨区县招生更加严格，不仅限定了具体区域，而且明确了可招生数量。以下两个特征代表了2015年152所优质普通高中生源来源基本情况。

（1）生源来源地域成分的三个组成类型

第一类是可以在全省范围内进行招生的2所公立学校和所有民办学校：

太谷二中的空飞班可以在全省范围招生，但必须将计划报到生源属地，由生源属地教育局根据计划进行招生。进山中学“爱物生”只在临汾、忻州、吕梁和太原四个地区进行，生源必须是低保户家庭中学习成绩优秀的学生。所有民办学校普通高中招生需要按照省教育厅下达的招生计划，由生源属地教育局招录。

第二类是可以跨县区进行指标生录取的23所学校：

太原市可以在全市限定范围内招生的有16所学校。可在除清徐、古交以外全市其他区域内进行指标生录取的有5所学校：山大附中、省实验中学、太原五中、成成中学、四十八中。

大同可以在城区、新荣区、南郊区三个区域进行指标生录取的有3所学校：大同实验中学、大同一中、大同二中。

忻州有2所学校可在全市限定范围内招生：忻州一中可以在全市招生。忻州十中可以在除原平、河曲之外的其余12个县区招生。

吕梁有1所学校可在全市限定范围内招生：贺昌中学可在市区和山上8县招生。

阳泉一中可以在城区、矿区、平定和盂县范围内招生。

长治有5所学校可在市直初中、城区、高新区和郊区进行招生。

晋城有2所学校可在全市部分区域招生：晋城一中80%指标的分配到了城区、泽州县及市直初中和民办初中，晋城二中50%的指标分配到以上四类初中。

临汾有3所学校可在全市限定范围内招生：临汾一中、临汾三中和师大实验中学可在全市普通初中学校招生。

运城康杰中学可在全市范围内招生。

第三类是只能在本区县招生的优质普通高中有127所：

其中，太原市3所、大同市13所、阳泉5所、长治11所、晋城7所、晋中16所、忻州6所、朔州6所、吕梁20所、临汾9所、运城22所。具体明细请见下表。

表5 全省优质普通高中生源情况

市	优质普通高中学校	生源范围
太原19所	19所省级示范高中学校： 六城区：成成中学、太原五中、进山中学、十二中、十五中、十八中、育英中学、四十八中、太原外国语学校、市实验中学、市第四实验中学、省实验中学、山大附中、师院附中、小店区一中、尖草坪区一中、古交市一中、清徐中学、徐沟中学	全市公办、民办普通初中学校（含九年一贯制、十二年一贯制初中） 1.省、市属公办省级示范普通高中学校和小店一中、尖草坪一中——六城区 2.清徐中学、徐沟中学、古交一中——本县（市） 3.成成中学、太原五中、四十八中、省实验中学、山大附中部分定向生指标——阳曲县、娄烦县（五所学校共分配20名定向生指标，分配给阳曲县、娄烦县各10名）
大同18所	城区7所：大同一中、二中、三中、北师大大同附中、实验中学、大同铁一中、第二实验中学 矿区：同煤一中、同煤二中 新荣区：新荣中学 南郊区：口泉中学 其他县：天镇一中、阳高一中、大同县一中、左云县高级中学、浑源中学、灵丘一中、广灵一中	城区7所：1.实验中学、大同一中、二中——城区、新荣区、南郊区 2.三中、北师大大同附中、大同铁一中、第二实验中学——城区 矿区：1.同煤一中——矿区、南郊区 2.同煤二中——矿区 新荣区：新荣中学——新荣区 南郊区：口泉中学——南郊区 其他县：招生范围为本县（市）普通初中学校

市	优质普通高中学校	生源范围
朔州 6所	市区3所：朔州市第一中学、朔城区第一中学、朔城区敬德实验中学 其他县区：平鲁李林中学、怀仁县一中、应县一中	市区3所——市区各初中学校
忻州 8所	忻州一中、十中、定襄中学、原平范亭中学、原平一中、河曲中学、忻州师院附中、忻州实验中学	忻州一中——全市各县区 忻州十中——除原平、河曲外其他县区 其他分配至所属县区
晋中 16所	榆次一中、榆次二中、晋中经纬中学、昔阳中学、太谷中学、太谷二中、祁县中学、平遥中学、平遥二中、介休中学、介休十中、灵石中学、和顺中学、寿阳中学、榆社中学、左权中学	榆次一中可在东山五县招录，榆次二中空乘班、太谷二中空飞国防班，民办学校可在全市录取，其他学校一律不容许跨县区招生
吕梁 21所	贺昌中学、吕梁学院附中、交城中学、文水中学、汾阳中学、孝义中学、石楼中学、交口中学、中阳中学、柳林汇丰中学、柳林鑫飞中学、柳林联盛中学、离石江阴中学、方山一中、岚县中学、兴县友兰中学、临县一中、吕梁高级中学、汾阳五中、孝义二中、临县高级中学	1.贺昌中学招生范围：市区和山上8县 2.市直学校主要服务离石区 其他分配至所属县区
阳泉 6所	阳泉一中、阳泉十一中、阳泉十五中、荫营中学、平定一中、盂县一中	阳泉一中——城区、矿区、平定、盂县 阳泉十一中 阳泉十五中——矿区 荫营中学——郊区 平定一中——平定 盂县一中——盂县

市	优质普通高中学校	生源范围
长治16所	长治一中、长治二中、太行中学、长治五中、长治六中 其他各县、市一中：长治县一中、潞城一中、壶关一中、屯留一中、长子一中、平顺一中、黎城一中、襄垣一中、武乡一中、沁县中学、沁源一中	长治一中、长治二中、太行中学、长治五中、长治六中——市直、城区、高新区及郊区
晋城9所	晋城一中、晋城二中、高平一中、高平二中、沁水中学、阳城一中、阳城二中、陵川一中、泽州一中	晋城一中80%、晋城二中50%——城区、泽州县及市直初中学校和民办初中学校
临汾12所	11所优质高中及临汾市第二中学校 临汾市第一中学校、临汾市第三中学校、山西师范大学实验中学 侯马市第一中学校、山西省曲沃中学校、山西省翼城中学校、襄汾高级中学校、洪洞县第一中学校、霍州市第一中学、尧都区第二中学校、浮山县浮山中学校、乡宁县第一中学校	临汾市第一中学校、临汾市第三中学校、山西师范大学实验中学——全市普通初中学校 其他9所——本县（区、市）普通初中
运城23所	康杰中学、运城中学、永济中学、涑北中学、永济三中、芮城中学、风陵渡中学、临猗中学、临晋中学、万荣中学、新绛中学、稷山中学、稷王中学、河津中学、河津市第二中学、河津市第三中学、闻喜中学、闻喜二中、夏县中学、夏县二中、绛县中学、平陆中学、垣曲中学	康杰中学——全市 其他中学——各县（区、市）

（2）生源来源初中学校类型和指标生比例。

所有152所优质普通高中均包含服务区内所有初中学校，包括优质初中、薄弱初中、农村初中、生源匮乏初中等四类学校，被官方划定为优质普通高中的90所县区中学指标生均按照所属区域比例分配到县区范围内所有初中，且分配学生数量与学校办学质量及区域指标生倾斜政策相挂钩，有的降分25分，最多的降分100分。

执行的指标生比例全省11个市地各有不同。太原60%、大同70%、阳泉70%、长治70%、晋城80%、朔州70%、忻州70%、晋中100%、吕梁65%、临汾65%、运城65%。

太原、大同、阳泉、晋中、吕梁4个市与2014年度指标生比例相同。

长治、晋城、朔州、忻州、临汾、运城6个市比2014年均有提高，晋城提高了10%。

对薄弱初中和农村初中倾斜的政策分为全市统一型和以县为单位自主划定型两类。

第一类是全市统一划定降分录取标准，除晋中市外的其他10个市使用的是全市统一型。全市统一型中又可分为四种。一是有5个市执行的“统招线下降分”的封闭式招录办法。也就是以优质普通高中的统招线为准降低一定分值录取指标生，分值降低幅度为太原（-50分）、大同（-35分）、忻州（-25分）、阳泉（-60分）、临汾（-50分）。二是长治市使用的“最低录取分数线”办法。也就是说，只要达到最低分数线，就可以进入指标分配学校就读。三是吕梁市的“不让一所初中落空”的办法。吕梁市规定一般指标生在统招线下50分录取，但对各县市区确定的30%的农村薄弱初中学生在线下100分，对于线下100分也未达到的学校，录取中考成绩第一名的学生。四是晋城市、运城市和朔州市三个市执行的“区域分类降分录取”办法。晋城市规定市直初中和城区初中指标生在统招线下50分录取，泽州县初中和民办初中在统招线下100分录取。运城市康杰中学和运城中学指标生可在统招线下70分录取，其他学校最低录取分数线460分。朔州市推出了促均衡计划、助薄弱计划和扶农村计划，分别在统招线下50分、75分和100分。

第二类以县（区、市）为单位划定最低录取分数线，晋中市使用的是这种录取标准。各县区市最低录取分数线有两个，一是普通高中最低控制线，也就是非官方划定的其他普通高中的最低录取线。二是官方指定的18所优质普通高中指标生最低控制线。这两个录取线在各县区市的具体分值分别为榆次区450分、500分，榆社县490分、491分，左权县两线均为504分，和顺县两线均为498分，昔阳县488分、528分，寿阳县484分、528分，太谷县均为528分，祁县467分、520分，平遥县454分、504分，介休市450分、500分，灵石县495分、505分。其中有8个县（区、市）指标生最低控制线高于普通高中最低录取分数线，有3个县两线相同。

3. 官方划定的152所优质普通高中的百姓认可度差异较大。

研究表明，录取分值区间越高，高分值学生志愿报得越多，百姓认可度越高。在此次研究中，我们将152所优质普通高中的统招线分值区间划分了五个区间，其中前两个区间为555分以上，被认定为百姓认可的学校。后两个区间为300~498分，被认定为百姓认可度较低的学校。以此为基本依据，从11个市优质普通高中录取分值分布情况看，百姓认可度市际之间、县际之间差异较大。

（1）百姓对官方优质普通高中的认可度方面市际差异较大

阳泉、晋城和太原三个市地的百姓认可度最高。主要表现在：阳泉市官方划定的6所优质普通高中统招线全部在555分以上。晋城市官方划定的9所优质普通高中统招线全部在555分以上。太原市官方划定的19所优质普通高中中有18所统招线在555分以上。

临汾市、运城市两个市老百姓对划定的优质普通高中认可度均在70%以上。主要表现在：临汾市官方划定的12所优质普通高中中有9所统招线在555分以上。运城市官方划定的23所优质普通高中中有17所统招线在555分以上。

朔州市、忻州市和长治市老百姓对划定的优质普通高中认可度在60%左右。主要表现在：朔州市官方划定的6所优质普通高中中有4所统招线在555分以上。忻州市官方划定的8所优质普通高中中有5所统招线在555分以上。长治市官方划定的16所优质普通高中中有9所统招线在555分以上。

大同和吕梁两个市老百姓对划定的优质普通高中认可度在30%左右。主要表现在：大同市官方划定的16所优质普通高中中有6所统招线在555分以上。吕梁市官方划定的21所优质普通高中中有5所统招线在555分以上。

（2）百姓对官方划定的市、县（区）优质普通高中的认可度差异很大。

首先官方划定的市区优质普通高中的认可度整体上比较高，有6个市100%认可，只有吕梁市市区优质普通高中认可度不到30%。

除晋中外有太原市、阳泉市、长治市、晋城市、忻州市和运城市6个市所划定的市区优质普通高中老百姓认可度在100%，他们的统招线均在555分以上。

大同市、临汾市和朔州市三个市所划定的市区优质普通高中百姓认可度在70%左右。其中，大同市划定的7所市区优质普通高中中有6所在555分以上，临汾市划定的4所市区优质普通高中中有3所在555分以上，朔州市划定的3所市区优质普通高中中有2所在555分以上。

吕梁市所划定的4所市区优质普通高中中只有1所在555分以上。

其次官方划定的县区优质普通高中的认可度整体上比较高，有6个市100%认可，忻州市和吕梁市的县区优质普通高中认可度不足30%，大同市县区优质普通高中认可度更低。

阳泉市和晋城市两市县区优质普通高中老百姓认可度在100%。阳泉划定了3所优质普通高中，统招线均在555分以上，晋城划定了7所优质普通高中，统招线均在555分以上。

太原市、临汾市和运城市三个市所划定的县区优质普通高中百姓认可度在

70%以上。其中，太原市划定的5所县区优质普通高中中有4所在555分以上，临汾市划定的8所县区优质普通高中中有6所在555分以上，运城市划定的21所市区优质普通高中中有15所在555分以上。

朔州市所划定的3所县区优质普通高中中有2所（67%）在555分以上。

长治市和忻州市两个市所划定的县区优质普通高中百姓认可度在30%左右。其中，长治市所划定的11所县区优质普通高中中有4所（36%）在555分以上。忻州市所划定的4所县区优质普通高中中有1所（25%）在555分以上。

吕梁市和大同市两个市所划定的县区优质普通高中百姓认可度较低。其中，吕梁市所划定的17所县区优质普通高中中有4所（24%）在555分以上、有11所（64.7%）在498分以下，在300~400分之间的有4所（24%）。大同市所划定的9所县区优质普通高中中没有1所在555分以上，有6所（66.7%）在498分以下。

晋中市16所官方划定的优质普通高中学校2015年录取线分值区间在447~558分之间，校际差异值低于全省平均水平，基本实现了“每个县区均有一所优质普通高中学校”，基本实现了所有初中，无论是城区初中学生还是乡镇初中学生“均具有平等机会进入优质普通高中学校”。

一是连续两年“100%指标到校”，16所学校所有学生均为指标生，包括特长生。

全市共有30所普通高中学校，其中划定优质普通高中学校有16所，除榆次区的3所学校外，其他10个县区均有1~2所优质普通高中学校。16所学校2015年高一所有学生均为指标生，其中包括特长生。2015年16所学校总计招生人数为12 435人，占到全市总计划的67%。这16所学校校际录取线差距在111分左右，低于全省校际差距平均水平。

二是16所学校2015年高一生源分值分布区间比较集中，学校80%以上学生分值在500分以上。校内两极分化指数处于全省中游水平，校内最高分和最低分差值平均在150分左右。

16所优质普通高中学校2015年度录取线分值区间分为三类，4所506~558分、11所451~493分、1所351~418分。（晋中中考满分为730分，高于全省满分值20分，因此，实际录取线区间分值要低。）

16所学校2015年均有中考分值600分以上的高一学生，且600分以上学生占到本校当年录取学生总数的比例差异较大，最高的太谷中学达到81.67%，最低的介休十中只有0.67%。500分以上学生比例均在80%以上，其中比例在95%以上的学校就有10所，最低的2所学校比例分别为83.99%和83.1%。

三是16所优质普通高中学校的城乡初中来源学生比例差异较大。有3所学校在50%以上，其中最小的15%（和顺一中），最大的60%（平遥二中），详细数据请见下表。

表6　晋中市16所优质普通高中生源情况表

区县	学校	600分以上	500分以上
榆次区3	榆次一中	54.29%	97.60%
	榆次二中	19.13%	98.43%
	经纬中学	8.96%	83.10%
榆社1	榆社中学	13.14%	83.99%
左权1	左权中学	9.85%	95.23%
和顺1	和顺一中	17.33%	92.00%
昔阳1	昔阳中学	15.57%	99.57%
寿阳1	寿阳一中	21.25%	96.75%
太谷2	太谷中学	81.67%	99.00%
	太谷二中	18.73%	97.55%

祁县1	祁县中学	25.7%	97.78%
平遥1	平遥中学	72.12%	98.33%
	平遥二中	3.14%	92.45%
介休2	介休一中	32.52%	99.67%
	介休十中	0.67%	85.33%
灵石1	灵石一中	19.07%	92.73%

总体来看，晋中市100%到校政策落实到位，16所学校学生分值区间分布、城乡学生比例及校内学生分值两极分布情况等均体现了“百姓眼中的优质”和“向农村初中倾斜”。

四、2015年“指标到校”政策带来的变化和影响

（一）优质高中教育的阳光洒到每一所初中

优质高中指标定向分配扩大了优质教育资源的覆盖面，因为对于一些薄弱初中，特别是农村学校的学生都有了享受优质高中教育资源的机会。因此对地区教育的整体均衡发展产生了积极的影响。

1. 家长方面

这项招生政策实质为“分校择优”的一种方式，符合不同学习背景下“机会均等”的教育公平原则。这样家长们就没必要再去为了把孩子送进一个好的初中而烦恼，不用耗更多人力财力到市区城区学校读初中。2015年，高平市市区内小学毕业生回乡镇初中就读学生就达到270多人，仅河西镇中学就从市区内回流学生37人之多。

2. 学校方面

这一政策对一些薄弱学校、农村学校来说是一个发展契机，学生们不择校，带来的学校生源均等，进而带动了薄弱学校的发展，也一定程度上推动了

区域内义务教育的均衡发展。晋中灵石县崔家沟学校是一所农村九年一贯制学校，2010年秋季，该校初一年级没有招收一名学生，初中生源面临严峻挑战。但从2011年开始，随着优质高中招生指标80%到校政策的实施，该校开始正常招生。晋中榆次区张庆中学，2010年回流学生90余名。而晋中榆社二中原先是百姓择校的热点校，政策实施后平均班容量从70多人降到了56人以下。晋城市实验中学2011年前该校班容量均在90人以上，指标到校比例扩大以后逐年下降，2015年达到了省定标准50人。

3. 学生方面

这种招生改革，规范了普通高中招生秩序，遏制了生源大战和恶性竞争，不但减轻了初中学校间的升学竞争压力，更减轻了学生过重的课业负担。

（二）有机遇更有挑战

1. 生源结构多元化

（1）分值跨度加大

2015年各地市降分幅度在25~100分之间，较2014年降分幅度普遍加大。因为今年要求指标完成率要在90%以上，这个也是影响降分幅度的原因。

晋中、运城、长治直接设定指标定向生最低分数线，其中长治最低分数线为450分，像长治一中2015年统招录取分数线为608分，这样就有可能部分学生达到450分就可以走定向生指标上长治一中，也就是降分幅度达到158分。2014年晋城一中统招分数线为619人，泽州县山河镇衙道中学一学生以520分的中考成绩被晋城一中录取，民办凤兰学校一学生以519分被晋城一中录取。2015年晋城一中统招分数线644分，泽州县山河镇衙道中学一学生以553分的中考成绩被晋城一中录取。生源中考成绩差距为几十分乃至一百分。

因此在指标定向生政策的影响下，优质高中生源结构有明显变化，分值跨度明显加大。

表7　各地市指标定向生最大降分分值或分数线

年份	太原	大同	朔州	忻州	晋中	吕梁	阳泉	长治	晋城	临汾	运城
2014年	50分	30分	50分	政策未规定最多降分分值；各校基本降一个分数段（5~10分）即招满	建档线上加50分	对城镇学校降50分以内择优录取；对农村学校降100分以内择优录取；对最薄弱学校不设降分幅度	50分	480分以上	对几所好的市直学校降30分以内择优录取；对最薄弱学校降100分以内择优录取；对其他学校降50分以内择优录取	30分	460分以上
2015年	50分	35分	促均衡计划、助薄弱计划和扶农村计划分别线下50分、75分和100分	25分	以县（区、市）为单位划定优质普通高中指标到校录取最低控制分数线	线下50分之内，农村30%的薄弱初中学校线下100分之内	60分	最低录取控制分数线为450分	市直初中和城区初中线下50分，泽州县初中和民办初中录取分数在统招线下100分	50分之内	康杰中学、运城中学分配计划可降低70分录取，其他学校最低可降到460分

（2）学生来源更加广泛

曾经对于部分薄弱学校、农村学校学生想上优质高中真的是好比登天，优质高中指标分配政策下，对于这些曾经的“弱势”学校的学生也有了进入优质高中的机会，全省有康杰中学、忻州一中、忻州十中、成成中学、太原五中、太原四十八中、省实验中学、山大附中、临汾市第一中学校、临汾市第三中学校、山西师范大学实验中学、阳泉一中12所优质高中将其指标生招生范围基本覆盖了所辖地市的各个县区，如此优质高中生源来源区域也会更加广泛。

2. *办学思路及教育教学*

（1）对于初中

原“弱势”初中引来了发展的契机。原本对于此类初中学生遥不可及的优质高中有了进入的机会，加强了学生学习的积极性，使“弱势”初中的老师从如何转变学生不想学的思想的困境中解脱，有余力去提升教育教学水平；而学校有了吸引生源的资本，优化的生源质量，摆脱了“升学率低则生源差，生源差则升学率更低”的恶性循环。

此项政策对于原来的“优势”初中是一项考验，优势初中学生与薄弱初中学生“同分不同命”的情况下，原本的优势初中应该如何保持其本有的优势？是否会出现原“优势”初中认为只要完成指标就行，对高分尖子生的培养会出现放松的情况。在晋中等地优质高中指标分配办法中包含一项评估性奖励指标，是根据初中学校年度教育质量督导评估结果按照“奖励优秀”的原则，分配到初中学校。对于原本的“优势”初中这一奖励指标就是其保持“优秀”的又一动力。因此各地在政策的制定时应该在“照顾弱势”的同时，不要忽略原有“优势”的保证性政策。

（2）对于高中

面对生源结构的变化，我们的优质高中应该怎样？面对录取分数相差100分的同一批学生，教惯了“好学生”的老师们也应思考新的对策，比如采取分层教学等方式。同时这也是促进优质高中多样化发展的有力助推器。有一种说法："真正的好学校应具备强大加工力、促进不同类型学生的进步。"有研究表明，从指标生参加高考的情况来看，优质高中招生名额分配的实行，并未影响优质高中的升学率，而在一定程度上，他们的学习表现、高考成绩和录取率均高于择校生。2015年我省政策也统一取消了择校生，如此对于高中来说应该是输送了一批更有潜质的学生。

五、针对2015年"指标到校"政策绩效的建议

（一）关注国家关于教育综合改革和高中阶段发展的精神和要点

关于优质高中"指标到校"第一次出现在国家文件中是在2002年教育部发布的《教育部关于积极推进中小学评价与考试制度改革的通知》（教基〔2002〕26号）"积极探索建立招生名额分配、优秀学生公开推荐等制度"。2010年7月颁布的《国家中长期教育改革和发展规划纲要（2010—2020年）》要求，"实行优质普通高中和优质中等职业学校招生名额合理分配到区域内初中的办法，切实解决区域内义务教育阶段择校问题"。同年12月，国务院办公厅发布《关于开展国家教育体制改革试点的通知》，在推进义务教育均衡发展的试点中，重申实行优质高中招生名额分配到区域内初中学校的办法。2012年，《国务院关于深入推进义务教育均衡发展的意见》（国发〔2002〕48号）中指出"提高优质高中招生名额分配到区域内各初中的比例"。同年教育部、国家发展改革委、审计署发布《教育部 国家发展改革委 审计署关于印发〈治理义务教育阶段择校乱收费的八条措施〉的通知》（教基一〔2002〕1号），要求优质高中招生名额分配比例不低于30%，已经高于30%的要巩固提高并逐步扩大比例。2014年9月，《国务院关于深化考试招生制度改革的实施意见》中对高中阶段学校考试招生方式提出的改进意见再次提到此办法。2014年，教育部发布《关于进一步做好小学升入初中免试就近入学工作的实施意见》（教

基一〔2014〕1号)，在大力推进均衡发展方面谈到，“将不低于50%的优质高中招生名额合理分配到区域内初中并完善操作办法。”

从政策文件演进来看，一方面，国家倡导招生名额分配比例不断扩大——由“探索”“试行”到“不低于30%”再到“不低于50%”。另一方面，国家越来越强调从义务教育均衡发展的视角来分析该制度，它最初偏于从通过多样化的高中招生录取办法推进素质教育的视角被提出，逐渐地，尤其是从2010年之后，国家更加关注优质高中招生名额分配制度对义务教育均衡发展的潜在作用，将其作为缓解择校热、促进义务教育均衡发展的保障机制之一，这可能也是国家倡导其比例渐趋扩大的原因之一。

(二) 优化指标分配方式

这一政策面临的主要问题包括：一是分配方式还不完善。目前指标分配的主要依据是初中学校毕业生人数，还有的是根据初中学校的综合情况进行分配，包括毕业生人数、办学水平、素质教育实施状况，往年升入高中的学生数量等。如果单纯依据初中学校毕业生人数分配指标，对于那些办学规模小、办学水平高的学校显得不够公平；二是录取方式存在一些矛盾和困惑。如果设定录取分数的底线要求，很多学校由于达到分数要求的学生数量不足而造成指标浪费，使得分配生政策难以按计划完成，实际效果大打折扣；如果不设录取分数的底线要求，只要获得分配生指标，就能够获得进入优质高中的机会，造成学生之间入学成绩差异巨大，给高中学校的教育教学造成一定困难。

将优质高中的招生指标合理分配到初中学校，是促进义务教育均衡发展的重要举措，在各地实践中也得到了很好的印证。但在实际推进过程中，应当逐步完善分配方式和录取方式，合理确定分配比例，在分配方式和录取方式尚不完备的地区，不宜搞“一刀切”。

(三) 完善相关政策的匹配

义务教育，属于国家提供的一种面向全民的公众服务，就如同阳光一般，本不应具有排他性与竞争性。但由于教育资源供给的有限性及接受教育需求的无限性，仅仅依靠升学考试的分数这种单一的手段来划分是否升入优质高中，倒逼学生及家长为了升入好的高中，就必须上好的初中，为了好的初中就必须上好的小学。而优质高中的稀缺性，更是加剧了义务教育阶段好学校与差学校的两极分化，使强者愈强，弱者恒弱。这也对义务教育的统一性及平等性造成了严重的挑战。

“指标到校”这一政策，扭转了好初中对于好高中的垄断性，使不那么好的初中毕业的学生，也有机会进入好高中就学。这就给予了学生及家长对于初中就学的选择性，会促使一部分优秀学生不再在进入优秀初中的道路上挤破头。而进入好初中不再是进入好高中的必要前提，也从需求上消除了某些人利用某些不合法不合规的手段来进入优质初中的迫切性。长远来看，这一举措可逐步拉平各初中的生源质量，从而达到教育均衡。

与之配套，划片入学政策从源头促进义务教育阶段的教育均衡，而“指标到校”从结果反向促进义务教育阶段的教育均衡，两者相辅相成。划片入学政策可有效减轻“指标到校”政策中指标分配的困难，而“指标到校”政策也可在最大程度上消除划片入学政策的阻力。对于家长而言，正常上一所初中与费九牛二虎之力上一所好初中相比，升入优质高中的机会几乎一样，甚至机会更大；而对于学生而言，所面临的竞争从原先的全市甚至全省，减轻到全校，所感受的压力不可同日而语，也可使“减负”这一号召，变为真正的减负。而对于学校而言，学生的选择面增多，必然会使生源从好学校向差学校回流，避免了有些学校招不到人以及有些学校人满为患的状况。

（撰稿人：汪华英　王敏　李丽君）

附录一：

中共山西省高校工委　山西省教育厅 2016年工作要点（节选）

2016年全省教育工作的总体要求是：深入贯彻落实习近平总书记系列重要讲话精神，以党的十八大和十八届三中、四中、五中全会精神为基本遵循，按照“五位一体”总体布局和“四个全面”战略布局，落实教育部和省委、省政府工作部署，牢固树立和贯彻落实创新、协调、绿色、开放、共享的发展理念，紧紧围绕立德树人的根本任务，加强教育系统党的建设，深入推进改革创新，优化教育结构布局，全面推进依法治教，大力促进教育公平，稳步提高教育质量，为实现全省“十三五”良好开局、全面建成小康社会发挥关键支撑作用。

一、切实加强党的建设，确保教育系统和谐稳定

1. 加强教育系统党的思想政治建设。按照中央和省委统一部署，组织开展“两学一做”学习教育，巩固深化“三严三实”专题教育成果，切实增强全体党员和领导干部的政治意识、大局意识、核心意识、看齐意识，确保全省教育系统思想统一、政治团结、行动一致。

2. 切实加强和改进高校党的建设。（略）

3. 持续抓好党风廉政建设和反腐败工作。（略）

4. 加强干部队伍和机关自身建设。（略）

二、优化教育结构布局，促进各级各类教育协调发展

6. 大力发展学前教育。继续实施第二期学前教育行动计划。新改扩建200所农村幼儿园。开展普惠性民办幼儿园认定和奖补工作，扩大公益性普惠性学前教育资源覆盖面。制定并落实新建城镇小区配套建设幼儿园政策，努力满足城镇新增人口入园需求。认真落实《幼儿园工作规程》，加强幼儿园规范管理，深化保育教育改革，防止和纠正幼儿园教育“小学化”。继续推进优质幼儿园帮扶工作，缩小园际差距。持续整治无证幼儿园。

7. 推进义务教育均衡发展。确保再有28个县（市、区）通过国家义务教育发展基本均衡督导评估认定。继续推进“全面改薄”工作实施，确保项目县所有学校办学条件如期达到国家底线要求和我省义务教育学校办学基本标准。加快义务教育学校标准化建设，今年力争再有20个左右县（市、区）通过义务教育学校标准化建设省级督查。启动《义务教育学校管理标准（试行）》省级试点。认真落实《关于积极推进义务教育办学模式改革的指导意见》，指导各市制定推进方案和具体办法，大力推进教育联盟、集团化办学、学区制管理、对口帮扶等多种办学模式改革。扎实推进全省教育脱贫工作。

8. 推进普通高中特色发展。推进高中办学条件标准化建设，改善办学条件，力争完成60%以上的建设任务。加快推进高中教育教学改革，研究制定“十三五”时期推进高中教育事业改革发展的意见。规范高中学校办学行为。推进高中多样化发展，创新高中育人模式，鼓励高中学校结合实际办出特色。

9. 加快发展现代职业教育。(略)

10. 推动高等教育内涵式发展。(略)

11. 加强高校学科建设、学位管理和研究生教育。(略)

12. 加强高校科技创新工作。(略)

13. 积极推进继续教育。(略)

三、落实立德树人根本任务，促进学生全面发展

14. 抓好大学生思想政治教育。（略）

15. 加强中小学德育工作。推进中小学德育工作精细化改革，进一步完善德育评价机制。出台《山西省中小学文明校园评估细则》，开展文明校园创建活动。发挥课程德育功能，开展“学科渗透德育精品课程”展示活动。加强学生心理健康教育工作，改版升级学生心理健康教育网站，开展心理健康教育专家巡讲活动，做好心理健康教育专职教师培训工作。抓好青少年校外活动场所建设，推动校外教育与校内教育有效衔接。

16. 做好学校体育卫生和国防教育工作。全面开展青少年校园足球活动，出台《关于加快发展青少年校园足球的实施意见》，研究制定支持政策，将校园足球纳入教育督导体系。深入推进学生阳光体育活动，丰富大课间和课外体育活动的形式和内容，保证学生每天一小时校园体育活动，推动“体育艺术2+1项目”和“一校一品”工作的开展。做好学校突发公共卫生事件防控工作，加强学校控烟健康教育，做好义务教育阶段学校在校生常规健康体检。做好高校和高中阶段学生军训工作。加强高校军事教研室机构建设和军事教师队伍建设，推进精品军事课程建设。

17. 加强学校艺术教育工作。制定《关于全面加强和改进学校美育工作的实施意见》。积极筹备参加第五届全国中小学生艺术展演活动。继续开展高雅艺术进校园活动，组织全国高校艺术教育专家到我省高校讲学。做好农村学校艺术教育实验县工作。抓好中华文化艺术传承学校与基地建设，推动学校的特色发展。认真开展中小学和中等职业学校学生艺术素养测评工作。督促各高校落实学校艺术教育发展年度报告制度和艺术教育工作自评公示制度。

18. 推进语言文字工作。继续做好中国语言保护工程山西汉语方言有声资源库建设的调查和验收工作。加大农村普通话普及工作力度，推进乡镇、社区

语言文字规范化建设。加强语言文字法制建设，强化重点行业领域监管。研究制定《山西省语言文字督导评估办法》。积极开展中华经典诵、写、讲活动，做好第四届中国汉字听写大会山西参赛队伍的选拔工作。

四、全面深化改革开放，汇聚教育发展动力

19. 深化教育综合改革。制订全省教育综合改革方案，分别出台山西大学、太原理工大学、山西农业大学3所大学综合改革试点实施方案，启动高等教育综合改革试点。制定高等学校新型智库建设推进计划。

20. 稳步推进考试招生制度改革。做好义务教育免试就近入学、优质高中招生指标按比例合理分配到区域初中学校工作，全面实施高中招生阳光工程。研究制订关于深化高中阶段学校考试招生制度改革的实施意见。出台《山西省深化考试招生制度综合改革实施方案（试行）》《山西省高等职业教育考试招生制度改革方案》《山西省关于普通高中学业水平考试的实施办法》《山西省关于普通高中学生综合素质评价实施办法》，完善相关配套文件。

21. 深化教育行政审批制度改革。深入推进“六权治本”，实行权力清单制度，严格教育行政执法，规范行政审批行为，建立权责明确、行为规范、程序正当、监督有效的教育行政执法机制。

22. 继续扩大教育对外开放。认真贯彻落实中央深改组《关于做好新时期教育对外开放工作的若干意见》，组织实施国家公派出国留学“地方合作项目”，做好国家公派、省筹资金资助出国留学项目申报工作，规范自费出国留学中介服务管理。拓宽吸引留学生渠道，实施来晋留学政府奖学金项目。出台举办外籍人员子女学校等有关规定。加强中外合作办学，建立合作办学项目评估机制，建立健全合作办学质量保障体系。鼓励我省高校和国外高水平大学开展校际交流，推动与港澳台地区的教育合作交流，推进海外孔子学院建设。

23. 提升教育经费保障与管理水平。督促各地依法落实教育经费法定增

长，建立健全教育投入长效机制。统一城乡义务教育学校生均公用经费基准定额，建立城乡统一的分项目、按比例分担的义务教育经费保障机制，推动实行“两免一补”和生均公用经费基准定额资金随学生流动可携带。推进制定学前教育、普通高中、中等职业学校生均公用经费财政拨款基本标准，逐步建立与财力状况、办学需求和物价水平联动的稳定增长机制。加大教育经费使用监管力度，推动财务信息公开。规范教育收费治理，完善非义务教育阶段成本分担机制。

五、促进教育共享发展，增加人民群众获得感

24. 推进基础教育资源均衡配置。研究制定关于新型城镇化背景下保障适龄儿童少年接受义务教育工作方案。组织各地统筹城乡发展的趋势和城镇化建设要求，科学编制城镇中小学、幼儿园建设专项规划，重点在城市发展新区、功能区等学位紧缺地区增加教育设施，满足本地区适龄学生就近接受教育的需求。

25. 提升教师队伍素质。落实《山西省乡村教师支持计划实施办法》。实行中小学教师“县管校聘”管理改革，继续推进县（区）域内义务教育学校校长教师交流轮岗。做好教育部“三区人才支持计划”教师专项计划工作。认真组织教育行政干部、中小学校长、骨干教师提高培训和高校教师岗前培训工作。继续推进高校、中等职业学校和中小学教师职称评聘改革。做好21个集中连片贫困县乡村教师生活补贴发放工作，落实原民办代课教师教龄补贴发放政策。做好免费师范毕业生就业安置工作，确保农村义务教育学校特设岗位计划实施到位。

26. 做好学生资助工作。继续落实好已经出台的各级各类教育奖助学金资助工作。制定出台《山西省生源地助学贷款管理办法》，加强校园地和生源地助学贷款还款催收工作。加大宣传力度，确保资助政策家喻户晓。

27. 支持特殊教育发展。认真落实特殊教育提升计划（2014—2016年）。做好残疾儿童少年随班就读工作，积极开展义务教育阶段适龄重度残疾儿童少年送教服务工作。落实好残疾儿童少年“一人一案”，提高残疾儿童少年义务教育普及率，确保到2016年底，适龄视力、听力、智力残疾儿童少年义务教育入学率达到90%。

28. 促进高校毕业生就业创业。（略）

29. 加快推进教育信息化。持续推进“三通”建设，提高校园宽带网络接通率，提高接入带宽。增加“班班通”设施配备并推进应用。加强“网络学习空间人人通”建设与应用。推进省级数据中心建设，实现管理系统部署到位。加强省级教育资源公共服务体系建设，共享优质教育资源。开展“一师一优课，一课一名师”活动，普及信息化教学常态应用。加强高校信息化建设，开展高校间技术协作和信息资源共享。

六、深入推进依法治教，提高教育治理能力

30. 做好教育事业“十三五”规划编制工作。召开全省本科院校“推动内涵发展、提升‘三个能力’建设”主题研讨会。出台山西省教育事业第十三个五年规划，启动实施“十大重点工程”。指导各高校、各市制定教育事业“十三五”发展规划。

31. 积极推动教育立法工作。开展职业教育、学前教育和校园安全等方面立法调研。根据教育部相关改革进度安排，研究制定关于健全中小学安全风险防控机制的意见。做好规范性文件审查备案工作。建立健全法律顾问制度。积极探索建立在法治框架内的多元化矛盾纠纷解决机制。

32. 进一步完善各类学校依法治理机制。制定印发关于加强全省中小学章程建设工作的意见，启动中小学章程制定和核准工作。全面完成所有高校章程制定和核准工作，推动建立章程执行与监督评价机制。开展依法治校示范校创

建活动，探索和健全依法治校评价体系和考核办法，促进学校内部治理现代化。全面推进依法统计，全面提升教育事业统计数据质量。

33. 大力推进法治教育、宣传和培训工作。开展学习宪法活动，增强教育行政干部和广大师生员工的宪法意识。深入学习贯彻教育部《依法治教实施纲要（2016—2020年）》，制定我省实施规划。研究制定“七五”普法规划，加强教育系统法治宣传。开展全省教育系统法治理念、法治思维和法律知识的学习培训和依法治校培训工作。开展校长教师法治培训工作，提高依法治校、依法执教的能力。

34. 加强教育督导。建立完善市、县政府履行教育职责评价制度、市级教育行政部门目标管理考核制度，启动全面改善贫困地区义务教育薄弱学校基本办学条件专项督导，持续做好县级职教中心达标和教研室标准化建设评估验收。开展全国中小学责任督学挂牌督导创新县（市、区）创建工作。建立中小学校管理评价制度，加大对规范办学行为的监管和查处力度，督导高等学校科技创新、创新创业和教师培训工作，做好学位论文抽检和作假行为查处。加强对中小学校素质教育评估，配合国家做好全国义务教育质量监测，启动我省义务教育质量监测工作，分类开展职业院校和本科院校评估。扎实做好国家和我省实施教育重点领域、重大政策、重大项目落实情况的专项督导。

附录二：

山西省深化考试招生制度综合改革实施方案（试行）

为贯彻落实党的十八届三中全会精神，深化考试招生制度改革，根据《国务院关于深化考试招生制度改革的实施意见》（国发〔2014〕35号），结合我省实际，制订本实施方案。

一、指导思想

深入学习贯彻习近平总书记系列重要讲话精神，全面贯彻落实党的教育方针，坚持立德树人，践行社会主义核心价值观，适应经济社会发展对多样化高素质人才的需要，从有利于促进学生健康发展、科学选拔各类人才和维护社会公平出发，深化考试招生制度改革，为办好人民满意的教育、实现富民强省、全面建成小康社会的宏伟目标提供有力保障。

二、基本原则

——坚持育人为本，促进学生发展。坚持正确育人导向，遵循教育规律和学生成长规律，促进学生健康成长和全面而有个性发展，深入推进素质教育。

——坚持科学规范，促进教育公平。加强政府宏观管理，完善政策措施，健全体制机制，切实保障考试招生机会公平、程序公开、结果公正。

——坚持统筹规划，促进科学选拔。整体设计从基础教育到高等教育的考试招生制度改革，将基础教育课程改革、学业水平考试、综合素质评价、高职院校分类考试、招生录取机制改革统筹谋划，系统设计，为学生发展提供更多选择权利和机会。

——坚持循序渐进，稳妥积极实施。将各项改革方案分别设计、分步实施、稳中求进，确保考试招生制度改革顺利推进。

三、总体目标

2015年启动我省考试招生制度综合改革，2018年全面推进，2021年整体实施。通过深化改革，基本健全促进公平、科学选才、监督有力的体制机制，初步建立符合教育规律的考试招生制度，形成分类考试、综合评价、多元录取、程序透明的考试招生模式。

四、主要任务

（一）改进招生计划分配方式。

1. 提升招生计划服务水平。完善管理办法，提高计划编制科学化水平。进一步优化高等教育结构，加强对人才需求的分析、预测，结合高校办学规模、办学条件、毕业生就业状况，加大招生专业结构调整力度，坚决限制或调减明显供大于求专业的招生计划。适度扩大高等教育招生规模，逐步缩小我省高考录取率与全国平均水平的差距。

2. 增加农村学生上重点高校机会。实施好农村贫困地区专项计划，国家专项计划由省属“211工程”高校为主的本科一批招生学校承担，按国家下达规模足额编制；地方专项计划由我省具有博士授予权的重点高校承担，规模不少于有关高校在晋一批招生规模的3%，形成保障我省农村学生上重点高校的长效机制。

（二）完善中小学招生办法破解择校难题。

1. 严格执行义务教育免试就近入学制度。推进义务教育均衡发展，指导各地进一步完善小学、初中免试就近入学的具体办法，试行学区制和九年一贯对口招生，全面建立划片合理、入学有序、招生阳光的义务教育免试就近入学制度，深入推进依法办学，严格规范义务教育招生入学秩序，促进教育公平，有效化解义务教育“择校热”。

2. 改进高中阶段学校考试招生方式。深化基础教育课程改革，全面改善高中学校办学条件。指导各地健全初中学业水平考试制度，完善初中学生综合素质评价，改进高中学校招生办法。完善制度，深入推进实施优质高中和优质中等职业学校招生指标按比例合理分配到区域初中学校的政策，进一步落实和完善进城务工人员随迁子女就学和升学考试的政策措施。高中阶段考试招生制度改革实施方案由省教育厅根据国家中考意见另行制定。

（三）改革考试形式和内容。

1. 完善学业水平考试制度。学业水平考试主要检验学生的学习程度，是学生毕业和升学的重要依据。按照《教育部关于普通高中学业水平考试的实施意见》（教基二〔2014〕10号）要求，对现有普通高中学业水平考试的考试对象、考试科目、考试内容、考试形式、考试时间、考试成绩呈现与使用等进行调整。

普通高中学业水平考试科目为语文、数学、外语、思想政治、历史、地理、物理、化学、生物、音乐、美术、体育与健康、通用技术、信息技术等14科，分为等级性考试和合格性考试。等级性考试由省统一组织考试；合格性考试由省根据高中课程设置方案制定统一要求，省及市分别具体组织。

2016年出台高中学业水平考试实施办法。2018年秋季入学的高一学生实施新的高中学业水平考试制度。

根据义务教育的特点，参照高中学业水平考试办法，研究制定初中学业水平考试办法。2018年秋季入学的初一新生实施初中学业水平考试制度。

2. 规范综合素质评价。综合素质评价主要反映学生德智体美全面发展情况，是学生毕业和升学的重要参考。按照《教育部关于加强和改进普通高中学生综合素质评价的意见》（教基二〔2014〕11号）要求，在现有普通高中综合发展报告制度的基础上，对评价内容、评价程序进行调整，从思想品德、学业水平、身心健康、艺术素养、社会实践等五个方面，由普通高中学校按照写实记录、整理遴选、公示审核、导入平台的基本程序，为每位高中学生建立规范的学生综合素质档案，客观记录学生成长过程中的突出表现。2016年出台普通高中学生综合素质评价实施办法。2018年秋季入学的高一学生实施新的综合素质评价制度。

根据义务教育阶段学生年龄特点，参照普通高中学生综合素质评价办法，研究制定义务教育阶段学生综合素质评价实施办法。2018年秋季入学的小学一年级、初中一年级新生实施义务教育阶段学生综合素质评价制度。

3. 加快推进高职院校分类考试。高职院校考试招生与普通高校本科考试逐步分离。有步骤地推进“文化素质+职业技能”考试办法。2017年起，高职院校面向普通高中毕业生单独招生，进行文化素质和职业适应性测试，文化素质成绩使用现有高中学业水平考试成绩，职业适应性测试包括通用技术基础、职业倾向和职业潜能等内容；面向中等职业学校（含技工学校）毕业生单独招生，进行文化素质与职业技能考试；面向符合高考报名条件具有实践经历人员单独招生，进行面试和职业技能考试。2018年起，中职对口升学在部分专业增加技能考试。2020年起，高职院校普通高考外各种形式的招生均要加试技能考试。

高职院校通过单独招生、对口升学、招收有实践经验人员等分类考试录取的学生2016年占高职院校招生总数的40%，2017年达到50%，2018年成为主渠道。

2016年出台高等职业教育考试招生制度改革实施方案。

4. 深化考试内容改革。严格以国家课程标准和国家人才选拔要求为依据，科学设计义务教育阶段学业水平考试、高中阶段招生考试、普通高中学业水平考试命题内容，增强基础性、综合性，着重考查学生独立思考和运用所学知识分析问题、解决问题的能力。改进评分方式，加强评卷管理，完善成绩报告。建立试题评估机制，评估命题质量，保证考试的导向性、科学性和规范性。

（四）改革招生录取机制。

1. 减少和规范考试加分项目。按照国家相关要求，从2015年1月1日起，高考取消省优、各类学科竞赛、体育、艺术等特长生各类全国性加分项目，规范和完善国家保留的全国性加分项目，取消所有地方性加分项目。对确有特殊潜能或创造性才能的项目整合到普通高中学生综合素质评价中。2015年5月8日起，中考取消省优、省三好、科技创新、电脑制作、体育特长等各类加分项目。具体政策分别执行《山西省招生考试委员会关于印发〈山西省调整规范高考加分工作实施方案〉的通知》（晋招考委〔2015〕1号）、《山西省招生考试委员会关于做好2015年山西省高中阶段教育学校考试招生工作的通知》（晋招考委〔2015〕3号）。

2. 完善和规范本科院校自主招生。根据国家统一部署，2015年起全面配合省外高校实施自主招生各项改革措施。省考试招生机构严格按照国家相关规定，配合做好有关考生投档资格审查、组织有关考生单独填报志愿、加强信息公开公示等工作。按教育部统一部署，探索省属高校开展综合评价招生改革试点。

3. 完善高校招生选拔机制。根据国家要求，督促在晋招生高校将涉及考试招生的相关事项，包括标准、条件和程序等内容在招生章程中详细列明并提前向社会公布。加强学校招生委员会建设，在制订学校招生计划、确定招生政策和规则、决定招生重大事项等方面充分发挥招生委员会作用。高校可通过聘请社会监督员巡视学校测试、录取现场等方式，对招生工作实施第三方监督。

建立考试录取申诉机制，及时回应处理各种问题。建立招生问责制，2015年起由校长签发录取通知书，对录取结果负责。

4. 改进和完善录取方式。继续推行高考成绩公布后填报志愿方式，推行并完善平行志愿投档录取模式，增加高校和学生的双向选择机会。积极探索逐步取消高校招生录取批次。

5. 拓宽社会成员终身学习通道。扩大社会成员接受多样化教育机会，中等职业学校可实行注册入学，成人高等学历教育实行弹性学制，宽进严出。为残疾人等特殊群体参加考试提供服务。探索建立多种形式学习成果的认定转换制度，试行普通高校、高职院校、成人高校之间学分转换，实现多种学习渠道、学习方式、学习过程的相互衔接，构建人才成长"立交桥"。

（五）改革监督管理机制。

1. 加强信息公开。深入实施中考、高考招生"阳光工程"，健全分级负责、规范有效的信息公开制度。进一步扩大信息公开的内容，及时公开招生政策、招生资格、招生章程、招生计划、考生资格、录取程序、录取结果、咨询及申诉渠道、重大事件违规处理结果、录取新生复查结果等信息。进一步扩大信息公开的范围，接受考生、学校和社会的监督。

2. 加强制度保障。健全政府部门协作机制，强化教育考试安全管理制度建设，构建科学、规范、严密的教育考试安全体系。健全诚信制度，加强考生诚信教育和诚信档案管理。健全教育考试招生的法规规章，提高考试招生法制化水平。

3. 加大违规查处力度。加强考试招生的监督，切实落实主体责任和监督责任，严明考试招生工作纪律，严肃查处违法违规行为，严格追究当事人及相关人员责任，及时公布查处结果。构成犯罪的，由司法机关依法追究刑事责任。

（六）推进高考综合改革。

1. *改革考试科目设置*。增强高考与高中学习的关联度。从2018年秋季入学的高一学生起，全省高考科目由统一高考科目和学生选考科目构成。

其中统一高考科目为语文、数学、外语3科，保持现有分值不变，不分文理科；外语实行“一年两考”，考生可以参加两次外语考试，将其中高的一次成绩计入高考总分。外语考试包括笔试和听力。

选考科目由考生根据本人兴趣特长和拟报考学校及专业要求，从思想政治、历史、地理、物理、化学、生物6科学业水平考试科目中自主选择3科。

2018年出台普通高校招生与高中学业水平考试衔接办法。

2. *改革高考招生录取办法*。2021年参加高考的考生实行基于统一高考和高中学业水平考试成绩、参考综合素质评价的多元录取机制。高校要根据自身办学定位、专业培养目标和人才培养要求，研究提出对考生高中学业水平考试科目报考要求和综合素质评价使用办法，并于2018年秋季开学前向社会公布。

2018年出台山西省深化高等学校考试招生制度综合改革方案。

五、保障措施

（一）加强考试机构和队伍建设。

各级政府各有关部门要高度重视考试招生制度改革，切实加强领导，完善工作机制，建立健全管理制度、评估体系和督导制度，确保各项改革平稳顺利推进。省招生考试委员会负责统筹协调，全面做好考试招生制度改革工作，提高各级各类考试招生的科学化和规范化管理水平。加强省、市、县三级考试招生机构和命题机构建设，配齐配强考试、招生和命题人员。加强命题队伍建设，统筹研究和推进考试命题改革。建立鼓励优秀教师积极参加高中学业水平考试和普通高考评卷的工作机制，提高评卷质量。

（二）建立健全保障机制。

建立考试经费保障机制，加强考试条件建设，全面完成标准化考点建设任务。建立标准化考点建设、升级和维护长效机制，加强保密设备、安检系统的配备、维护和更新建设，提升人防、物防、技防水平，切实维护“平安考试”的良好环境。科学合理制定各类考试收费标准，确保各类考试顺利实施。加强普通高中设施设备、师资配备等方面的条件保障，满足教学改革和学生综合素质评价需求。加强校长、教师、教研人员的培养，提升教学能力和综合素质评价能力。

（三）加强宣传咨询指导。

加大考试招生制度综合改革方案和各项政策的宣传解读力度，多渠道、多形式地宣传相关政策，及时回应社会关切，解疑释惑，使各项政策举措家喻户晓，共同为考试招生制度改革平稳实施创造良好的舆论环境，确保考试招生制度改革健康推进。

附录三：

山西省进一步完善城乡义务教育经费保障机制实施方案

为进一步深入推进全省城乡义务教育均衡发展，提升我省城乡义务教育水平，根据《国务院关于进一步完善城乡义务教育经费保障机制的通知》（国发〔2015〕67号）精神，结合我省实际，制定本方案。

一、总体要求

深入贯彻党的十八大和十八届三中、四中、五中全会精神，认真落实省委、省政府决策部署，进一步强化各级政府对义务教育的保障责任，逐步健全完善城乡统一、重在农村的义务教育经费保障机制，增强政策的统一性、协调性和前瞻性；继续加大义务教育投入，优化整合资金，重点向农村义务教育倾斜，向革命老区和贫困地区倾斜，统筹解决城市义务教育相关问题，促进城乡义务教育均衡发展；大力推进教育管理信息化，创新义务教育转移支付与学生流动相适应的管理机制，实现相关教育经费可携带，增强学生就读学校的可选择性。

二、主要内容

整合农村义务教育经费保障机制和城市义务教育奖补政策，建立城乡统一的分项目、按比例分担的义务教育经费保障机制，实现“两免一补”和生均公用经费基准定额资金随学生流动可携带。

（一）统一城乡义务教育“两免一补”政策。对城乡义务教育学生免除学杂费、免费提供教科书，对家庭经济困难的寄宿生补助生活费（统称“两免一补”）。民办学校学生免除学杂费标准按照中央确定的生均公用经费基准定额执行。免费教科书资金，国家规定课程由中央全额承担。家庭经济困难的寄宿生生活费补助资金由中央及我省按照5：5比例分担，我省承担部分由省市县按照5：2：3比例分担。家庭经济困难寄宿生生活费补助政策覆盖范围按城乡寄宿生的23%予以核定，各市、县可根据实际适当扩大覆盖范围。

（二）统一城乡义务教育学校生均公用经费基准定额。对城乡义务教育学校（含民办学校）按照不低于中央核定基准定额的标准补助公用经费，并适当提高寄宿制学校补助水平。落实生均公用经费基准定额所需资金，由中央及我省按6：4比例分担（其中比照实施西部大开发相关政策的县为8：2），我省承担部分由省市县按照5：2：3比例分担，其中省属学校由省财政全额负担，市属学校由省市按照5：5比例分担。提高寄宿制学校补助水平所需资金，按照生均公用经费基准定额分担比例执行。公办学校现有公用经费补助标准高于基准定额的，要确保水平不降低，我省将根据中央安排适时对基准定额进行调整。

（三）巩固完善农村义务教育学校校舍安全保障长效机制。支持农村公办义务教育学校维修改造、抗震加固、改扩建校舍及其附属设施。农村公办义务教育学校校舍安全保障机制所需资金由中央及我省按照5：5比例分担，我省承担部分仍由省财政全额负担。城市公办义务教育学校校舍安全保障长效机制由各市建立，所需经费由各市承担。

（四）巩固落实城乡义务教育教师工资政策。中央继续对我省义务教育教师工资经费给予支持，省人民政府进一步加大对财力薄弱地区的转移支付力度。县级人民政府确保县域内义务教育教师工资按时足额发放，教育部门在分配绩效工资时，要加大对艰苦边远贫困地区和薄弱学校的倾斜力度。

三、实施步骤

（一）从2016年春季学期开始，统一城乡义务教育学校生均公用经费基准定额。2016年生均公用经费基准定额为：普通小学每生每年600元，普通初中每生每年800元。在此基础上，对寄宿生按照年生均200元标准增加公用经费补助，继续落实好农村地区不足100人的学校和教学点按100人核定公用经费和取暖费等政策；特殊教育学校和随班就读残疾学生按每生每年6000元标准补助公用经费。同时，取消对城市义务教育免除学杂费的奖补政策。

（二）从2017年春季学期开始，统一城乡义务教育学生"两免一补"政策。在继续落实好农村学生"两免一补"和城市学生免除学杂费政策的同时，向城市学生免费提供国家规定课程教科书并推行部分教科书循环使用制度，对城市家庭经济困难的寄宿生给予生活费补助。

高校、林场林区等所属义务教育学校经费保障机制，与所在地区同步完善，所需经费按照现行体制予以保障。

四、保障措施

（一）加强组织领导，确保政策落实。各市、县人民政府要切实加强组织领导，在深入调查研究、广泛听取各方面意见的基础上，抓紧制订切实可行的实施方案。各市要将实施方案于2016年5月底前报省财政厅、省教育厅。各县人民政府要按照义务教育"以县为主"的管理体制，落实管理主体责任。有关部门要发挥职能作用，加强工作指导和协调。

（二）落实投入责任，强化资金管理。坚持经费省级统筹、管理以县为主的体制。省财政足额安排应由省级负担的资金，并继续完善省以下财政转移支付制度，加大对困难地区的转移支付力度。各市、县人民政府要按要求足额安排落实本级应负担的资金，并确保及时足额拨付到位。县级人民政府要加强县域内教育经费的统筹安排，保障规模较小学校（含教学点）正常运转；加强义务教育学校预算管理，细化预算编制，强化预算执行和监督。规范义务教育学校财务管理，创新管理理念，将绩效预算贯穿经费使用管理全过程，切实提高经费使用效益。

（三）深化教育改革，优化教育布局。继续深化教师人事制度改革，健全城乡教师和校长交流机制，认真实施农村义务教育阶段教师特设岗位计划，鼓励和引导更多优秀大学毕业生从事农村教育工作。各地要结合人口流动趋势和城市发展规划，及时调整完善教育布局。加强义务教育民办学校管理，将民办学校纳入本地教育布局规划，科学合理布局义务教育学校。加快探索建立乡村小规模学校办学机制和管理办法，建设并办好寄宿制学校，慎重稳妥撤并乡村学校，努力消除城镇学校“大班额”，保障当地适龄儿童就近入学。进一步解决进城务工农民子女和“留守儿童”的教育问题，流出地政府和流入地政府要相互配合，继续落实以“流入地为主、公办学校为主”的政策，保障农民工子女接受义务教育的权利。

（四）推进信息公开，强化监督检查。各级人民政府要加大信息公开力度，将义务教育经费投入情况向同级人民代表大会报告，并向社会公布，接受社会监督。各级财政、教育、发展改革、审计、监察等部门要齐抓共管，加强对义务教育经费保障机制资金安排使用、贫困学生评定、中小学收费、校舍维修改造等情况的监督检查。各级教育部门要加强义务教育基础信息管理工作，确保学生学籍信息、学校基本情况、教师信息等数据真实准确。

（五）加大宣传力度，营造良好氛围。各地、各有关部门要高度重视统一城乡义务教育经费保障机制的宣传工作，制订切实可行的宣传方案，广泛利用各种宣传媒介，采取多种方式，向社会进行深入宣传，使相关政策家喻户晓、深入人心，确保统一城乡义务教育经费保障机制改革的各项工作落实到位。

本方案自2016年1月1日起实施。以往规定与本方案内容不一致的，按本方案执行。

附录四：

山西省人民政府办公厅关于切实办好贫困地区农村教育的若干意见

各市、县人民政府，省人民政府各委、办、厅、局：

发展贫困地区农村教育，保障贫困地区群众受教育权利，是阻断贫困代际传递的根本途径，是脱贫攻坚、全面建成小康社会的重要任务。近年来，我省通过深化农村义务教育经费保障机制改革、实施校舍安全工程、农村薄弱学校基本办学条件改善计划、农村学生营养改善计划、农村教师特岗计划、对口支援、定向招生等重大举措，推动贫困地区农村教育迈上了新台阶。但随着城镇化进程加快和经济社会发展，贫困地区农村教育出现了一些新情况、新问题：一些农村学校因生源减少而严重萎缩，有的农村学校教师多于学生，有的教学点有教师但没有学生，甚至出现“空壳学校”，导致办学资源浪费；一些农村学校特别是寄宿制学校、小规模学校办学条件、师资力量、教学质量不高；农村大量青壮年劳动力外流，导致农村出现大量留守儿童和单亲家庭学生，部分儿童出现心理健康问题甚至极端行为等等，贫困地区农村教育仍然是我省教育事业发展的薄弱环节。为全面落实国家精准扶贫、精准脱贫基本方略及省委、省人民政府脱贫攻坚决策部署，根据《国务院关于统筹推进县域内城乡义务教育一体化改革发展的若干意见》（国发〔2016〕40号）、《国务院办公厅关于加快中西部教育发展的指导意见》（国办发〔2016〕37号）精神，经省人民政府同意，现就切实办好贫困地区农村教育提出如下意见。

一、科学优化贫困地区农村中小学校布局

针对贫困县农村生源减少、农村学校萎缩问题，各地要统筹考虑新型城镇化推进、户籍制度改革、计划生育政策调整、城乡人口及学龄人口流动、农村地理环境、交通状况、教育保障能力、学生家庭经济负担等因素，按照国家有关要求，处理好提高教育质量和方便学生就近上学的关系，进一步优化贫困地区教育资源，合理布局农村中小学校。

优化布局工作由县级人民政府负责。所有贫困县要对现有农村中小学校布局进行全面排查，严格履行学校布局优化方案的制定、论证、公示等程序，兼顾公平和效益，因地制宜、分类施策，做到该留的留、该撤的撤、该补的补，确保农村适龄儿童少年就近接受义务教育。对人口稀少、地处偏远、交通不便的贫困山区，保留并办好必要的乡村小规模学校或教学点；对地理位置并不偏远、交通较为便捷的贫困山区，目前已经成为“空壳”或只有极少数学生的学校、教学点，要在妥善安置在校学生就学后进行撤并；对生源持续减少、学校萎缩严重却仍在投入大量资金建设、采购的项目，要认真排查、评估，停止大规模投资建设，坚决杜绝浪费，调整的资金、设备要用于改善现有寄宿制学校和教学点办学条件；对人口逐年增长、目前没有学校或教学点偏远的村庄，要补建学校或教学点。对采煤沉陷区贫困人口搬迁、易地扶贫搬迁农村要规划好中小学校建设，根据学生规模建设好移民学校，确保搬迁学生就学。因撤并学校造成学生就学困难的，当地人民政府应因地制宜，采取多种方式予以妥善解决。

二、建设好农村寄宿制学校

加大财政性教育经费对贫困地区倾斜力度，统筹安排好中央及省、市、县各级专项资金，实施好“全面改薄”和基本公共教育服务保障工程等项目。要切实提高教育资源使用效益，避免出现“边建设、边闲置”现象。各地要根据

学校规模变化情况，适时调整教育经费投向，加大建设标准化寄宿制学校力度。要结合国家加快水电路气等基础设施向农村延伸，在交通便利、公共服务成型的农村地区合理建设义务教育寄宿制学校。要加快建设学校宿舍、食堂，实现“一人一床位”，消除“大通铺”现象，满足室内就餐需求；改善寒冷地区学校冬季取暖条件，保证取暖经费；改善如厕环境，旱厕按学校专用无害化卫生厕所设置，有条件的地方设置水冲式厕所；改善浴室条件，寄宿制学校应设置淋浴设施；改善体育和艺术教育场地，配备音体美器材，建好图书馆（室）、广播站、活动室、医务室等，满足教学、文化和生活需要。到2020年，所有农村寄宿制学校宿舍、食堂、饮水、洗浴、厕所、取暖达到省定基本标准。

三、办好必要的乡村小规模学校和教学点

对保留和补建的乡村小规模学校和教学点，以县为单位制订建设和管理工作方案，采取多种措施，切实提高质量。各地要制定乡村小规模学校和教学点办学条件、教师配备等基本标准，明确乡村小规模学校和教学点基本要求，保证最基本、最安全的办学条件。经费投入向乡村小规模学校和教学点倾斜，不足100人的学校和教学点按100人拨付公用经费。按生师比和班师比相结合的方式为乡村小规模学校和教学点配备教师，建立健全教学区内教师到教学点任教、支教和校际教师定期交流制度，采取有效措施支持优秀教师到乡村小规模学校和教学点工作。县域内对口帮扶工作覆盖到所有乡村小规模学校和教学点。完善乡村小规模学校办学机制和管理办法，将乡村小规模学校和教学点纳入乡村中心学校考核，加强乡村中心学校对乡村小规模学校、教学点的指导和管理。充分应用数字教育资源，采取“送教”“走教”等多种形式，保障乡村小规模学校和教学点开齐开全课程，提高教学质量。县级教育督导部门每学期要对本行政区内乡村小规模学校和教学点进行一次全面检查。

四、切实提高贫困地区师资队伍水平

提高乡村教师待遇，建立乡村教师荣誉制度。强化县域内教育部门教师管理统筹权，按照班额、生源等情况动态调整农村学校教师编制，重点解决乡村学校音体美、信息技术、外语教师不足，部分学校缺编或超编、单生多师等问题。大力推行中小学教师“县管校聘”管理改革、义务教育办学模式改革，建立义务教育学校教师校长交流制度和奖励机制，推动教育资源向乡村学校流动。实施好“免费师范生”“特岗计划”，吸引优秀教师到乡村学校从教。落实乡村教师生活补助政策，对21个集中连片特困县乡村教师按每人每月300元发放生活补贴，其他贫困县可以参照执行，所需资金由当地县级财政负担。采取措施提高寄宿制学校班主任特殊岗位生活保障。按规定将符合条件的乡村教师住房纳入当地住房保障范围，合理规划并加快乡村学校教师周转宿舍建设，满足乡村教师基本需要。把乡村教师培训纳入基本公共服务体系，保障经费投入，确保乡村教师培训时间和质量，国培计划、省培项目要向贫困地区和乡村教师倾斜。

五、管理利用好布局优化后闲置教育资源

依法规范学校撤并后原有校舍校产再利用工作。要合理制订闲置校园校舍综合利用方案，严格规范权属确认、用途变更、资产处置等程序。凡撤销的学校，其校产、校园属于国有资产的部分，任何单位和个人不得随意侵占，统一收归县级教育行政部门管理。对闲置校舍评估其安全状况，可逐步改造为幼儿园或活动中心等公用活动场所；也可在明晰产权的基础上整合置换，或通过作价转让、拍卖等方式进行资产盘活，可换预算投入、换人员编制、换异地建校等。对仪器、器材、图书、计算机等教学设施统筹调配，补充到其他农村学校。

合理分流乡村学校多余教师。各地要进一步深化中小学人事制度改革，优

化义务教育学校教师资源配置，着力解决布局调整后部分义务教育学校师生比例严重失调甚至个别学校有教师无学生等问题。要严格义务教育学校岗位设置管理，依据学校布局调整、不同学段学生规模变化等情况，对农村地区学校采取“一校定岗、多校使用、就近走教”的办法配置教师；对县城及县城周边或乡镇所在地超编、超岗位配置教师的学校要制订分流计划，实行“只出不进”管理，对满编、满岗学校实行“出一进一”管理；对“空壳学校”和生师比严重失衡的学校，要逐校制订教师分流或补充计划，努力解决教师资源闲置或严重短缺问题，保障乡村学校基本教育教学需要。

六、建立完善贫困学生教育资助体系

完善义务教育经费保障机制，落实好“两免一补”政策，保障建档立卡贫困家庭学生接受义务教育，不让一名孩子因贫失学。要提高贫困地区残疾儿童教育普及水平，按照“一人一案”要求，针对实名登记的未入学适龄残疾儿童少年，采用多种形式安排其接受义务教育，为其中家庭经济困难的提供包括义务教育、高中阶段教育在内的12年免费教育。完善农村义务教育学生营养改善工作机制，在全省21个集中连片特困县深入实施农村义务教育学生营养改善计划，根据中央奖补政策，指导其他15个国家扶贫开发工作重点县做好地方试点工作，鼓励支持其他贫困县开展地方试点。

七、大力促进优质资源共享

充分发挥优质教育资源的带动辐射作用，扩大优质资源覆盖面。以市为单位统筹实施义务教育结队帮扶，市域内建立市直、市辖区优质学校对口帮扶贫困县农村学校，县域内建立城区学校对口帮扶农村薄弱学校、乡镇中心校对口帮扶所在乡村小规模学校和教学点，逐县、逐校制定帮扶方案，建立稳定的“一对一”结对帮扶关系。大力推进义务教育办学模式改革，采取城乡学校联盟、集团化办学、学区制管理等模式，积极推动城镇优质学校在教师配备、教学管理、教研培训、学校文化等方面与农村学校实现资源共享。实行优质普通高中招生指标合理分配到农村初中的办法，适度提高分配比例，加强农村初中的吸引力。可通过加快贫困地区学校信息化基础设施设备建设，提高贫困地区教育信息化，实现“宽带网络校校通”“优质资源班班通”和“网络学习空间人人通”。运用“互联网+”思维，推进“专递课堂”“名师课堂”和“名校网络课堂”建设和应用，促进贫困地区共享优质教育资源，整体提升贫困地区办学水平。

八、用心关爱农村留守儿童

强化家庭监护主体责任，落实县、乡（镇）人民政府属地责任，强化民政等有关部门的监督指导责任。教育部门和学校要加大关爱保护力度，各级工会、共青团、妇联、残联、关工委等群团组织要发挥自身优势，构建政府主导、家校联动、社会参与的留守儿童关爱服务体系，对贫困地区农村留守儿童给予特殊关爱。充分利用青少年宫、乡村少年宫、儿童活动中心等公共服务阵地丰富留守儿童和贫困单亲儿童的生活。切实加强留守儿童心理健康教育、法制教育和安全教育，促进留守儿童健康成长。加强学校对留守儿童教育的全程管理，农村中小学校要建立翔实完备的农村留守儿童和贫困单亲儿童信息台账，对农村留守儿童受教育情况实施全程管理，并利用电话、家访、家长会等方式加强与家长、受委托监护人的沟通交流，充分发挥学校保护载体和教育阵地的重要作用。

九、强化责任落实，确保取得实效

办好贫困地区农村教育，是我省脱贫攻坚的重要任务。各地人民政府要充分认识办好贫困地区农村教育的重要性和紧迫性，将提高贫困地区农村教育发展水平放在全省脱贫攻坚的突出位置，坚持“保基本、兜底线、补短板”，从最困难的地方、最薄弱的环节、最关心的问题着手，集中力量攻坚克难。

县级人民政府是发展贫困地区农村教育的责任主体。各县要切实落实责任，深入调查，摸清底数，准确掌握当地农村教育基本状况和存在的突出问题，并列出清单，建立任务台账，细化政策措施，制订2016—2020年实施工作方案和推进计划，确保到2020年贫困地区农村教育总体发展水平达到或超过2016年全省平均水平，所有适龄人口都能接受公平有质量的义务教育。各市人民政府要加强统筹指导，建立督促检查、考核奖惩和问责机制，确保发展贫困地区农村教育的各项举措落到实处，取得实效。各有关部门要把支持贫困地区教育事业发展纳入重要议事日程，在各自领域做好相关工作。省人民政府将贫困地区农村教育发展成效列为对地方脱贫攻坚工作考核范围，适时组织专项督查，对落实不力的地方和单位进行问责。

山西省人民政府办公厅

2016年11月11日

附录五：

山西省人民政府关于加强农村留守儿童关爱保护工作的实施意见

晋政发〔2016〕33号

各市、县人民政府，省人民政府各委、办、厅、局：

为认真贯彻落实《国务院关于加强农村留守儿童关爱保护工作的意见》（国发〔2016〕13号）精神，保障农村留守儿童合法权益，维护家庭幸福与社会和谐，服务我省全面建成小康社会大局，结合我省实际，现就做好我省农村留守儿童关爱保护工作提出如下实施意见。

一、总体要求

（一）指导思想。按照国务院决策部署，以促进未成年人健康成长为出发点和落脚点，坚持依法保护，建立健全“政府领导、民政牵头、部门联动、家庭尽责、社会参与”的农村留守儿童关爱服务体系，不断完善法规规章和制度机制，坚持问题导向，强化家庭监护主体责任，加大关爱保护力度，逐步减少儿童留守现象，确保农村留守儿童安全、健康、受教育等权益得到有效保障。

（二）基本原则。坚持家庭尽责。落实家庭监护主体责任，监护人要依法尽责，在家庭发展中首先考虑儿童利益；加强对家庭监护和委托监护的督促指导，确保农村留守儿童得到妥善监护照料、亲情关爱和家庭温暖。

坚持政府主导。把农村留守儿童关爱保护工作作为各级人民政府重要工作内容，落实县、乡镇人民政府属地责任，强化民政等有关部门的监督指导责任，健全农村留守儿童关爱服务体系和救助保护机制，切实保障农村留守儿童合法权益。

坚持全民关爱。充分发挥村（居）民委员会、群团组织、社会组织、专业社会工作者、志愿者等各方面的积极作用，着力解决农村留守儿童在生活、监护、成长过程中遇到的困难和问题，形成全社会关爱农村留守儿童的良好氛围。

坚持标本兼治。既立足当前，完善政策措施，健全工作机制，着力解决农村留守儿童监护缺失等突出问题；又着眼长远，统筹城乡发展，从根本上解决儿童留守问题。

（三）总体目标。到2020年，家庭、政府、学校尽职尽责，社会力量积极参与的农村留守儿童关爱保护工作体系全面建立，强制报告、应急处置、评估帮扶、监护干预等农村留守儿童救助保护机制有效运行，侵害农村留守儿童权益的事件得到有效遏制，未成年人保护法规政策体系更加健全，全社会关爱保护儿童的意识普遍增强，儿童成长环境更为改善、安全更有保障，儿童留守现象明显减少。

二、建立健全农村留守儿童关爱服务体系

（一）强化家庭监护主体责任。督促父母依法履行对未成年子女的监护职责和抚养、教育义务，增强父母作为第一监护人的责任意识和法律意识，引导父母在家庭发展中优先考虑儿童利益。重视对农村留守儿童家长和其他监护人的培训，加强对家庭监护的督促指导，确保农村留守儿童得到妥善监护照料、亲情关爱和家庭温暖。外出务工人员要尽量携带未成年子女共同生活或父母一方留家照料，暂不具备条件的应当委托有监护能力的亲属或其他成年人代为监护，不得让不满十六周岁的未成年人脱离监护单独居住生活。外出务工人员要与留守未成年子女常联系、多见面，及时了解掌握他们的生活、学习和心理状况，给予更多亲情关爱。父母或受委托监护人不履行监护职责的，村（居）民委员会、公安机关和有关部门要及时予以劝诫、制止；情节严重或造成严重后果的，公安等有关机关要依法追究其责任。

（二）落实县、乡镇人民政府和村（居）民委员会职责。按照“属地管理、分级负责”的原则，强化县、乡镇人民政府（街道办事处）、村（居）民委员会职责。县级人民政府要把农村留守儿童关爱保护工作纳入重要议事日程，结合本地实际制定切实可行的农村留守儿童关爱保护政策措施，切实履行统筹协调、经费保障和督促检查等责任，全面组织落实好本行政区域农村留守儿童关爱保护相关工作，确保关爱保护工作覆盖所有农村留守儿童。县级民政部门及救助管理机构要对乡镇人民政府（街道办事处）和村（居）民委员会开展的监护监督等工作提供政策指导和技术支持。各乡镇人民政府（街道办事处）要切实履行留守儿童情况排查、台账建立、发现报告、救助保护等职责。通过开展全面摸底排查，熟悉、掌握农村留守儿童及其家长外出务工情况，建立翔实完备、动态更新的农村留守儿童信息台账，一人一档，确保不漏一户、不错一人；通过加强对监护人的法治宣传、监护监督和指导，督促其履行监护责任，提高监护能力；通过党员干部上门家访、驻村干部探访、专业社会工作者随访等方式，对重点对象进行核查，确保及时发现问题，分类进行救助保护。村（居）民委员会要定期走访、全面排查，及时掌握农村留守儿童基本信息和动态，并向乡镇人民政府（街道办事处）报告；要为农村留守儿童通过电话、视频等方式与父母联系提供便利，加强其情感联系和亲情交流。

（三）加大教育部门和学校关爱保护力度。各市、县人民政府要完善控辍保学部门协调机制，督促监护人送适龄儿童、少年入学并完成义务教育。教育行政部门要发挥优势，把农村留守儿童关爱保护作为工作的重要内容；要落实免费义务教育和教育资助政策，确保农村留守儿童不因贫困而失学；支持和指导中小学校加强心理健康教育，促进学生心理、人格积极健康发展，及早发现并纠正心理问题和不良行为；督促指导中小学校、幼儿园及其工作人员树立强制报告意识，开展强制报告工作；加强对农村留守儿童相对集中学校教职工的专题培训，着重提高班主任和宿舍管理人员关爱照料农村留守儿童的能力；会同公安机关指导和协助中小学校完善人防、物防、技防措施，加强校园安全管理，做好法治宣传和安全教育，帮助儿童增强防范不法侵害的意识、掌握预防意外伤害的安全常识。中小学校、幼儿园要对农村留守儿童受教育情况实施全程动态管理，建立农村留守儿童档案、定期联系制度和结对帮扶制度，利用电话、家访、家长会等方式加强与家长、受委托监护人的沟通交流，了解农村留守儿童生活情况和思想动态，帮助监护人掌握农村留守儿童学习情况，提升监护人责任意识和教育管理能力；及时了解无故旷课农村留守儿童情况，落实辍学学生登记、劝返复学和书面报告制度，劝返无效的，应书面报告县级教育行政部门和乡镇人民政府，依法采取措施劝返复学；帮助农村留守儿童通过电话、视频等方式加强与外出务工父母的情感联系和亲情交流；积极建立教师关爱服务团队和志愿服务团队，在寒暑假期间定期走访农村留守儿童，积极开展关爱服务，有效预防农村留守儿童意外伤害和安全事故的发生。寄宿制学校要完善教职工值班制度，落实学生宿舍安全管理责任，丰富校园文化生活，引导寄宿学生积极参与体育、艺术、社会实践等活动，增强学校教育吸引力。

（四）发挥相关部门职能作用。农村留守儿童关爱保护工作内容多、涉及面广，各地在充分发挥公安、民政、教育部门职能作用的同时，还应积极发挥综治、发展改革、司法行政、财政、人力资源社会保障、住房城乡建设、农业、卫生计生、税务、法制、扶贫开发等部门的职能作用。各部门应切实加强统筹协调，及时研究解决工作中的重大问题，制定考核、评估、奖励、问责办法，形成工作合力。相关部门要把农村留守儿童关爱保护工作纳入本部门、本系统工作总体安排予以部署和落实，在农村留守儿童家庭监护监督指导、摸底排查、教育关爱、强制报告、应急处置、评估帮扶、监护干预、跟踪回访等关键环节和工作任务中积极承担责任、发挥作用。各有关部门要相互配合、相互支持，加强资源统筹、信息沟通、工作协调和优势互补，形成各司其职、分工协作、齐抓共管、整体推进的良好工作格局。

（五）发挥群团组织关爱服务优势。各级工会、共青团、妇联、残联、关工委等群团组织要发挥自身优势，整合政策资源，积极为农村留守儿童提供假期日间照料、课后辅导、心理疏导等关爱服务。工会、共青团要广泛动员广大职工、团员青年、少先队员、青年志愿者、大学生村官等开展多种形式的农村留守儿童关爱服务和互助活动。妇联要依托妇女之家、儿童之家等活动场所，为农村留守儿童和其他儿童提供关爱服务，加强对农村留守儿童父母、受委托监护人的家庭教育指导，引导他们及时关注农村留守儿童身心健康状况，加强亲情关爱。残联要依托残疾人综合服务设施，组织开展农村留守残疾儿童康复等工作。关工委要组织动员广大老干部、老战士、老专家、老教师、老模范等离退休老同志，协同做好农村留守儿童的关爱与服务工作。

（六）推动社会力量广泛参与。加快孵化培育社会工作专业服务机构、公益慈善类社会组织、志愿服务组织。民政等部门要通过政府购买服务等方式支持其深入城乡社区、学校和家庭，开展农村留守儿童监护指导、心理疏导、行为矫治、社会融入和家庭关系调适等专业服务。发动大中专院校、企事业单位、志愿者、爱心人士等多方力量广泛参与，形成全社会关爱农村留守儿童的良好氛围。充分发挥市场机制作用，支持社会组织、爱心企业依托学校、社区综合服务设施举办农村留守儿童托管服务机构，为农村留守儿童提供关爱服务，为农村留守儿童父母或其他监护人提供家庭教育和家庭监护指导。财税部门要依法落实税费减免优惠政策。

三、建立健全农村留守儿童救助保护机制

（一）建立强制报告机制。学校、幼儿园、医疗机构、村（居）民委员

会、社会工作服务机构、救助管理机构、福利机构及其工作人员要切实履行强制报告义务，在工作中发现农村留守儿童脱离监护单独居住生活或失踪、监护人丧失监护能力或不履行监护责任、疑似遭受家庭暴力、疑似遭受意外伤害或不法侵害等情况的，应当在第一时间向公安机关报告。负有强制报告责任的单位和人员未履行报告义务的，其上级机关和有关部门要严肃追责。其他公民、社会组织积极向公安机关报告的，应及时给予表扬和奖励。

（二）完善应急处置机制。公安机关要及时受理有关报告，第一时间出警调查，有针对性地采取应急处置措施，强制报告责任人和有关单位要协助公安机关做好调查和应急处置工作。属于农村留守儿童单独居住生活的，要责令其父母立即返回或确定受委托监护人，并对父母进行训诫；属于监护人丧失监护能力或不履行监护责任的，要联系农村留守儿童父母立即返回或委托其他亲属监护照料；上述两种情形联系不上农村留守儿童父母的，要就近护送至其他近亲属、村（居）民委员会或救助管理机构、福利机构临时监护照料，并协助通知农村留守儿童父母立即返回或重新确定受委托监护人。属于失踪的，要按照儿童失踪快速查找机制及时开展调查。属于遭受家庭暴力的，要依法制止，必要时通知并协助民政部门将其安置到临时庇护场所、救助管理机构或者福利机构实施保护；属于遭受其他不法侵害、意外伤害的，要依法制止侵害行为，实施保护；对于上述两种情形，要按照有关规定调查取证，协助其就医、鉴定伤情，为进一步采取干预措施、依法追究相关法律责任打下基础。公安机关要将相关情况及时通报乡镇人民政府（街道办事处）。

（三）健全评估帮扶机制。乡镇人民政府（街道办事处）接到公安机关通报后，要会同民政部门、公安机关在村（居）民委员会、中小学校、医疗机构以及亲属、社会工作专业服务机构的协助下，对农村留守儿童的安全处境、监护情况、身心健康状况等进行调查评估，有针对性地安排监护指导、医疗救治、心理疏导、行为矫治、法律服务、法律援助等专业服务。对于监护人家庭经济困难且符合有关社会救助、社会福利政策的，民政及其他社会救助部门要及时纳入保障范围。

（四）强化监护干预机制。对实施家庭暴力、虐待或遗弃农村留守儿童的父母或受委托监护人，公安机关应当给予批评教育，必要时予以治安管理处罚，情节恶劣构成犯罪的，依法立案侦查。对于监护人将农村留守儿童置于无人监管和照看状态导致其面临危险且经教育不改的，或者拒不履行监护职责6个月以上导致农村留守儿童生活无着的，或者实施家庭暴力、虐待或遗弃农村留守儿童导致其身心健康严重受损的，其近亲属、村（居）民委员会、县级民政部门等有关人员或者单位要依法向人民法院申请撤销监护人资格，另行指定监护人。

在落实好上述工作机制的同时，各市、县人民政府和各有关部门要继续认真贯彻落实《最高人民法院最高人民检察院公安部民政部关于依法处理监护人侵害未成年人权益行为若干问题的意见》（法发〔2014〕24号），切实履行工作职责，加强行政保护与司法保护的衔接，确保农村留守儿童得到及时、有效救助保护。

四、加强农村留守儿童关爱保护阵地和队伍建设

（一）加强关爱保护阵地建设。将农村留守儿童关爱保护工作纳入当地经济社会发展规划，加大政策支持和经费投入力度。加强救助管理机构、未成年人救助保护中心、儿童福利机构、社区儿童服务场所、儿童之家、寄宿制学校等关爱保护阵地建设，改善关爱保护设施条件，满足农村留守儿童日常生活、接受教育和临时监护等需求。各级人民政府要将未成年人救助保护机构建设纳入议事日程，加大财政资金及福彩公益金资助力度，形成机构建设的整体规划。没有建立未成年人救助保护机构的县级民政部门，应整合现有社会福利机构资源，明确承担临时监护职责的实体机构或报请市级民政部门指定具备条件

的未成年人救助保护机构承担临时监护职责。各级教育行政部门要结合全面改善贫困地区义务教育薄弱学校基本办学条件、农村学生营养改善、学校标准化建设等工程项目，加强农村寄宿制学校建设，促进寄宿制学校合理分布，提升管理服务水平，满足农村留守儿童入学需求；实施学前教育行动计划，支持扩大农村学前教育资源。

（二）加强关爱保护队伍建设。各市、县人民政府要加强农村留守儿童关爱保护工作队伍建设，由民政部门牵头开展农村留守儿童关爱保护工作，并配备相应的工作人员、场地和设备，拨付必要的工作经费，做到有组织机构、有工作经费、有专职人员、有制度措施。对救助管理机构和未成年人救助保护中心从事未成年人生活照料、教育辅导、心理矫治、医疗康复等救助保护工作的人员实行特殊教育补贴政策，并参照相关规定执行。教育行政部门要选派好农村留守儿童相对集中学校的班主任和生活教师；实施乡村教师支持计划，全面落实集中连片特困地区乡村教师生活补助政策，推进城乡校长教师交流轮岗。其他有关部门、单位也要加强农村留守儿童关爱保护工作队伍建设，增强工作力量，开展专业培训，提高服务能力和水平。

五、从源头上逐步减少儿童留守现象

（一）为农民工家庭提供更多帮扶支持。各市、县人民政府要大力推进农民工市民化，为其监护照料未成年子女创造更好的条件。公安机关要加快推进户籍制度改革，有序推进符合落户条件的进城务工人员及其家属落户城镇。住房城乡建设部门要将符合住房保障条件的农民工家庭纳入当地住房保障范围，通过实物配租公共租赁住房或发放租赁补贴等方式，满足农民工家庭的基本居住需求。教育行政部门要督促指导公办义务教育学校普遍对农民工未成年子女开放，通过政府购买服务等方式支持农民工未成年子女接受义务教育，完善和落实符合条件的农民工子女在输入地参加中考、高考政策。其他有关部门、群团组织以及用工单位、社会组织、专业社会工作者、志愿者队伍等社会力量，要为农民工照料未成年子女提供便利条件和更多帮助。

（二）引导扶持农民工返乡创业就业。各地要大力发展县域经济，落实国务院关于支持农民工返乡创业就业的一系列政策措施，促进农民工就地就近就业，从源头上减少儿童留守现象。按照省政府办公厅《关于支持农民工等人员返乡创业的实施意见》（晋政办发〔2015〕112号）精神，围绕我省产业转型升级，鼓励支持具备一定资金、技术和管理经验的农民工根据需求创业兴业。加快发展地方优势产业和特色经济，借力“互联网+”发展农村电商经济，开辟返乡创业新空间。人力资源社会保障等有关部门要广泛宣传农民工返乡就业创业政策，加强农村劳动力就业创业技能培训，对有意愿就业创业的，要有针对性地推荐用工岗位信息或创业项目信息。财政、税务、工商等部门要制定优惠扶持政策，落实定向减税和普遍性降费政策，加大返乡创业资金扶持力度，降低返乡创业门槛。其他有关部门要采取有效方式为返乡创业人员提供全方位公共服务。

六、强化农村留守儿童关爱保护工作保障措施

（一）加强组织领导。各市、县人民政府要将农村留守儿童关爱保护工作纳入重要议事日程，一级抓一级，层层抓落实。建立健全政府领导，民政部门牵头，教育、公安、司法行政、卫生计生等部门和妇联、共青团等群团组织参加的农村留守儿童关爱保护工作领导机制，及时研究解决工作中的重大问题。建立省级农村留守儿童关爱保护工作联席会议制度，各级人民政府要牵头建立相应的联席会议制度。各级妇儿工委和农民工工作领导小组要将农村留守儿童关爱保护作为重要工作内容，统筹推进相关工作。各地民政、公安、教育等部门要强化责任意识，督促有关方面落实相关责任。要加快推动完善未成年人保护相关法规政策，进一步明确权利义务和各方职责，特别要强化家庭监护主体

责任，为农村留守儿童关爱保护工作提供有力的法律保障。

（二）加大资金投入。各级财政部门要优化和调整支出结构，多渠道筹措资金，加大农村留守儿童关爱保护经费保障和资金投入力度，支持农村留守儿童关爱保护工作阵地建设、队伍建设、政府购买服务等。同时，积极引导社会资金投入，为农村留守儿童关爱保护工作提供更加有力的支撑。

（三）强化激励问责。各市、县人民政府要将农村留守儿童关爱保护工作成效纳入有关工作考核指标体系，建立健全工作考核和责任追究机制。有关部门要定期对农村留守儿童关爱保护工作开展情况进行督查。对认真履责、工作落实到位、成效明显的，要按照国家有关规定予以表扬和奖励；对措施不落实、执行不到位的，督促限期进行整改；对因工作不力、措施不实造成严重后果的，要追究有关负责人和人员的责任。对贡献突出的社会组织和个人，要适当给予奖励。

（四）广泛宣传引导。加大对未成年人保护法律法规、政策措施和农村留守儿童关爱保护工作的宣传力度，充分利用广播、电视、报纸、杂志等传统媒体和短信、微信、微博、网络等新兴媒体，开展形式多样的宣传教育活动，强化政府主导、全民关爱的责任意识和家庭自觉履行监护责任的法律意识。建立健全舆情监测预警和应对机制，理性引导社会舆论，及时回应社会关切，宣传报道先进典型，营造良好的社会氛围。

各市、县人民政府要结合本地实际，制订具体实施方案。对本实施意见的执行情况，省政府将适时组织专项督查。

山西省人民政府

2016年6月24日

附录六：

山西省教育厅关于印发《山西省幼儿园办园基本标准（试行）》的通知

晋教党〔2015〕13号

各市教育局：

为加强全省幼儿园建设与管理，积极改善幼儿园办园条件，促进幼儿园建设的科学化、规范化，努力提高幼儿园办园水平，省教育厅研究制定了《山西省幼儿园办园基本标准（试行）》，现印发给你们，并提出如下意见，请认真贯彻执行。

1. 本标准规定的各项指标是我省幼儿园要求达到的基本标准，是我省各级政府及教育行政部门规划、设置、审批、管理、评估幼儿园的基本依据。各市要组织教育行政人员、幼儿园园长等相关人员认真学习、领会《标准》的各项要求，树立标准意识，提高学前教育管理科学化、规范化水平。

2. 2016年5月1日起，新建幼儿园应不低于本标准，改扩建幼儿园参照本标准执行。现有幼儿园不达本标准的，应有计划的逐步完善办园条件或缩减办园规模，尽快达到本标准。有条件的地区和幼儿园办园条件应适当提高。各市要结合实际，制定本地小规模幼儿园、幼儿班等的办园（班）标准。

3. 各级教育行政部门要统筹管理区域内学前教育事业，坚持政府主导、社会参与、公办民办举办的办园格局，积极扩大公益普惠性学前教育资源，按照“安全、节约、适用”的原则建设幼儿园，保障适龄幼儿能接受基本的、有质量的学前教育，满足保育教育工作的基本需求，提高幼儿园教育质量。

山西省教育厅

2016年4月19日

附件：

山西省幼儿园办园基本标准（试行）

为加强幼儿园建设和管理，提高幼儿园办园水平，促进幼儿园办园标准化、科学化、规范化，满足适龄儿童接受基本的、有质量的学前教育，根据国家有关法律法规和政策规定，结合我省实际，特制定本标准。

本标准所指幼儿园是对3~6周岁幼儿实施保育和教育的机构。本标准共分为设置与规模、园舍建设、设施设备、教职工配备、经费保障、保育教育、园务管理等7个部分46条。本标准是我省幼儿园要求达到的基本标准（本标准中涉及相关内容，凡国家出台相关最新标准的，执行国家标准），是全省各级教育行政部门规划、设置、评估、管理幼儿园的重要依据。小规模幼儿园、幼儿班的基本办园标准由各市结合实际情况制定。

一、设置与规模

1. 幼儿园设置应按照“因地制宜、规模适度、就近入园、方便接送”的原则，根据城乡经济社会发展规划、学前教育事业发展规划的要求，结合人口密度和分布以及生源变动趋势，综合考虑交通、环境、服务半径等因素，总体规划，合理布局，独立设置。

2. 幼儿园设置需经县级人民政府教育行政部门审批。

原则上城市每5000人设置1所6个班的幼儿园，10000人设置1所12个班的幼儿园。城镇新建住宅小区应按国家和省有关规定配套建设幼儿园。城镇幼儿园规模以6~12个班为宜，一般不超过360人。

人口较少的农村地区幼儿园可结合实际适当减小办园规模。人口密度大、有条件的行政村可单独建园；人口密度小或偏远地区行政村可依托乡镇中心幼儿园举办分园；人口较少、距离较近的行政村之间可联合办园。有条件的农村小学可附设幼儿园（班）。农村幼儿园规模一般应在3个班以上。适龄幼儿数不足3个班的可举办独立幼儿班。

3. 幼儿园选址应符合下列规定：

（1）应选在地质条件较好、环境适宜、空气流通、日照充足、交通方便、场地平整、排水通畅、基础设施完善、周边绿色植被丰富、符合卫生和环保要求的地段。

（2）必须避开地震危险地段、可能发生地质灾害和洪水灾害的区域等不安全的地带，避开输油、输气管道和高压供电走廊等。

（3）必须与铁路、机场及飞机起降航线有足够的安全、卫生防护距离。避开主要交通干道、建筑的阴影区等。

（4）不应与集贸市场、娱乐场所、化工厂、洗煤厂、医院传染病房、太平间、殡仪馆、垃圾中转站及污水处理站、供热加压站等喧闹脏乱、不利于幼儿身心健康的场所毗邻，避开生产经营贮藏有毒有害、易燃易爆物品等危及幼儿安全的场所。不应与通讯发射塔（台）等有较强电磁波辐射的场所毗邻。

（5）幼儿园不得设置在高层建筑内。幼儿园不得设置在地下室或半地下室。幼儿园应有独立使用的出入口和相应的室外游戏场地及防护设施，并符合安全、卫生要求。

（6）符合其他有关安全、卫生防护标准的要求。

4. 幼儿园每班幼儿人数一般为：小班（3~4周岁）25人；中班（4~5周岁）30人；大班（5~6周岁）35人。寄宿制幼儿园每班幼儿人数适当酌减。幼儿园可按年龄分别编班，也可混合编班。幼儿园招收体检合格的适龄幼儿。

二、园舍建设

5. 幼儿园设计与建设必须严格执行国家现行有关建设标准和建筑设计规范。新建、改扩建幼儿园必须先进行规划、勘察和设计，严格履行报批手续。新建幼儿园必须满足各项用地指标、区域建设规划和使用功能的要求。幼儿园设计与建设遵循安全、实用、经济、环保、美观的原则，功能分区明确、布局合理、便于联系，与保育教育要求相适应。

6. 幼儿园应独立设置，有围墙、大门和值班室，以防止外来人员和车辆随意进入。园门外应设置人流缓冲区和安全警示标志。

7. 幼儿园建设用地包括园舍建筑用地、室外活动场地和集中绿化用地等。各类建设用地面积符合《国家教育委员会、建设部城市幼儿园建筑面积定额（试行）》(〔88〕教基字108号)。

8. 园舍建筑用地包括建筑物占地、园内道路及广场、建筑物周围通道、房前屋后的零星绿地等。

9. 室外活动场地应设置游戏场地、活动器械场地、30m直跑道、沙池、戏水池、种植园地等。其中游戏场地包括硬化场地及草地、沙土地等软场地。

10. 集中绿化用地包括集中绿地和自然生物园地。绿地中严禁种植有毒、带刺的植物。

11. 幼儿园园舍由活动及辅助用房、办公及辅助用房、生活用房组成。园舍建设及各类用房应符合《城乡建设环境保护部、国家教育委员会托儿所、幼儿园建设设计规范》(〔87〕城设字第466号)。

活动及辅助用房包括幼儿班级活动用房、多功能活动室。其中，幼儿班级活动用房包括活动室、寝室、卫生间等。每个班级应成套设置，活动室、寝室可合并设置。

办公及辅助用房包括办公室、资料室、会议室、保健及观察室、晨检接待室、隔离室、作品陈列室、储藏室、门卫室（传达室）和教工厕所等。晨间接待室应设在幼儿园大门口，必须通风良好、光线明亮，可以与传达室合并使用。其他辅助用房可根据实际情况合并使用。

生活用房包括食堂、开水间（安装净水或直饮水设备的可不设）、消毒间、炊事员更衣室、配电室等。食堂应合理划分功能区。

12. 幼儿园园舍建筑不宜超过三层，小班生活、活动用房宜在二层以下（含二层），中班和大班生活、活动用房宜在三层以下（含三层），办公及辅助用房所在楼层宜根据实际情况确定。

13. 幼儿园园舍建筑应符合国家现行建筑抗震设计规范要求，抗震设防类别不低于重点设防类。建筑防火应符合建筑设计防火规范要求。建筑耐火等级，楼房不应低于二级，平房不应低于三级。抗震等级应与当地中小学校舍抗震设防等级相同。楼梯和走廊的设置、宽度、位置和形式，应满足使用要求，符合安全疏散和国家防火规范要求。幼儿园应根据消防要求，在园内和建筑内配置相应的消防设备。

楼梯不得采用螺旋形或扇形踏步。楼梯栏杆、临空安全防护栏杆必须牢固，应采用防止幼儿攀登的构造。园舍建筑应注重防碰撞设计，墙角、窗台、暖气罩、窗门竖边等棱角部位必须做成小圆角（或安装保护装置）。

14. 幼儿园活动用房采光和照明应符合《建筑采光设计标准》（GB50033—2013）和《建筑照明设计标准》（GB50034—2013）的规定，有良好的天然采光、自然通风和空气对流措施，冬至日底层满窗日照不少于3小时。

三、设施设备

15. 幼儿园应配备与其规模相适应的、符合卫生及安全要求的各类生活及保育教育设施设备，以满足保育、教育和幼儿主动活动的需求。

16. 幼儿园玩教具应按照国家《幼儿园玩教具配备目录》等有关要求配备，必须符合《国家玩具安全技术规范》和有关环保要求，安全卫生、数量充足、丰富多样、符合幼儿年龄特点，具有教育意义。有条件的幼儿园可依据本园办园特色增配相应的玩教具和器材。提倡利用自然材料、废旧材料自制玩教具。

17. 幼儿园室外活动场地需开辟玩沙池、玩水池、种植园地、饲养区等场地。配备相应数量的具有攀、爬、滑、钻、荡、平衡、投掷等功能的户外游戏和体育活动设施。室外活动场地上的大中型运动器械应固定安装在软质地面上，器械之间保持足够的安全距离。室外活动场地应有良好的排水系统。严禁使用全封闭的通道和滑梯。

18. 活动室设施配备：活动室内宜按教学类、游戏类、生活类设施设置。

（1）教学类设施配备幼儿桌椅、电子琴（或电钢琴）、磁性黑板、电视机（或多媒体）等。幼儿桌椅应符合《学校课桌椅功能尺寸》标准（GB/T 3976—2002），材料环保，无棱角，应根据幼儿的身高进行调节。

（2）活动类设施配备足够的玩教具和各类游戏活动操作材料，应配备适合年龄特点、适合数量充足的儿童图书，且生均5本以上，复本不超过5册。玩具、图书随幼儿发展水平、季节变换和教育内容及时更换。玩具、图书橱柜采用开放式，其大小、高度与幼儿人数、身高相适应，便于幼儿自由取放。

（3）生活类设施配备钟表、保温桶、水杯柜等。保温桶应具备锁定装置。每生一杯（无毒、不易碎、耐高温），并有明显区分标记。

19. 寝室设施设备：寝室内有适合幼儿使用并符合卫生及安全要求的床铺设备，每生一床。床的长度应符合幼儿身高要求，床间通道不得小于60cm。

20. 卫生间设施设备：卫生间包括盥洗室和厕所（亦可在卫生间划分出盥洗区和如厕区），保持通风良好，地面防滑、易清洗，盥洗室配备与幼儿的身高、数量相适应的梳洗镜、盥洗池、毛巾柜（架）等。幼儿每人一巾，并有明显区分标志，毛巾之间要有合理间隔，并以安全方式悬挂。厕所采用水冲式，配置适量的、符合幼儿生理特点的幼儿坐便器或沟槽式便池。应设有洗涤池，并与幼儿活动区域有隔离设施。

21. 多功能活动室：多功能活动室应具备开展体育活动、艺术活动、游戏活动、全园集会、观摩教学等综合性功能。应根据使用功能配备音响设备、音乐舞蹈活动设施（电钢琴、壁镜、把杆等）及会议所需的设施设备。

22. 幼儿园应配备与办园规模相适应的办公设备，包括办公桌椅、资料柜、储物柜、计算机、打印机、数码相机、电话等。幼儿园要接入互联网。

23. 幼儿园晨检室、保健室、观察室应配备必要的卫生保健设备，包括保健箱、简易外伤处理器械、消毒液、温度计、手电筒、体重秤、对数视力表、常见外用药品和卫生消毒设备等。

24. 为幼儿供餐、提供午休的幼儿园应配备必要的餐饮及生活设施设备，包括卫生用具、食堂设施设备等。食堂应配备蒸饭机、和面机、冰箱、烤箱等必要的设备及防蝇、防鼠、防尘、防腐、消毒设施，并符合《学校食堂与学生集体用餐卫生管理规定》（教育部、卫计委令第14号）《餐饮服务食品安全操作规范》（国食药监食〔2011〕395号）要求，具有食品药品监督管理局出具的餐饮许可证。

25. 幼儿园应配备完善的消防设施设备、应急照明设备、防盗、防暴力侵害等安全设施设备，设置快速疏散标志。要在重点部位和区域安装视频图像采集装置。

四、教职工配备

26. 幼儿园应当按照《幼儿园教职工配备标准（暂行）》配足配齐教职工，实行资格准入制度，做到持证上岗。幼儿园教职工应贯彻国家教育方针和政策，热爱学前教育事业，关爱幼儿，身心健康，品德良好，具有专业知识和技能，能胜任本职工作。

27. 全日制幼儿园每班配2名专任教师和1名保育员，或配备3名专任教师。寄宿制幼儿园可根据实际工作需要，增配一名保育员。

园长应符合国家规定的任职资格和岗位要求，具有教师资格，具备大专以上学历，有三年以上幼儿园工作经历和一定的组织管理能力，取得幼儿园园长岗位培训合格证书；

专任教师应取得幼儿园教师资格证；

保育员应具备高中毕业以上学历，受过幼儿保育职业培训。

卫生保健人员、炊事人员和其他工作人员应具备国家规定的从业资格，按照国家相关要求配备。

幼儿园应积极实行一岗多责，提高用人效益。幼儿园聘请外籍教师应严格遵守国家和省相关规定。

28. 所有工作人员上岗前必须经县级以上人民政府卫生行政部门指定的医疗卫生机构进行健康检查，取得健康合格证后方可上岗。幼儿园教职工患传染性疾病期间，暂停在幼儿园的工作。有犯罪、吸毒记录和精神病史者不得在幼儿园工作。

五、经费保障

29. 幼儿园举办者应依法筹措教育经费。举办者必须有合法、稳定的经费来源，用于幼儿的保育和教育、教师的工资和福利保障以及维修、扩建、添置必要设备设施等，保障幼儿园的正常运转。幼儿园举办者依法保障幼儿园教职工的工资福利待遇，足额缴纳各项社会保险费用，实行同工同酬。

30. 幼儿园应依法建立财务、会计制度，经费预算、决算审核制度，确保收支分开，账目清晰，提高资金使用效益。幼儿园应依法建立资产产权登记与监督制度。

31. 幼儿园应按物价部门批准的收费项目和标准收费，幼儿园收费项目、收费标准等相关内容须向社会公示，接受社会监督。

32. 幼儿的膳食经费按成本收取，独立核算，专款专用，每周向家长公示幼儿食谱，每月向家长公开账目，严禁克扣幼儿伙食。

33. 幼儿园不得收取书本费，不得以推销或变相推销玩教具、图书、被褥、服装等方式谋取利益，不得以开办各种特长班、兴趣班、实验班为名收取费用，不得收取或变相收取与入园相关的赞助费、捐资助学费、建园费等费用。

六、保育教育

34. 幼儿园应按照《托儿所幼儿园卫生保健管理办法》《托儿所幼儿园卫生保健工作规范》的规定，贯彻保教结合的方针，认真做好卫生保健工作。会同卫生保健部门做好适龄幼儿入园体检、在园幼儿定期体检、预防接种证查验、传染病预防和健康教育工作。应按照有关规定做好卫生防疫和食品卫生安全工作。应为幼儿提供充足的符合卫生标准的饮用水，保证食品卫生安全、搭配合理、营养足量。

35. 幼儿园应根据幼儿身心发展特点和季节特点，制定合理的幼儿一日生活制度。正常情况下，保证幼儿每天户外活动不少于2小时（寄宿制不少于3小时），其中体育活动1小时（寄宿园2小时）以上。

36. 幼儿园贯彻落实《幼儿园工作规程》《幼儿园教育指导纲要（试行）》和《3—6岁儿童学习与发展指南》，尊重幼儿的人格和权利，遵循幼儿身心健康成长规律，以游戏为基本活动形式，保教并重，寓教于乐，关注幼儿个体差异，引导幼儿全面个性健康发展。

37. 幼儿园要注重环境创设，设置多种区域活动空间，配备游戏材料，满足幼儿游戏需求。

38. 幼儿园不得提前教授小学教育内容，不得开展任何违背幼儿成长规律的活动，坚决防止和纠正幼儿园教育小学化。

39. 幼儿园应充分利用家庭与社区有利条件，丰富拓展教育资源，加强与家长的联系，实现家园共育。

七、园务管理

40. 幼儿园认真执行《幼儿园管理条例》和《幼儿园工作规程》，端正办园思想，规范办园行为，依法到当地教育行政部门登记注册，自觉接受当地人民政府和教育行政部门的指导、管理、年检和检查。

41. 幼儿园实行园长负责制，建立园务委员会、教职工代表大会、家长委员会等民主管理机制，建立健全各项规章制度和管理档案，加强科学管理和民主监督。

42. 幼儿园举办者为幼儿园发展提供安定环境，保证园长和教师队伍相对稳定，不得随意更换、辞退园长、教师。

43. 幼儿园要制订科学的年度工作计划，定期部署、总结工作。每学年末应向教育行政部门报告工作，必要时随时报告。

44. 幼儿园应加强日常安全管理工作。严格执行各项安全管理规定，加强“三防”建设，强化幼儿园安全能力建设，加强师幼安全教育，定期组织安全演练，实现岗位安全职责全覆盖，扎实开展安全隐患排查整改，强化家园沟通与联系，保障幼儿在园安全健康。

45. 幼儿园应建立教研制度，支持、鼓励教师参加教研科研、继续教育、业务培训和对外交流，提高保育教育水平，促进教师专业成长。

46. 幼儿园名称应规范，不得带有与实际不符或者易产生误导作用的词语，如“国际”“中华”“中国”等字样。

附录七：

山西省教育厅　山西省财政厅关于开展普惠性民办幼儿园认定及奖补工作的指导意见

各市教育局、财政局：

为进一步扩大我省普惠性学前教育资源，全面降低民办幼儿园收费平均水平，解决“入民办园贵”问题，保障适龄儿童接受面向大众、公益普惠的学前教育，根据《财政部　教育部关于加大财政投入支持学前教育发展的通知》《教育部　国家发展和改革委员会　财政部关于实施第二期学前教育三年行动计划的意见》《山西省人民政府关于加快发展学前教育的意见》《山西省教育厅　山西省发展和改革委员会　山西省财政厅关于印发〈山西省第二期学前教育行动计划〉的通知》等相关文件精神，现就开展普惠性民办幼儿园认定及奖补工作提出如下指导意见。

一、认定基本条件

普惠性民办幼儿园指符合幼儿园布局规划，经教育部门认可的面向大众、收费较低、办园规范、质量较高的合格民办幼儿园。

1. 布局合理。符合当地学前教育布局规划，普惠性民办幼儿园重点支持公办学前教育资源不足地区，特别是城乡接合部和农村地区。

2. 资质合格。经县级教育行政部门审批，依法注册办理办园许可证和相关证件（民办非企业单位法人登记证、收费许可证、卫生保健合格证、餐饮服务许可证、消防验收合格意见书等）。幼儿园开办一年以上，年检合格，且经教育行政部门公示。

3. 收费合理。按当地奖补标准测算后，幼儿园收费不高于当地同级别公办幼儿园收费标准，收费项目严格执行《山西省幼儿园收费管理暂行办法》（晋价费字〔2013〕65号），无乱收费现象。

4. 管理规范。有符合国家有关法律法规的幼儿园章程，有健全的行政管理、财务和资产管理、安全卫生保健、保育教育等规章制度。依法保障教职工合法权益，园所管理规范。不存在安全隐患，无重大安全责任事故。

5. 质量较高。能科学开展保教工作，坚持以游戏为基本活动形式，科学安排幼儿一日生活，无幼儿园教育“小学化”现象，办园条件和保教质量与同级同类的公办幼儿园相当。

二、认定基本程序

普惠性民办幼儿园认定原则上应包括以下程序，具体办法由各市结合实际制定。

1. 幼儿园申请。具备条件的幼儿园按照属地管理原则，向所在县（市、区）教育行政部门提出书面申请。

2. 县（市、区）认定。各县（市、区）教育行政部门根据辖区内普惠性民办幼儿园布局规划要求，对申报的民办幼儿园进行审核、实地考察和评审，初步确定普惠性民办幼儿园名单，汇总上报市级教育行政部门。

3. 市级抽评。市级教育行政部门收到县级初评结果一个月内，对初评确定的幼儿园进行抽评，抽评幼儿园数不得低于认定数的1/3。市级抽评结果与县级初评结果不一致的，以市级评定结果为准。

4. 公示公告。市级教育行政部门确定的名单，由各县级教育行政部门向社会公示。公示无异议后，向社会公布普惠性民办幼儿园名单及收费标准。普惠性民办幼儿园每两年认定一次。

三、工作要求

1. 各市教育、财政部门要高度重视普惠性民办幼儿园认定及奖补工作，要按照公益普惠、广覆盖、保基本的原则，研究制定本辖区内普惠性民办幼儿园认定及奖补具体办法，明确认定标准、认定程序、奖补标准、市县两级财政分担比例、奖补具体程序、管理及退出办法等。奖补标准应根据办园条件、在园幼儿数量、幼儿园等级、办园质量等因素，按照分类定级、分级奖补的原则合理确定。省级财政在分配学前教育资金时，将根据相关专项资金管理办法，把各市开展普惠性民办幼儿园认定扶持工作情况作为分配依据之一。

2. 各级教育、财政等部门要加强对奖补资金管理和使用的监督，细化工作流程，规范资金使用，提高资金使用效益。普惠性民办幼儿园奖补资金集中在县级管理，专款专用。普惠性民办幼儿园奖补资金须用于园所维修改造，补充玩教具、保教和生活设施设备等方面。市、县级财政要严格按照补助标准落实资金，资金支付要按照财政国库管理制度的有关规定执行，确保资金及时、规范、安全和有效使用。对于挤占、挪用、虚列、套取专项资金等行为，将按照《财政违法行为处罚处分条例》等有关规定严肃处理。

3. 各级教育行政部门要加强对普惠性民办幼儿园的动态监管，建立和完善民办幼儿园督导评估体系和年检制度，努力提高普惠性民办幼儿园办园质量。要加强对民办幼儿园保教质量的监督和指导，建立学前教育信息平台，加强动态监管。年度普惠性民办幼儿园名单、财政补助补贴情况等要在县（市、区）教育信息网等媒体上集中予以公布，接受家长和社会监督。对出现办园行为不规范、严重违背学前教育规律、保教质量严重下滑、财务管理混乱、违规乱收费、出现重大安全事故问题的，一经查实，取消其普惠性民办幼儿园资格，停止享受政府对普惠性民办幼儿园的扶持政策，并在四年内不得再申报普惠性民办幼儿园。

山西省教育厅　　山西省财政厅

2016年4月12日

附录八：

山西省城镇住宅小区配套幼儿园建设和管理实施办法（试行）

第一条　为适应城镇化快速发展趋势，满足城镇新增适龄儿童就近接受公益普惠学前教育的需求，更好落实城镇住宅小区配套建设幼儿园规定，根据《中华人民共和国教育法》《中华人民共和国城乡规划法》《城市居住区规划设计规范》（GB50180-1993）（2002年版）、《国务院关于当前发展学前教育的若干意见》（国发〔2010〕41号）、《山西省人民政府关于加快发展学前教育的意见》（晋政发〔2012〕30号）、《教育部　国家发展改革委　财政部关于实施第二期学前教育三年行动计划的意见》（教基二〔2014〕9号）、《山西省教育厅等七部门关于做好城镇中小学校幼儿园建设专项规划（2016—2020年）编制工作的通知》（晋教基〔2015〕29号）等法律及文件精神，结合我省实际，特制订本办法。

第二条　本办法所指城镇住宅小区配套幼儿园指山西省内城镇旧城改造或新城开发过程中新建住宅小区（包括新建商品房、城中村改造、棚户区改造、经济适用房、廉租房等）配套建设的幼儿园。

第三条　市、县教育行政部门会同城乡规划、国土资源、发展改革等部门，充分考虑人口政策调整、城镇化进程加快、户籍制度改革等因素，科学测算未来一段时间内常住人口中的适龄人口入园需求和幼儿园供需缺口，按照《城市居住区规划设计规范》《托儿所、幼儿园建设设计规范》要求，组织编制幼儿园建设布局专项规划，制定以千人指标和建筑面积相结合的双指标起配标准，报同级人民政府审批。规划部门在组织编制控制性详细规划中予以落实。

第四条　国土资源部门按照国家有关规定保障幼儿园建设用地。任何单位不得随意更改幼儿园建设规划和用地。

城乡规划、国土资源部门在供应住宅用地时，对达到配套建设幼儿园规模的住宅区，将配套幼儿园建设要求纳入规划条件，在土地划拨或招拍挂条件中，要根据规划条件明确该地块配套幼儿园项目的班型、建设规模等控制要求。

第五条　建设主管部门依据住宅项目规划选址、立项等审批文件，受理项目建设和颁发施工许可证。配套幼儿园要与小区同步建设。

第六条　开发建设单位在取得工程规划许可证后，在将建设项目施工图送建设主管部门审查前，需向市级或县级教育行政主管部门提交完整的幼儿园施工图文件。教育行政主管部门要指导小区配建幼儿园规范设计、科学合理建设。

第七条　小区配建幼儿园要与小区同步验收。开发建设单位组织勘察、设计、施工、监理等五方责任主体，严格按照建筑法律法规相关规定做好小区配建园的竣工验收。验收合格后，三个月内幼儿园建设单位按照属地原则将幼儿园移交当地市级或县级教育行政部门，同时移交与幼儿园建设相关的前期手续和竣工图纸等相关档案资料，并由教育行政部门签署接收意见。

第八条　小区配套幼儿园建成后，作为公共教育资源由当地政府统筹安排，举办公办幼儿园或普惠性民办幼儿园，优先满足本小区居民适龄幼儿入园。未经政府批准，任何单位和个人不得擅自拆改或闲置，不得以出租、出售、转让、抵押等方式改变用途。通过划拨形式取得的土地，必须建成公办幼儿园。通过出让形式取得的土地，可办成公办园或普惠性民办幼儿园。举办为公办幼儿园的，国土、住建、机构编制等部门要做好幼儿园的土地、房屋登记手续、事业单位法人登记、定编核编等工作。举办为普惠性民办幼儿园的，严格按照普惠性民办幼儿园收费及管理，享受相关优惠政策和经费资助。

第九条　确因城市改造、规划调整等原因需征收或占用小区配建幼儿园的，应按照先建后拆的原则，依照幼儿园建设布局专项规划，就近或易地建设规模相当的幼儿园，妥善安置在园幼儿，不得影响或中断正常的保育教育工作。

第十条　对于目前住宅小区未配建幼儿园的，当地政府要科学规划，合理布点，明确时间表、路线图，采取有效措施，推动城镇住宅小区配套幼儿园的补足配齐，为广大适龄幼儿提供就近方便的学前教育公共服务。

第十一条　各级政府和各相关部门要加强沟通协调，建立小区配建幼儿园的督促检查、考核奖惩和问责机制，落实住宅小区配套幼儿园的规划、建设、移交、管理、使用、收费等规定。发现有住宅小区配建幼儿园闲置或改作他用的，要责令改正。

第十二条　本办法自公布之日起施行。各设区市要根据本办法制定具体实施办法。

附录九：

山西省教育厅关于印发《山西省普通高中学业水平考试实施办法（试行）》的通知

晋教基〔2016〕20号

各市教育局，各高等学校：

为贯彻落实《国务院关于深化考试招生制度改革的实施意见》（国发〔2014〕35号），根据《教育部关于普通高中学业水平考试的实施意见》（教基二〔2014〕10号）相关要求，与《山西省深化考试招生制度综合改革实施方案（试行）》相配套，省教育厅制定了《山西省普通高中学业水平考试实施办法（试行）》，并已报教育部备案通过，现印发给你们，请认真贯彻执行。

附件：山西省普通高中学业水平考试实施办法（试行）

山西省教育厅

2016年5月18日

附件：

山西省普通高中学业水平考试实施办法（试行）

为贯彻落实《国务院关于深化考试招生制度改革的实施意见》（国发〔2014〕35号），根据《教育部关于普通高中学业水平考试的实施意见》（教基二〔2014〕10号）相关要求，与《山西省深化考试招生制度综合改革实施方案（试行）》相配套，制定本办法。

一、指导思想与原则

以党的教育方针为指导，以国家普通高中课程方案以及各学科课程标准为依据，坚持全面考核，促进学生完成国家规定的各门课程的学习；坚持分类考查，增加学生的选择性，促进学生发展学科兴趣与个性特长；坚持统筹兼顾，深化高中课程改革，促进高中改进教学，服务高校选拔学生，减轻学生过重课业负担和学习压力。

二、考试性质与功能

学业水平考试是根据国家普通高中课程标准和教育考试规定，由省级教育行政部门组织实施的考试，主要衡量学生达到国家规定学习要求的程度，是保障教育教学质量的一项重要制度。学业水平考试成绩是学生毕业和升学的重要依据。

三、考试科目与组织

（一）考试科目

普通高中学业水平考试科目分为合格性考试科目和等级性考试科目。

合格性考试科目为语文、数学、外语、思想政治、历史、地理、物理、化学、生物、信息技术、通用技术、体育与健康、音乐、美术14科。

等级性考试科目为思想政治、历史、地理、物理、化学、生物6科，学生可根据自身兴趣、志向、优势以及高等院校招生要求自主选择3个科目。

（二）考试组织

语文、数学、外语、思想政治、历史、地理、物理、化学、生物9科实行全省统一命题、统一制卷、统一考试、统一评卷、统一公布成绩。以上科目的合格性考试不合格学生的补考由省统一命题，各设区的市组织实施。

通用技术、信息技术、音乐、美术、体育与健康和物理、化学、生物三科实验操作由省制定统一要求（具体要求另行发文），各设区的市组织实施。

四、考试内容与方式

（一）考试内容

各学科考试具体范围依据国家发布的普通高中课程方案和课程标准的规定和相关要求。其中，合格性考试范围为国家课程方案规定的必修内容，外语包括听力，物理、化学、生物三科包括实验操作；等级性考试范围为国家课程方案规定的必修和选修Ⅰ的内容。

（二）考试方式

语文、数学、外语、思想政治、历史、地理、物理、化学、生物9科采取书面考试，其中外语加试听力。

信息技术、通用技术和物理、化学、生物学科的实验操作采取操作考试。

音乐、美术、体育与健康采取过程性与终结性评价相结合的方式。

五、考试对象与时间

（一）考试对象

普通高中在籍学生均须参加学业水平合格性科目考试。参加高考并符合报考条件的普通高中在籍学生、高中阶段教育其他学校在校学生和社会人员均须报名参加学业水平等级性科目考试。

（二）考试时间

学业水平各科目考试时间由省教育厅根据国家高中课程方案统一确定。

合格性考试14个科目分散在高中三年中，在相应课程结束后进行，随结随考，原则上高一年级2个科目，高二年级3个科目，高三年级9个科目，考试时间一般安排在学期结束时（各科目具体时间安排另文确定）。合格性考试每科目考一次，成绩不合格的考生可参加一次补考。

等级性考试6个科目统一安排在高三年级第二学期4月份。等级性考试每个科目只提供一次考试机会。

六、成绩呈现与使用

（一）成绩呈现

合格性考试成绩以“合格、不合格”方式呈现。

等级性考试成绩以等级呈现，按获得本次考试有效成绩的考生总数相应比例划分等级，分为五个等级，位次由高到低为A、B、C、D、E。原则上各等级人数所占比例依次为：A等级15%，B等级30%，C等级30%，D、E等级共25%，其中E等比例不超过5%。

内地西藏班学生、特殊教育学校学生等参加高中学业水平考试参照执行。

（二）成绩使用

1. 高中学生毕业认定。学业水平合格性考试各科目成绩合格，是普通高中学生毕业的必要条件。各设区的市根据我省普通高中学籍管理相关规定，分别准予学生毕业、结业或肄业。

2. 高校招生录取。学业水平考试成绩是高校招生录取的主要依据之一。学生根据高校专业要求和自身兴趣特长自主选择的3个选考科目的学业水平考试成绩，按等级折算成相应分数后计入高校招生录取总成绩，每门满分100分。具体办法另行制定。

3. 高中学校课程管理和质量评价。高中学业水平考试成绩将作为高中学校课程管理和高中教学质量监测的重要参考依据。省和设区的市教育行政部门应加强对高中学业水平考试结果的研究与分析、教学反馈与指导，不断提高教育教学质量。

4. 其他。由外省（区、市）转入的学生，已在外省（区、市）参加合格性考试的科目，由转出地省级教育行政部门出具成绩证明，经我省审核认定。在外省（区、市）取得的等级性考试科目成绩无效，需在我省重新参加考试。学生转出外省（区、市），由省教育厅为其出具学业成绩证明。

七、考试管理与保障

（一）加强组织领导。普通高中学业水平考试由省招生考试委员会统一领导和管理。省招生考试管理中心承担省级考试的制卷、考试、阅卷、划分等级等考务工作。省教科院负责等级性和合格性学业水平考试试题命制、审题及考试标准的制定和试卷分析工作，建立命题人员资格标准和命题专家库，强化命题人员培训，加快题库建设，切实提高命题的科学化和专业化水平。设区的市教育局在省教育厅指导下负责相关科目合格性考试的组织实施。各级教育行政部门要高度重视并切实加强对考试工作的领导，明确各相关部门和单位职责，建立工作机制，精心组织实施。要积极采取措施，保证学业水平考试的正常经费、必要设备和人员配置。

（二）严格考试管理。学业水平考试严格按照国家教育考试的实施标准、组织程序和管理要求，规范考场、考点设置和实施程序，统一阅卷程序、标准和方式，全面实行考试工作"阳光工程"。各地和各高中学校要建立健全学业水平考试公示、监督、举报、抽测等各项工作制度，规范工作程序，加大管理力度，切实做到考试过程公平公正，考试结果可信可用。要加强安全保密，健全诚信机制，建立责任制和责任追究制度，严肃考风考纪，对考试作弊等违规行为，严格按照《国家教育考试违规处理办法》等有关规定进行处理。

（三）规范组织教学。各地要加强对普通高中学校规范办学行为的监督管理，指导学校严格落实普通高中课程方案，合理安排教学进度，严禁压缩授课时间，确保开齐开足各类课程。学生学完必修内容参加合格性考试后，高中学校开设相应的选修课，供有需要的学生选择学习。高中学校要开设好综合实践活动课程，并对学生完成情况进行考查，确保完成必修学分。加强学生生涯规划指导。要根据学生选学需要，调整教学组织方式。加强校长和教师培训，转变人才培养观念，创新人才培养模式。加强学校设施设备、师资配备等方面的条件保障，满足教学需要。

八、其他

1. 本办法自2018年秋季入学的普通高中起始年级学生开始实施。

2. 学业水平考试合格性和等级性收费标准执行省财政厅、省发展和改革委员会制定的收费标准。

3. 学业水平考试具体实施细则另行制定。

附录十：

山西省教育厅关于印发《山西省普通高中学生综合素质评价实施办法（试行）》的通知

晋教基〔2016〕21号

各市教育局，各高等学校：

为贯彻落实《国务院关于深化考试招生制度改革的实施意见》（国发〔2014〕35号），根据《教育部关于加强和改进普通高中学生综合素质评价的意见》（教基二〔2014〕11号）相关要求，与《山西省深化考试招生制度综合改革实施方案（试行）》相配套，省教育厅制定了《山西省普通高中学生综合素质评价实施办法（试行）》，并已报教育部备案通过，现印发给你们，请认真贯彻执行。

附件：山西省普通高中学生综合素质评价实施办法（试行）

山西省教育厅

2016年5月18日

附件：

山西省普通高中学生综合素质评价实施办法（试行）

为贯彻落实《国务院关于深化考试招生制度改革的实施意见》（国发〔2014〕35号），根据《教育部关于加强和改进普通高中学生综合素质评价的意见》（教基二〔2014〕11号）相关要求，与《山西省深化考试招生制度综合改革实施方案（试行）》相配套，制定本办法。

一、指导思想

全面贯彻党的教育方针，坚持立德树人，践行社会主义核心价值观，弘扬中华民族传统美德，客观反映学生全面发展状况，促进学生认识自我，规划人生，积极主动发展；促进高中学校把握学生成长规律，转变人才培养模式；为高等院校科学选拔人才提供参考。

二、基本原则

1. 坚持真实记录。以学生日常成长事实为依据，如实记录学生成长过程中的主要经历、典型事件和突出表现，真实反映学生的发展状况。

2. 坚持科学指导。关注学生成长过程，着眼于学生发展，把握学生个性特点、发掘学生潜能，加强学生学习和生涯规划指导，引导学生全面而有个性地发展。

3. 坚持公开公正。严格评价程序，建立信息审核确认制度、诚信制度、公示和投诉举报制度，确保评价过程公开透明，评价结果真实可信。

三、主要内容

依据党的教育方针，记录和评价主要反映学生全面发展情况和个性特长，注重考查学生社会责任感、创新精神和实践能力。主要内容包括：

1. 思想品德。主要考查学生在践行社会主义核心价值观、传承优秀传统文化等方面的成长表现，包括爱党爱国、理想信念、诚实守信、仁爱友善、责任义务和遵纪守法等。重点记录学生参与党团社团活动、参加公益活动和志愿服务等情况。

2. 学业水平。主要考查学生在课程学习过程中反映出来的兴趣和毅力、学科特长和优势、基础知识和基本技能掌握情况以及运用知识解决问题的能力等情况。重点记录学生各门课程修习、学业水平考试成绩、选修课程内容和成绩、研究性课程学习经历与创新成果、优势学科学习等情况。

3. 身心健康。主要考查学生的健康生活方式、体育锻炼习惯、身体机能、运动技能和心理素质的发展表现等。重点记录学生《国家学生体质健康标准》测试结果，参加体育运动的经历和表现水平等情况。

4. 艺术素养。主要考查学生对艺术的审美感受、理解、鉴赏和表现的能力等。重点记录学生在音乐、舞蹈、戏剧、戏曲、影视、绘画、书法等方面表现出来的兴趣特长，参加艺术活动的经历和成果等情况。

5. 社会实践。主要考查学生在社会活动中的动手操作能力和社会实践体验经历等。重点记录学生参加社会实践活动的次数、持续时间、形成的作品、调查报告等情况。

高中学校要基于学生发展的年龄特点，结合当地教育教学实际，科学确定学生综合素质评价的具体内容和要求。

四、方法与程序

在我省现有普通高中学生综合发展报告电子系统的基础上，建立山西省普通高中综合素质评价信息管理系统，由高中学校组织实施，覆盖高中学校每一名在校学生，采用写实方法，客观、真实、准确、便捷地跟进学生成长。基本程序如下：

1. 写实记录。教师指导每位学生客观记录集中反映综合素质主要内容的具体活动，收集相关事实材料，登录系统及时填写成长记录。重点记录军训、社会实践、党团活动、获奖和荣誉称号、违纪违规情况、课程修习成绩、研究性学习专题报告、体育艺术科技活动项目等内容。有些活动项目学生没有参加或事迹不突出，可以空缺。学生基本信息、高中学业水平考试成绩等内容采用客观数据导入的方式记录。活动记录、事实材料必须真实、客观、有据可查。

2. 整理遴选。每学期末，教师指导学生及时整理、遴选最能反映学生综合素质提高的、最具代表性的活动记录和典型事实材料；高中毕业前，学生要在整理遴选的基础上撰写自我陈述报告，提请教师为其撰写推荐意见。

3. 公示审核。遴选出来由高中学校统一录入的内容（涉及个人隐私的信息除外）必须于每学期末在教室、公示栏、校园网等显著位置公示，公示时间不得少于7个工作日。客观数据由相关部门事先审核。

4. 导入系统。学校公示无异议的信息由普通高中学校组织师生在规定时间内统一录入信息管理系统。客观数据由相关部门审核后统一导入信息管理系统。学生每学期对信息管理系统中的信息进行网上确认，如有异议，可以向学校提出更正申请。

5. 形成档案。学生的综合素质评价档案以《山西省普通高中学生综合素质记录手册》的方式呈现。学生高中毕业前，信息管理系统根据过程性记录和数据自动生成记录手册，学生需要确认本人的记录手册并签字。记录手册经班主任和校长签字、高中学校盖章后存档，并提供给高等学校招生录取时使用。学生本人、教师、学校、教育行政部门等可以查看记录手册的相关内容。

五、材料使用

1. 学生自我改进提高。学生通过成长事实的记录，不断反思总结，不断发现和提升自我，实现学生自我管理和教育，建立自信，体验成长的快乐。

2. 教师指导学生发展。教师充分利用写实记录及相关事实材料，分析把握学生成长过程，引导学生发现自我，指导学生发扬优点，明确努力方向。

3. 高中学校提升办学水平。学校通过实施综合素质评价，不断建立完善相关制度，严格过程管理，促进多样化、特色化发展。教育行政部门积极推进综合素质评价，引导学校深入实施素质教育，规范办学行为，提高办学质量。

4. 高校招生录取重要参考。普通高中学校应将学生综合素质记录手册如实提供给高校，根据“谁使用谁评价”的原则，把记录手册信息作为高等院校招生的重要参考，相关高校要根据自身办学特色和人才培养要求制定科学规范的评价办法，并提前三年向社会及普通高中公布。

六、保障措施

1. 加强组织领导。省教育厅将成立领导小组，建立信息管理平台，加强对全省普通高中学生综合素质评价的领导、监督和管理。各市、县教育行政部门要成立高中学生综合素质评价工作领导机构，负责协调、落实综合素质评价的组织、实施和管理。各普通高中学校要建立学生综合素质评价领导和管理机构，结合学校实际，制定综合素质评价实施细则，明确本校综合素质评价工作的具体要求，明确相关人员的责任。

2. 完善条件保障。各级教育行政部门要与有关部门积极协调，建立基地，为学生开展综合实践活动提供场所，为开展高中学生综合素质评价的实施提供社会支持。要建立专项经费，加强普通高中综合素质评价的研究、宣传、培训及电子平台的开发与维护，确保评价工作的顺利实施。

3. 健全制度体系。综合素质评价坚持常态化实施，由高中学校具体组织。高中学校要建立健全学生成长记录各项规章制度，明确本校综合素质评价的具体要求。要注重在日常教育教学活动中，指导学生及时收集整理有关资料，避免集中突击。要建立信息审核制度，对学生档案信息和相关材料审核确认。要建立诚信承诺制度，公布诚信承诺内容，设立诚信档案，营造学校诚信文化氛围。要建立公示制度，畅通举报渠道，及时纠正评价工作中存在的问题，确保维护学生根本权益。要充分发挥学校党团、学生组织的作用，指导学生在日常学习、社团活动等过程中及时收集整理有关材料。

4. 强化监督检查。各级教育行政部门要建立内外监督制度，定期对高中学生综合素质记录手册真实性进行抽查。要将综合素质评价工作纳入教育督导体系，作为评估下一级教育行政部门和高中学校工作的重要内容。各级教育行政部门和高中学校要畅通监督渠道，加强社会舆论监督，确保综合素质评价的诚信度和公信力。

5. 严格责任追究。各级教育行政部门要建立综合素质评价的诚信责任追究制度，加大违规查处力度。对弄虚作假或不当使用综合素质评价材料的高中学校或有关部门，要严肃处理，并追究相关人员的责任。对于提供虚假材料规模较大的高中学校，将严肃追究校长责任，情节严重、影响恶劣的，对校长撤职。构成犯罪的，由司法机关追究刑事责任。对提供或者伪造虚假材料的学生个人，责令限期改正，并将作假事实记入学生诚信档案，已提供高等院校录取的按照《普通高等学校招生违规行为处理暂行办法》等有关规定给予严肃处理。

普通高中学生综合素质评价从2018年秋季入学的普通高中起始年级学生起实施。2017年秋季开始，各市选择2~3所高中学校进行试点。试点具体事宜另行通知。

附件：山西省普通高中学生综合素质记录手册（试行）（略）

附录十一：

山西省教育厅　山西省财政厅　山西省卫生和计划生育委员会　山西省残疾人联合会关于残疾儿童少年随班就读工作的指导意见

晋教基〔2016〕1号

各市教育局、财政局、卫生计生委、残联：

为落实国家《特殊教育提升计划（2014—2016年）》和《山西省特殊教育提升计划（2014—2016年）》，进一步规范残疾儿童少年随班接受义务教育工作，切实保障适龄残疾儿童少年受教育的权利，现就做好残疾儿童少年随班就读工作提出以下指导意见。

一、指导思想

深入贯彻落实党中央、国务院关于加快残疾人事业发展的重大部署，加强残疾人服务体系建设，加快推进基本公共服务均等化，逐步完善全省以随班就读为主体、以特殊教育学校为骨干的特殊教育体系，依法保障残疾儿童少年平等受教育权利，大力提升特殊教育普及水平，切实保障广大残疾儿童少年学有所教。

二、工作目标

完善各级政府统筹、教育行政部门主管、相关部门协同支持的管理体制，强化经费投入、队伍建设、质量提升和督导评估等保障机制，积极推行具备在普通中小学校接受教育能力的轻度适龄残疾儿童少年进入普通学校班级就读，使残疾学生能够与普通学生一起活动、相互交往，并获得必要的有针对性的特殊教育、服务及必要的康复和补偿训练。健全以随班就读学校为主体、特教学校为支撑、资源中心为指导的随班就读工作体系，进一步扩大随班就读规模。到2020年，适龄适宜随班就读接受义务教育的残疾儿童少年“全覆盖”“零拒绝”，接纳残疾儿童少年随班就读的普通中小学配建资源教室并基本满足教学需要。

三、重点任务

（一）保障残疾儿童少年平等接受教育权利。

1. 明确安置对象。经残联部门认定的残疾儿童少年，由县级教育行政部门根据残疾程度逐一就就学方式与家长进行协商，对具备在普通中小学校接受教育能力的轻度适龄残疾儿童，以进入普通学校班级随班就读的形式予以安置。

2. 确定安置学校。确定具备随班就读条件的年满6周岁（根据残疾程度，入学年龄可以适当放宽）的各类残疾儿童，由其家长在学年开学前到所在地县级教育行政部门划定的义务教育服务范围内学校就近入学登记、申请就读。学校应将申请就读学生持有的残疾证明等材料上报县级教育行政部门审核并备案，由县级教育行政部门为残疾儿童确定接收学校，作为随班就读学生安排就学。学校应根据随班就读学生的残疾类别和程度，结合其特殊需要给予妥善安置，以每班安排随班就读学生1~2名为宜，原则上最多不超过3名。学校应安排师德素质较高，具备特殊教育基础知识和技能并有一定教学经验的教师担任接收随班就读学生班级的班主任。被安排接收学生随班就读的学校不得拒收具备随班就读条件的适龄残疾儿童少年入学或休学康复后复学。

3. 确定不具备随班就读条件的残疾儿童少年，应进入特殊教育学校或特教班学习；确实不能到校就读并基本具有接受教育能力的重度残疾儿童少年，由特殊教育学校或就近的普通学校提供送教上门或远程教育等服务，并将其纳入学籍管理。

（二）实施专业化、个别化教育，提高随班就读质量。

1. 学校要根据残疾学生的身心特点和特殊需求，因材施教，加强教育的针对性，制订和实施随班就读残疾学生个别化教育计划。各学科教学应当结合本学科特点，在教授文化科学知识的同时，注重对残疾学生适应社会生活能力的培养，重视缺陷补偿和潜能开发，使其受到适合的教育和康复与训练。

2. 随班就读教学原则上执行普通学校课程方案和课程标准。学校可以根据残疾学生的实际情况，在保证教育质量的前提下，对其教学内容和教学要求作适度调整，并针对残疾学生的特殊教育需要，设置适合其需要的特殊课程。

3. 要建立家校联系和合作机制。教师应当与残疾学生家长经常交流学生情况，以取得家长的配合和帮助。

（三）优化教育管理，提高随班就读工作水平。

1. 各市教育行政部门要切实将随班就读工作纳入本地教育管理体系，整体规划，健全制度，规范管理。县级教育、财政、卫生、残联等政府职能部门和社会团体，要共同做好随班就读学生的检测、安置、后续服务、就业等各项工作。随班就读学生在完成义务教育后，可根据学生能力和意愿到普通中学、特教学校或职业中学就读。

2. 有残疾学生的普通中小学要成立由校领导任组长的学校随班就读工作小组，负责随班就读工作的实施和管理。学校要为随班就读学生营造融合、平等、尊重的支持性校园文化和无障碍的心理环境。要积极组织残疾学生与普通学生一起学习、活动，补偿生理和心理缺陷，使其受到适于自身发展需要的教育和训练，在德、智、体诸方面得到全面发展。

3. 学校要将在本校随班就读的残疾儿童少年列入学生学籍名册，通过全国中小学生学籍信息管理系统建立电子学籍，同时为残疾学生建立个人教育档案，档案内容应包括个人和家庭情况、残疾类别、残疾程度、适应行为、各科学业状况以及个别化教育计划等。县级残联要建立随班就读学生档案，进行管理和服务。

（四）加快随班就读资源教室建设。

1. 各市教育局要研制随班就读学校资源教室布局规划、建设标准和管理制度，加强资源的优化配置，注重发挥资源的效益，加快做好资源教室建设工作。到2020年底，接纳残疾儿童少年随班就读的普通中小学配建资源教室并基本满足教学需要。

2. 要重视发挥资源教室的育人功能，分层次按不同需求配备必要的教具、学具和康复训练设备，配备必要的辅助设备和无障碍设施，建立有效的运作机制和管理制度，经常、有效地为随班就读学生提供针对性辅导和训练。

3. 配有资源教室的随班就读学校，至少安排1名专职或兼职资源教师，切实为随班就读学生、相关教师和学生家长提供专业的支持性服务。

四、保障措施

（一）加强组织领导。随班就读工作坚持市级统筹、以县为主。各地要建立由教育、财政、卫生、残联、编办、民政、发改、人社等部门组成的特殊教育联席会议制度，加强对残疾儿童少年随班就读工作的领导和管理，及时研究并认真解决工作中出现的问题；建立由教育、卫生、残联等部门专业人员组成的随班就读指导团队，为辖区内随班就读工作提供服务。各地要把随班就读工作纳入义务教育学校标准化建设、义务教育均衡发展整体规划和考核体系。各市要制定市级残疾学生随班就读工作实施方案，于2016年3月底前报省教育厅基础教育处。

（二）加大经费投入。从2016年起，各市、县要按随班就读学生生均预算内公用经费6000元标准和经费负担政策足额安排落实经费。市、县要确保经费投入足额到位，重点保障特殊教育资源中心（可建立在特殊教育学校内）和特殊教育资源教室的建设和运行。

（三）强化师资保障。各级教育行政部门、中小学校要加强师资队伍建设，配齐随班就读班主任教师、任课教师、资源教师和巡回指导教师。市、县（市、区）师资培训部门要将随班就读教师、资源教师和巡回指导教师的培训纳入计划，采用多种方式，开展教育教学、康复训练等各种内容的有针对性的培训，使教师丰富特殊教育专业理论知识，掌握实际操作技能，从而帮助教师提高开展随班就读教育教学的能力。

（四）强化教育督导。市、县教育行政部门要建立残疾儿童少年随班就读支持保障体系建设工作目标责任制，每年组织对随班就读学校工作开展情况进行考核。省政府教育督导室将把随班就读工作纳入义务教育均衡发展评估体系，对各地工作开展情况进行督导。各级人民政府教育督导室要把随班就读支持保障体系建设工作列为年度督导评估重要内容，定期组织专项督查。

（五）加强舆论引导。各地相关部门及各普通中小学要重视对广大教师、学生和家长的宣传教育，结合“助残日”等活动，加强《残疾人保障法》等的学习和宣传，广泛宣传推进随班就读工作的重要政策、创新举措、先进人物和工作成果，努力营造全社会共同关心支持随班就读工作，尊重、理解和关心残疾儿童少年的良好氛围，形成学校、家庭、社会共同关心参与随班就读工作的有效合力。

山西省教育厅　山西省财政厅

山西省卫生和计划生育委员会　山西省残疾人联合会

2016年1月22日

附录十二：

山西省教育厅关于加强中小学校章程建设的指导意见

晋教法〔2016〕2号

各市、县（市、区）教育局：

为贯彻党的十八大和十八届二中、三中、四中、五中全会精神，扎实推进国家和我省教育规划纲要的实施，落实《全面推进依法治校实施纲要》，着力构建现代学校制度体系，依据教育法及其他有关规定，现就推进我省公办中小学校（含中等职业学校、特殊教育学校、幼儿园，下同）章程建设提出以下指导意见。

一、充分认识学校章程建设的重要意义

学校章程是指学校基于法定权限和职责，就学校重大问题做出规定的纲领性文件。章程对上承接国家法律法规规章，对下统领学校内部规章制度，对内推进依法治校，对外构建政府、学校、社会之间新型关系，是建设依法办学、自主管理、民主监督、社会参与的现代学校制度的重要载体与抓手。中小学校依法制定与实施章程，对于提高学校管理的法治化、制度化、民主化与科学化水平，推动基础教育内涵发展和提升育人水平与质量都具有重要意义。各级教育行政部门和中小学校要进一步增强章程建设工作的责任感与紧迫感，提高章程建设的主动性和依法自主办学的自觉性，凝聚各方力量，切实做好章程建设

工作。

二、学校章程建设的总体目标

到2017年底，全省公办中小学校完成章程的制定或修订工作，确保市直学校、县直学校和乡镇中心校基本实现“一校一章程”。规模较小的乡村小学和教学点可由县或乡统一制定章程。开展集团化办学改革的学校，可以统一制定、执行同一章程。

三、学校章程建设的基本原则

一是合法性原则。学校章程要坚持党的领导和社会主义办学方向，贯彻党和国家的教育方针政策，不得违背社会主义法治精神和法治原则，不得与法律法规规章以及国家政策强制性规定相抵触。要严格遵守章程制定的工作程序。

二是根本性原则。学校章程原则性规定学校的重大和基本事项，在学校内部具有最高约束力。学校要制定和形成以章程为统领的完整、统一的学校规章制度体系。学校的各项制度不得违背章程的基本原则和精神。章程要文体规范、结构严谨、条理清晰、语言准确精练。

三是自主性原则。学校章程要立足本区域经济社会发展实际与特色文化，凝练学校办学历史与文化传统，着眼学校未来发展使命与愿景，注重学校制度创新，突出自身办学特色。

四是人本性原则。学校章程应当坚持以人为本，尊重教师和学生的主体地位，保障教职工和学生的合法权益，凝聚共识，促进学校、教职工、学生、家长各方价值的共同实现。

四、学校章程的基本内容

学校章程一般应由序言、总则、分则、附则四个部分组成，分为章、节、条、款、项、目等。

学校章程基本内容应包括以下几方面：

（一）基本信息

1. 学校的登记名称（含简称、英文译名）、学校办学地点、住所地；

2. 学校的机构性质、办学层次、隶属关系、学制、规模；

3. 学校的办学宗旨、发展定位、培养目标、办学方向、办学历史、文化传承；

4. 学校的领导体制、法定代表人；

5. 学校经费的来源渠道、财产属性、使用原则和管理制度，接受捐赠的规则与办法；

6. 学校校训、校徽、校歌、校旗、校庆日，以及与相关社会组织的关系等学校认为必要的事项；

7. 学校认为需要在章程中规定的其他重大事项。

（二）内部治理结构

章程要科学设计学校的内部治理结构，建立高效、有序的内部运行机制、决策机制、民主监督机制与社会参与机制。章程应明确校长的权限与责任；明确党组织的政治核心作用与保障监督作用；明确教职工代表大会（教职工大会）的职责与工作程序；明确学校内部组织架构，各管理层级之间的职责权限、管理程序与规则。学校根据需要设立的校务委员会、学生会、校友会等各类组织机构，章程中应明确其地位、宗旨及基本的组织与议事规则。

（三）教育教学管理

章程应明确教育教学的主要内容、组织形式、基本准则、课程体系、目标要求、实施方式、质量监测与考核评价等。

（四）师生的权利义务

章程应依据法律法规规章及相关规定，明确师生的权利与义务，突出对师生权益、地位的确认与保护；明确师生权益的救济机制，以及师生申诉的机构与程序。

（五）社会关系

章程应明确学校参与社会活动、开展社会服务、获得社会支持、接受社会监督的原则与办法，健全社会支持和监督学校发展的长效机制。各中小学校可以根据实际需要，组建家长委员会等组织，明确其产生方式和主要职能。

（六）章程修改程序、章程解释权的归属以及施行日期。

五、学校章程制定与核准的基本程序

（一）学校章程制定程序

1. 成立章程起草组织。主要负责章程的调研、起草、修改等工作。起草组织负责人由学校主要领导担任，成员应当具有代表性和专业性。

2. 组织调研。章程起草前，应深入调查研究，对本校的发展历史、现状、发展方向、学校的办学特色与发展定位等进行全面分析，广泛听取各方意见与建议，反映各方要求与意愿。认真梳理有关中小学办学与管理的法律法规规章，作为章程起草的基本依据；同时，充分学习和借鉴国内外中小学章程建设的成果与经验。

3. 起草章程。章程起草过程中，对涉及学校改革发展、管理体制、师生切身利益等重大问题，要充分论证，凝聚共识。

4. 征求意见。章程草案要通过座谈会、专家论证会、网络征求意见等多种形式，广泛征求、汇总与梳理师生、校友、社区、家长、主管部门和有关专家的意见，认真修改。

5. 提交教职工代表大会（教职工大会）讨论。

6. 学校领导班子会议审定后，报请主管教育行政部门核准。

（二）学校章程核准程序

1. 按照“谁主管、谁核准”的原则，市县两级教育行政部门负责辖区公办中小学校章程核准。

2. 其他部门和单位举办的中小学，其章程需经学校举办者同意后报当地教育行政部门核准。

3. 教育行政部门成立由有关部门领导和专家组成的章程核准委员会，负责对学校章程进行审核评议。

4. 市、县教育行政部门应当成立由主要领导、分管领导及相关职能部门机构负责人组成的章程核准小组，负责章程核准工作。经核准通过的章程由主管教育行政部门行文核准。

5. 经教育行政部门核准的章程文本为正式文本，由中小学校以学校名义发布，并向本校和社会公开。

六、工作要求

（一）加强组织领导，确保章程质量。各级教育行政部门要高度重视中小学章程建设工作，坚持分类指导与改革创新，认真制定本地区中小学章程建设与核准的具体办法。教育行政部门要严格审核章程的适当性、内容的合法性、要素的完整性、章程制定程序的规范性、语言使用的精确性等。

（二）健全规章制度，完善内部管理。各中小学校要以章程建设为契机，做好校内各项制度的立、改、废工作，及时废止或修订与现行法律法规规章不相吻合的制度，健全和完善相关配套制度，与学校章程保持一致，实现以制度管人、管物、管事。

（三）完善执行机制，严格贯彻落实。章程被依法核准后，各地要建立健全章程执行机制，将章程落实情况纳入督导考核范围，形成学校依法依章程自主办学、主管部门对章程执行情况进行监督并作为实施管理依据的新格局。章程执行情况要形成年度报告或作为学校年度工作报告的内容之一，向教职工代表大会（教职工大会）以及主管教育行政部门报告。

民办中小学校、中外合作办学的中小学校，依据相关法律法规规章制定章程，章程内容可参照本意见，并报学校审批部门备案。

山西省教育厅

2016年5月20日

2016年山西省基础教育大事记

一月

1月21日下午，省教育厅、省残疾人联合会联合在太原组织召开全省特殊教育提升计划推进工作会议。省教育厅正厅长级督学张卓玉、省残联副理事长温万一出席会议并讲话。会上，太原市、晋中市、晋城市、忻州市、新绛县、襄汾县就本地特殊教育提升计划推进工作做了经验介绍。会议对进一步落实国家和我省特殊教育三年提升计划做了详细安排。

1月22日上午，省教育厅在太原组织召开2016年度“全面改薄”项目县工作会议。省教育厅正厅长级督学张卓玉出席会议并讲话。会上，昔阳、襄垣、垣曲分别就本县在前两年“全面改薄”项目实施中形成的好经验、好做法做了交流发言。省教育厅、省发展改革委、省财政厅分别对“全面改薄”项目实施、专项资金管理使用、“十三五”时期义务教育标准化建设等项目规划编制及相关工作做了详细安排。

二月

2月2日，教育部办公厅印发《关于公布国家学前教育改革发展实验区名单的通知》，全国共有36个地区被确定为国家学前教育改革发展实验区，我省芮城县、太原市小店区入选为国家学前教育改革发展实验区，实验周期为2016—2018年。

2月25日~3月3日，张文栋厅长、李青山副厅长先后带领省编办、省财政、省人社部门的有关负责同志赴高平市米山镇中心幼儿园等6所幼儿园调研走访，集中听取晋城市政府、高平市政府及有关职能部门和幼儿园园长、教师代表的意见和建议，与晋城市、高平市共同研究幼儿教师队伍管理改革试点方案，安排部署试点工作。

2月29日~3月3日，国家教育督导第16交叉督查组一行5人，对我省2016年春季开学工作进行了专项督查。此次督查采取教育行政、教育督导、公安部门联合交叉督查的方式进行。

三月

3月18日举办了2016年全国义务教育阶段学生语文和艺术学习质量监测工作部署培训。来自10个县（市、区）分管局长、教育督导、基教、教研部门负责人、音乐教研员，晋中市、阳泉市、吕梁市、临汾市基教部门相关人员以及10名省级巡视员共计54人参加了部署培训。

3月22日~24日，张复明副省长到晋城市就基础教育和职业教育进行调研，省教育厅张文栋厅长及相关处室负责人陪同调研。张复明副省长在晋城市健健幼儿园、凤鸣小学、陵川一中、椅掌村寄宿制小学详细了解了学校的师资、课程、安全管理等情况。

四月

4月6日上午，省教育厅在太原市举办了2016年推进义务教育均衡发展部署培训。部署培训期间，小店区、晋中市分别介绍了县级自评、市级复核的主要做法和取得的绩效。省教育厅相关处室就落实国家和我省关于全面改善贫困地区义务教育薄弱学校基本办学条件系列要求、落实中小学后勤装备基本标准、切实办好农村教学点、加强中小学校校容校貌建设、完成义务教育均衡发展年度规划目标等工作内容进行了部署培训。

4月6日下午，省教育厅在太原市召开了2016年教育督导工作研讨会。会上交流了各市2016年教育督导部门主要思路及工作安排，审定了2015年度山西省素质教育优质学校名单，对2015年教育督导工作进行了总结，并安排部署2016年工作。

4月6日~8日，由中国教育学会名誉会长顾明远任组长的国家教育咨询委员会“推进素质教育改革组”一行11人在我省调研农村地区教育改革发展和素质教育推进情况。8日下午，调研组在太原市召开反馈会。调研组充分肯定了我省的农村教育和课程改革取得的成绩，认为我省的教育改革发展方向正确，措施得当，保障有力，符合教育规律和科学规律，体现了城乡均衡发展理念，走出了一条中西部地区优先发展教育、努力提高教育质量的路子。

4月7日~8日，省教育厅在吕梁孝义市召开了《义务教育学校管理标准（试行）》省级实验工作启动会暨基础教育重点工作安排会。教育部基础教育一司副司长杜柯伟、省教育厅副厅长任月忠出席会议并讲话。

4月11日~16日，省教育厅副厅长级督学孙世新带队赴青岛参加全国第五届中小学生艺术展演活动，我省代表团和太原市教育局、晋中市榆次区教育局等22个市、县（市、区）教育局获得优秀组织奖。

4月13日，太原市教育局召开“太原市社会实践育人共同体联盟”成立大会，联盟目前有中国煤炭博物馆、山西博物院、山西省科技馆等17个理事单位和太原市幼儿师范、第二外国语学校、市实验小学等55所试点学校。

4月13日下午，省政府教育督导委员会在太原市召开了义务教育均衡发展推进会暨基础教育座谈会，张复明副省长出席会议并讲话。会上，晋中市和阳泉市副市长，大同、运城、太原、晋城市教育局局长，孝义、安泽、和顺、繁峙县教育局局长，省教科院专家分别进行了大会交流。

五月

5月4日、6日，张复明副省长到太原市晋源区和娄烦县就农村义务教育进行调研，省教育厅张文栋厅长及相关处室负责人陪同调研。调研详细了解了学校及农村教学点基本办学条件、特岗教师工作生活、教师交流、校园文化建设、学校安全管理等情况。

5月13日，山西省委、省政府新闻办召开新闻发布会，省高校工委书记、省教育厅厅长张文栋对《山西省深化考试招生制度综合改革实施方案（试行）》进行综合解读。省委宣传部副部长刘英魁主持了新闻发布会，省教育厅正厅长级督学张卓玉、省教育厅副厅长任月忠、省招考中心主任马骏出席发布会并回答了记者提问。

5月20日~6月20日是全国第五个学前教育宣传月。20日上午，山西省学前教育宣传月现场咨询活动在太原龙潭公园西门广场举行，来自省幼教中心、学前教育学会以及省城部分高校、幼儿园、小学的专家现场回答广大群众的咨询。张卓玉正厅长级督学参加了咨询活动，并接受了有关媒体记者的集中采访。

5月23日，省教育厅在太原市举办了2016年度推进县域义务教育均衡发展省级督导评估部署培训。部署培训期间，省教育厅传达了省政府领导关于推进县域义务教育均衡发展批示、省政府商谈约谈会议、义务教育均衡发展推进会精神，对如何实施省级督导评估，如何核查全面改善义务教育薄弱学校基本办学条件进展情况提出了明确的要求。两名省督学分别介绍了省级督导评估办学基本条件、政府推进义务教育均衡发展努力程度的主要做法。

5月26日，省教育厅任月忠副厅长深入寿阳县对2016年全国义务教育质量监测工作进行巡视。其间，听取了寿阳县义务教育质量监测实施情况的汇报，实地巡视了第二中学校、城西小学、北大街小学、城内学校、朝阳镇西庄教学点等5个监测点。巡视结束后，对县校义务教育质量监测实施工作领导小组、各级各类人员以及省级视导员履职情况给予了充分肯定。

4月23日，大同市实验中学作为山西省唯一的学校代表，应邀参加了在北京四中举行的首届国际环境教育校长论坛暨首届中国青少年环境论坛。本次论坛演讲环节分为三部分，分别是可持续消费生活方式、中国环保地图、创意环保工坊。大同实验中学学生代表杨玉环同学的英文主题演讲《我关注，我参与，不做环保的旁观者》，受到国内外与会者及各大媒体的高度评价与关注。

5月13日，晋中市政府出台《关于建立经费保障机制促进普通高中持续健康发展的指导意见》，明确提出：要进一步落实普通高中办学的主体责任，建立普通高中公用经费保障机制。市级财政要统筹考虑学校的学费收入和财政补助，使市直普通高中学校年生均公用经费不低于3 000元标准。县级财政要参照市级标准，制定所属学校的公用经费标准。

5月29日~6月1日，国务院教育督导委员会办公室派出专项督导组一行四人，对我省农村义务教育学生营养改善计划实施情况进行了专项督导。

5月，运城中心城区7个教育集团正式挂牌成立，加上已经事实运行数年的盐湖区实验中学教育集团，运城市共组建了8个以名校领衔的教育集团。八大教育集团的成立标志着这场以打破壁垒为核心的办学模式改革，已从宏观的顶层设计层面进入到微观的实际操作阶段，进入深水区。

六月

6月6日上午，张复明副省长在高考前一天深入晋中市检查高考准备工作。教育厅厅长张文栋、省招生考试管理中心主任马骏以及省公安、保密和无线电管理部门的有关负责同志一起参加检查。

6月8日下午，2016年普通高等学校招生全国统一考试结束。山西省339 131名考生在120个考区、316个考点、11 446个考场参加了考试。考试全程组织管理规范、有序，考试实施安全、平稳、顺利。

6月12日~13日，国务院教育督导委员会办公室派出专项核查组一行二人，对太原市迎泽区申报的全国中小学校责任督学挂牌督导创新区进行核查。

6月13日上午，“全国校园足球新长征”系列宣传活动第四站—山西站在太原市第五实验小学校举行。省教育厅副厅长级督学孙世新、太原市教育局局长马兆兴、全国校足办技术总顾问汤姆·拜尔先生及太原籍专业女足队员代表等出席活动，太原市49所全国校园足球特色学校校长、教练、学生和家长代表等300余人参加了活动。

6月13日上午，山西省首届青少年校外活动场所陶艺成果展示活动在太原美术馆举行。这次展示活动，是对去年全省陶艺培训工作成效的检验和成果展示，将为陶艺教师搭建一个展示才华、增进技能、交流经验的平台，进一步推进我省校外活动场所陶艺活动的深入开展。

6月28日，省教育厅正厅长级督学张卓玉主持召开省教育厅教育信息化工作领导小组会议，研究分析当前全省信息化工作情况，对近期重点工作进行了部署。厅教育信息化工作领导小组组成处室和部门负责同志参加了会议。

七月

7月10日~18日，阳泉市体育局和市教育局联合举办了首届“阳光体育”青少年足球训练营。

7月19~20日，省教育厅召开全省中小学章程建设工作暨培训会，全省11个地市教育行政部门的相关负责人及60余位中小学校长代表参加了本次会议。

7月20日，教育部在我省组织召开了《关于加强中小学（幼儿园）安全风险防控体系建设的意见（草案）》意见征求座谈会，会议由省高校工委副书记张培良主持。教育部政策法规法制办副主任王大泉对《关于加强中小学（幼儿园）安全风险防控体系建设的意见（草案）》的内容做了介绍。省公安厅、团省委、省疾病防控中心、太原市教育局、晋中市教育局相关负责人以及部分中小学校校长、教师参加了座谈会。

八月

8月5日上午，省教育厅、省人力资源社会保障厅联合召开全省全面深化中小学教师职称制度改革工作会议。省教育厅正厅长级督学张卓玉、省人力资源社会保障厅副厅长张其光出席会议并讲话。各市人社局、教育局分管局长、业务部门负责同志及厅直有关单位负责人参加会议。

8月17日上午，2016年全国中小学校园篮球教师培训营第二期山西站在山西大学会议中心举行了开营仪式。省教育厅副厅长级督学孙世新出席了开营仪式并做了动员讲话。

8月26日上午，以教育部副部长、党组副书记杜玉波为组长的教育部督查组一行5人，到我省督查2016年秋季开学暨年度重点工作落实情况。

8月29日上午，省教育厅、省住房和城乡建设厅联合召开城镇中小学校幼儿园建设专项规划编制工作推进会，各市教育局、规划局（住建局）分管局长参加会议。省教育厅正厅长级督学张卓玉、省住建厅副厅长李锦生出席会议并讲话。

九月

9月6日上午，省政协副主席李悦娥在太原市就省政协十一届四次会议重点提案“关于应对全面实施两孩政策，加快我省学前教育发展的建议”进行调研督办。省政协常委及部分政协委员陪同督办，省教育厅厅长张文栋、省财政厅副厅长常国华、省编办副主任郭晋明参加。

在第32个教师节即将到来之际，省委书记骆惠宁来到襄垣县王村镇小学，看望慰问广大教师，代表省委、省政府向全省教师和教育工作者致以节日的问候。他强调，要坚持把教育摆在优先发展的战略位置，促进教育公平发展，进一步在全社会营造尊师重教的良好氛围。要全方位努力，进一步确立强化基层建设的导向。

9月10日下午，省委副书记、代省长楼阳生在太原看望慰问大中小学教师，感谢他们为山西教育事业改革发展做出的贡献，代表省委、省政府向全省广大教师、教育工作者和离退休老教师致以节日的问候和良好的祝愿。副省长张复明、省教育厅厅长张文栋等一同慰问。

十月

10月13日下午，“山西省戏曲精品进校园活动启动仪式暨首堂戏曲知识公开课”在山西中医学院举行。省教育厅厅长张文栋、省委宣传部副部长刘英魁、省文化厅副厅长赵银邦等领导出席了启动仪式。省直有关单位、驻太原各高等院校负责人、十所试点中小学校长及师生代表近千人参加。戏剧名家栗桂莲、吉有芳、孙红丽等演出精彩节目，并向广大师生讲解有关戏曲知识。

10月17日上午，省教育厅在太原召开省示范高中精准扶贫对口帮扶工作推进会，安排部署省示范高中对口帮扶贫困县普通高中学校工作。正厅长级督学张卓玉、副巡视员郑湘晋出席会议并讲话。各市教育局相关科室负责人、部分省示范高中、贫困县普通高中校长参加会议。

10月18日~20日，教育部督查组对我省进行了为期3天的学生体质达标情况专项督查。督查组由教育部体卫艺司副司长刘培俊带队，有关国家督学、学校体育专家参加督查。

10月21日，由省检察院和省教育厅联合组织的为期三年的“法治进校园”巡讲活动启动仪式在太原市万柏林区青少年法治教育基地举行，省检察院党组书记、检察长杨司，最高检未成年人检察工作办公室主任张志杰、省教育厅党组成员、高校工委副书记张俊龙以及省人大教科文卫工作委员会、省妇联、团省委等领导参加了启动仪式。

10月23日，由我厅与国家教育行政学院共同举办的山西省“新起点 新思路 新方法——新高考背景下的教育教学变革专题报告会”在太原师范学院举行。来自山西省11个地市的中学校长、基础教育教研员等近400人参加了会议。

10月26日~27日，山西省优质幼儿园帮扶工作现场推进会在吕梁孝义市召开。会议交流了吕梁市、晋中市、清徐县、河曲县、孝义市、芮城县、阳泉郊区荫营联校等地推进农村学前教育和优质幼儿园帮扶工作的经验做法，对下一阶段全省学前教育工作进行了安排部署。

十一月

11月1日~2日，张复明副省长带队赴晋中市左权县、和顺县、榆社县调研县域内城乡义务教育一体化改革发展等教育相关工作。省教育厅正厅长级督学张卓玉及省人社厅、扶贫办等相关单位负责人陪同调研。

11月7日~11日，以福建教育学院原副院长黄家骅教授为组长的教育部调研组一行4人在我省就“国培计划”实施情况开展了专项调研。调研组一行听取了我省开展中小学、幼儿园教师“国培计划”工作情况的汇报，查阅了有关资料，并赴我省太谷县、沁县的部分乡镇和农村学校开展了实地调研。调研组对我省“国培计划”项目规划、方案设计、资金安排、学员选派、绩效考评等工作给予了肯定。

11月10日、18日，王云副厅长带队分别赴临汾市和长治市对新改扩建的200所农村幼儿园工作进行专项督查。临汾市教育局、长治市教育局以及进度较慢的部分县教育局负责人进行了专题汇报，王云副厅长详细询问了每个项目的进展情况，并对各县存在的问题逐个提出了明确要求。

11月20日~24日，国家督导检查组分11个小组对我省33个义务教育发展基本均衡县进行了实地督导检查。11月25日上午国家督导检查组与省政府进行了意见反馈，认为“山西省33个县均达到了国家规定的义务教育发展基本均衡县评估认定标准”。督导检查组将把此次督导检查结果向教育部和国务院教育督导委员会报告，提请最后认定公布。

11月19日，首届全国双十佳中小学体育教师评选颁奖仪式在北京举行。经过网络投票、媒体初评和专家终评，晋中市榆次区寿安里小学的乔爱锋老师荣获“首届全国十佳小学体育教师”称号，平遥中学校的孔祥旺老师荣获“首届全国十佳中学体育教师”称号，作为我省体育教师队伍的杰出代表，为我省争得了荣誉。

11月25日，省教育厅、省发展改革委、省财政厅联合组织召开山西省“全面改薄”工作中期推进会议。省教育厅正厅长级督学张卓玉出席会议并讲话。省教育厅、省发展改革委、省财政厅相关部门负责同志，2016、2017、2018年度“全面改薄”项目市县教育局负责人和省包县督查员共120余人参加会议。

11月26日~12月2日，由教育部主办的全国学生“学宪法讲宪法”演讲比赛在北京举行。经过晋级赛、半决赛、总决赛三轮激烈竞争，我省代表队表现出色，取得可喜成绩。赵晨阳获得初中组特等奖（全国第三名）和最佳表达奖，苏岩松、王申杰分别获得高中组和小学组一等奖，张颖和卫美佳分别获得高校组和初中组三等奖。另有戎静老师获得杰出指导教师奖，何建华、宁红琴、张美珍、崔瑞蓉等4位指导老师获得优秀指导教师奖。

十二月

12月2日，教育部在全国青少年学生法治教育实践示范基地举行国家宪法日暨教育系统宪法学习日现场活动，我省作为分会场同步参与主会场活动。省高校工委副书记张培良出席了分会场活动，太原市38中部分师生和教育厅机关工作人员参加了此次活动。

12月14日~15日，“山西省学前教育内涵发展学术交流培训会”在太原举办。省教育厅正厅长级督学张卓玉出席会议，我省学前教育领域的专家、各市教育局幼教科长、省级示范幼儿园园长等近400人参加了会议。

后　记

编辑出版《山西省基础教育年度报告》已经是第十个年头，每一次的报告都真实记录了山西省基础教育的改革与发展，承载了几代教育人厚重的教育情结，抒写了山西省基础教育不断进取的豪情壮志，诠释了山西基础教育的不断成长以及取得的成就。2016年，山西省基础教育工作紧紧围绕“立德树人、改革创新、优化布局、依法治教、教育公平、提高质量”，在“十二五”成就基础上进行了全面的推进和落实。基础教育公平发展和教育质量得到明显提升，夯实了“十三五”教育发展格局和办学条件基础，为“十三五”期间教育优质发展打下了稳固的地基。

在此，感谢陈茂林院长、张卓玉副厅长多年来的支持、鼓励和指导，感谢省教育厅督导处、基教处、办公室、信息中心、思政处等处室年复一年的支持和帮助，感谢各市教育局一如既往的配合，感谢战略中心同人们夜以继日的通力合作，感谢站在背后默默支持我们工作的家人们，感谢所有的所有，助力我们如期顺利完成《山西省基础教育年度报告》的资料收集，数据采集、分析、汇总以及撰写工作！

2017年，我们凝神聚精，继续努力，潜心研究并如实记录山西省基础教育的新发展、新创举、新突破。

编者

2017年2月